水利工程资料整编

主　编　赵秀玲　李成明
副主编　王　鑫　李德利　高宏伟　孙玲玉　邹　飞　徐正飞

中国水利水电出版社
www.waterpub.com.cn
·北京·

内 容 提 要

本教材是根据《中华人民共和国档案法》《水利档案工作规定》及《现代职业教育体系建设规划（2014—2020年）》和水利部、教育部《关于进一步推进水利职业教育改革发展的意见》（水人事〔2013〕121号）等文件编写完成的。本教材共分六个项目，主要介绍水利工程资料整编基础知识、水利工程建设管理资料整编、水利工程施工资料整编、水利工程监理资料整编、水利工程质量评定资料整编、水利工程竣工验收资料整编。

本教材可供水利水电工程、农业水利工程、水利工程施工、水利工程监理、水利工程造价等专业教学使用，也可供有关技术人员参考。

图书在版编目（CIP）数据

水利工程资料整编 / 赵秀玲，李成明主编. -- 北京：中国水利水电出版社，2025.6. -- ISBN 978-7-5226-2648-2

Ⅰ. G275.3

中国国家版本馆CIP数据核字第2024J2H000号

书　　名	**水利工程资料整编** SHUILI GONGCHENG ZILIAO ZHENGBIAN
作　　者	主　编　赵秀玲　李成明 副主编　王　鑫　李德利　高宏伟　孙玲玉　邹　飞　徐正飞
出版发行	中国水利水电出版社 （北京市海淀区玉渊潭南路1号D座　100038） 网址：www.waterpub.com.cn E-mail：sales@mwr.gov.cn 电话：（010）68545888（营销中心）
经　　售	北京科水图书销售有限公司 电话：（010）68545874、63202643 全国各地新华书店和相关出版物销售网点
排　　版	中国水利水电出版社微机排版中心
印　　刷	天津嘉恒印务有限公司
规　　格	185mm×260mm　16开本　17印张　414千字
版　　次	2025年6月第1版　2025年6月第1次印刷
印　　数	0001—1000册
定　　价	**68.00元**

凡购买我社图书，如有缺页、倒页、脱页的，本社营销中心负责调换

版权所有·侵权必究

前 言

为加强水利工程建设项目（以下简称"水利工程"）资料管理工作，明确资料管理职责，规范资料管理行为，充分发挥资料在水利工程建设与管理中的作用，根据《中华人民共和国档案法》《水利档案工作规定》及《现代职业教育体系建设规划（2014—2020年）》和水利部、教育部《关于进一步推进水利职业教育改革发展的意见》（水人事〔2013〕121号）等文件精神，本教材以学生能力培养为主线，体现出实用性、实践性、创新性的教材特色，是一套理论联系实际、教学面向生产的高职教育精品教材。

水利工程资料整编是指水利工程在前期、实施、竣工验收等各建设阶段过程中形成的，具有保存价值的文字、图表、声像等不同形式的历史记录。水利工程资料工作是水利工程建设与管理工作的重要组成部分。有关单位应加强领导，将资料工作纳入水利工程建设与管理工作中，明确相关部门、人员的岗位职责，健全制度，统筹安排档案工作经费，确保水利工程资料工作的正常开展。

本教材突出高等职业技术教育的特点，为适应教学改革的要求，对水利工程资料整编内容进行了一定的调整，更加注重结合工程实例。在编写过程中，注重对内容删繁就简，降低了一些知识点的教学要求，使教材更适合学生的认知水平。书中还注重基本概念、基本理论和基本计算方法在解决实际工程问题中的应用，以强化学生的工程意识培养。本教材编写力求做到叙述简明、由浅入深，依托典型例题、习题，紧密结合生活及工程实际，以便于读者理解和掌握。

本教材编写人员及编写分工如下：项目一由本溪市水务事务服务中心王鑫编写；项目二由辽宁生态工程职业学院赵秀玲、李成明编写；项目三、项目六由辽宁生态工程职业学院李成明、高宏伟编写；项目四由辽宁生态工程职业学院邹飞、孙玲玉，连云港市水利局水利工程建设管理中心徐正飞编写；项目五由本溪市水务事务服务中心李德利，连云港市水利局水利工程建设管理中心徐正飞编写。全书由赵秀玲、李成明担任主编，王鑫、李德利、高宏伟、孙玲玉、邹飞、徐正飞担任副主编，刘宏丽担任主审。

本教材在编写过程中，参考引用了有关专业的培训教材和生产单位的文件资料,得到了本溪市水务事务服务中心的大力支持和帮助,得到了有关编审人员所在学院领导和老师们的大力支持和帮助,在此表示衷心的感谢!

由于编者水平有限,书中难免存在一些不足之处,敬请广大读者批评指正,以便再版时进一步完善。

编者
2024 年 6 月

目 录

前言

项目一 水利工程资料整编基础知识 ··· 1
  任务一 水利工程基本建设程序与项目审批 ······································ 1
  任务二 水利工程质量验收标准常用术语 ·· 6
  任务三 水利工程建设项目的划分 ·· 7
  任务四 水利工程各参建单位责任 ·· 8
  任务五 水利工程资料分类与编制要求 ·· 12
  任务六 各单位水利工程资料管理职责 ·· 13
  任务七 水利工程资料员的职责 ··· 14
  任务八 档案管理、归档与移交 ··· 16
  任务九 工程档案的建立与验收 ··· 19

项目二 水利工程建设管理资料整编 ·· 23
  任务一 项目建议书 ··· 23
  任务二 可行性研究报告 ·· 27
  任务三 工程各阶段鉴定书 ··· 31
  任务四 工程建设管理文件 ··· 35
  任务五 工程开工文件 ··· 40
  任务六 工程施工方案 ··· 50

项目三 水利工程施工资料整编 ··· 53
  任务一 施工管理资料 ··· 53
  任务二 施工技术资料 ··· 55
  任务三 施工测量记录资料 ··· 64
  任务四 施工物资资料 ··· 66
  任务五 施工记录资料 ··· 68
  任务六 施工试验记录资料 ··· 81
  任务七 施工安全管理资料 ··· 88

项目四 水利工程监理资料整编 ··· 95
  任务一 工程监理资料相关要求 ·· 95
  任务二 工程监理机构职能要求 ·· 99
  任务三 工程监理管理文件资料 ·· 101

  任务四 工程进度控制文件资料……………………………………………………… 106
  任务五 工程质量控制文件资料……………………………………………………… 110
  任务六 工程造价控制文件资料……………………………………………………… 113
  任务七 工程合同管理文件资料……………………………………………………… 114
  任务八 工程安全管理文件资料……………………………………………………… 120
  任务九 工程监理其他文件资料……………………………………………………… 122
项目五 水利工程质量评定资料整编 …………………………………………………… 123
  任务一 水利工程施工质量评定概述………………………………………………… 123
  任务二 水工建筑物工程施工质量评定…………………………………………… 130
  任务三 混凝土工程施工质量评定………………………………………………… 152
  任务四 碾压土石坝工程质量评定………………………………………………… 158
  任务五 堤防工程施工质量评定…………………………………………………… 188
  任务六 中间产品、外观质量评定………………………………………………… 198
项目六 水利工程竣工验收资料整编 …………………………………………………… 208
  任务一 竣工验收申请报告及批复……………………………………………… 208
  任务二 水利工程质量监督工作报告…………………………………………… 210
  任务三 水利工程决算报告………………………………………………………… 211
附表 …………………………………………………………………………………………… 213

项目一

水利工程资料整编基础知识

【知识目标】 理解水利工程资料编制的基础知识；了解水利工程基本建设程序、工程项目划分原则。

【能力目标】 掌握工程资料分类与编制要求；了解和掌握工程施工前期资料的收集内容、要求及资料格式和填写方法。

水利工程资料具有内容广泛、知识面广、专业性强、要求严格等特点，同时中国水利工程建设关系国计民生，其建设规模庞大、涉及专业较多、牵涉范围广阔、质量要求严格、施工地点偏僻、地质地形复杂、施工组织管理困难，因此水利工程资料编制内容庞杂、整理难度较大。

任务一　水利工程基本建设程序与项目审批

一、水利工程基本建设程序

（一）工程基本建设程序的特点

(1) 工程差异大，各具不同特点。
(2) 工程耗资大，工期相对较长。
(3) 工程环节多，需要统筹兼顾。
(4) 涉及面较广，关系错综复杂。

（二）工程基本建设程序

水利工程建设程序如图 1-1 所示。

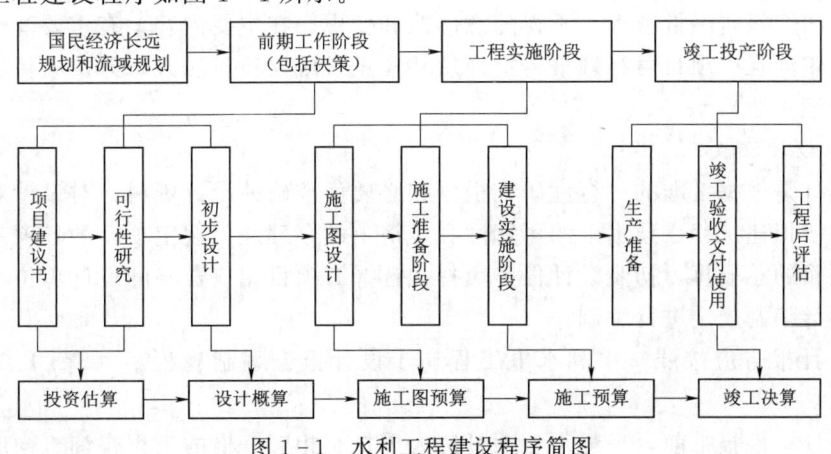

图 1-1　水利工程建设程序简图

1. 流域（或区域）规划阶段

流域规划又划分为流域综合规划和流域专业规划；区域规划又划分为区域综合规划和区域专业规划。水资源规划的关系是：流域范围内的区域规划应当服从流域规划，专业规划应当服从综合规划。流域综合规划和区域综合规划以及与土地利用关系密切的专业规划，应当与国民经济和社会发展规划以及土地利用总体规划、城市总体规划和环境保护规划相协调，兼顾各地区、各行业的需要。

2. 项目建议书阶段

项目建议书应根据国民经济和社会发展长远规划、流域综合规划、区域综合规划、专业规划，按照国家产业政策和国家有关投资建设方针进行编制，是对拟进行建设项目的初步说明。

项目建议书应按照《水利水电工程项目建议书编制暂行规定》（水规计〔1996〕608号）编制。

项目建议书编制一般由政府委托有相应资格的设计单位承担；并按国家现行规定权限向主管部门申报审批。项目建议书被批准后，由政府向社会公布，若有投资建设意向，应及时组建项目法人筹备机构，开展下一建设程序工作。

3. 可行性研究阶段

可行性研究应对项目进行方案比较，在技术上是否可行和经济上是否合理进行科学的分析和论证。经过批准的可行性研究报告，是项目决策和进行初步设计的依据。可行性研究报告，由项目法人（或筹备机构）组织编制。

可行性研究报告应按照《水利水电工程可行性研究报告编制规程》（SL/T 618—2021）编制。

可行性研究报告，按国家现行规定的审批权限报批。申报项目可行性研究报告，必须同时提出项目法人组建方案及运行机制、资金筹措方案、资金结构及回收资金的办法，并依照有关规定附具有管辖权的水行政主管部门或流域机构签署的规划同意书、对取水许可预申请的书面审查意见。审批部门要委托有项目相应资格的工程咨询机构对可行性报告进行评估，并综合行业归口主管部门、投资机构（公司）、项目法人（或项目法人筹备机构）等方面的意见进行审批。

可行性研究报告经批准后，不得随意修改和变更，在主要内容上有重要变动，应经原批准机关复审同意。项目可行性报告批准后，应正式成立项目法人，并按项目法人责任制实行项目管理。

4. 初步设计阶段

初步设计是根据批准的可行性研究报告和必要而准确的设计资料，对设计对象进行通盘研究，阐明拟建工程在技术上的可行性和经济上的合理性，规定项目的各项基本技术参数，编制项目的总概算。初步设计任务应择优选择有项目相应资格的设计单位承担，依照有关初步设计编制规定进行编制。

初步设计报告应按照《水利水电工程初步设计报告编制规程》（SL/T 619—2021）编制。

初步设计文件报批前，一般须由项目法人委托有相应资格的工程咨询机构或组织行业各方面（包括管理、设计、施工、咨询等方面）的专家，对初步设计中的重大问题，进行咨询论证。设计单位根据咨询论证意见，对初步设计文件进行补充、修改、优化。初步设计由项目法人组织审查后，按国家现行规定权限向主管部门申报审批。

设计单位必须严格保证设计质量，承担初步设计的合同责任。初步设计文件经批准后，主要内容不得随意修改、变更，并作为项目建设实施的技术文件基础。如有重要修改、变更，须经原审批机关复审同意。

5. 施工准备阶段

项目在主体工程开工之前，必须完成各项施工准备工作，其主要内容包括工程建设项目施工，除某些不适应招标的特殊工程项目外（须经水行政主管部门批准），均须实行招标投标。水利工程建设项目的招标投标，按有关法律、行政法规和《水利工程建设项目施工招标投标管理规定》（水建〔2021〕14号）执行。

项目可行性研究报告已经批准，年度水利投资计划下达后，项目法人即可开展施工准备工作，其主要内容包括：

（1）施工现场的征地、拆迁。
（2）完成施工用水、电、通信、路和场地平整等工程。
（3）必须的生产、生活临时建筑工程。
（4）实施经批准的应急工程、试验工程等专项工程。
（5）组织招标设计、咨询、设备和物资采购等服务。
（6）组织相关监理招标，组织主体工程招标准备工作。

施工准备工作开始前，项目法人或其代理机构，须依照《水利工程建设项目管理规定（试行）》（水建〔1995〕128号）（2016年8月1日第二次修正）中"管理体制和职责"明确的分级管理权限，向水行政主管部门办理报建手续，项目报建须交验工程建设项目的有关批准文件。工程项目进行项目报建登记后，方可组织施工准备工作。

工程建设项目施工，除某些不适应招标的特殊工程项目外（须经水行政主管部门批准），均须实行招标投标。水利工程建设项目的招标投标，按《水利工程建设项目施工招标投标管理规定》（水建〔2021〕14号）执行。

水利工程项目必须满足如下条件，施工准备方可进行：

（1）初步设计已经批准。
（2）项目法人已经建立。
（3）项目已列入国家或地方水利建设投资计划，筹资方案已经确定。
（4）有关土地使用权已经批准。
（5）已办理报建手续。

6. 建设实施阶段

建设实施阶段是指主体工程的建设实施，项目法人按照批准的建设文件，组织工程建设，保证项目建设目标的实现。

项目法人或其代理机构必须按审批权限，向主管部门提出主体工程开工申请报告，经批准后，主体工程方能正式开工。主体工程开工须具备《水利工程建设项目管理规定（试行）》（水建〔1995〕128号）明确的条件，即：

(1) 前期工程各阶段文件已按规定批准，施工详图设计可以满足初期主体工程施工需要。
(2) 建设项目已列入国家或地方水利建设投资年度计划，年度建设资金已落实。
(3) 主体工程招标已经决标，工程承包合同已经签订，并得到主管部门同意。
(4) 现场施工准备和征地移民等建设外部条件能够满足主体工程开工需要。

随着社会主义市场经济机制的建立，实行项目法人责任制，主体工程开工前还须具备以下条件：

(1) 项目法人或者建设单位已经设立。
(2) 初步设计已经批准，施工详图设计满足主体工程施工需要。
(3) 建设资金已经落实。
(4) 主体工程施工单位和监理单位已经确定，并分别订立了合同。
(5) 质量安全监督单位已经确定，并办理了质量安全监督手续。
(6) 主要设备和材料已经落实来源。
(7) 施工准备和征地移民等工作满足主体工程开工需要。

项目法人要充分发挥建设管理的主导作用，为施工创造良好的建设条件。项目法人要充分授权工程监理，使之能独立负责项目的建设工期、质量、投资的控制和现场施工的组织协调。监理单位选择必须符合《水利工程建设监理规定》（水利部令第28号）的要求。

要按照"政府监督、项目法人负责、社会监理、企业保证"的要求，建立健全质量管理体系，重要建设项目，须设立质量监督项目站，行使政府对项目建设的监督职能。

7. 生产准备阶段

生产准备是项目投产前所要进行的一项重要工作，是建设阶段转入生产经营的必要条件。项目法人应按照建管结合和项目法人责任制的要求，适时做好有关生产准备工作。

生产准备应根据不同类型的工程要求确定，一般应包括如下主要内容：

(1) 生产组织准备。建立生产经营的管理机构及相应管理制度。
(2) 招收和培训人员。按照生产运营的要求，配备生产管理人员，并通过多种形式的培训，提高人员素质，使之能满足运营要求。生产管理人员要尽早介入工程的施工建设，参加设备的安装调试，熟悉情况，掌握好生产技术和工艺流程，为顺利衔接基本建设和生产经营阶段做好准备。
(3) 生产技术准备。主要包括技术资料的汇总、运行技术方案的制定、岗位操作规程制定和新技术准备。
(4) 生产的物资准备。主要是落实投产运营所需要的原材料、协作产品、工器具、备品备件和其他协作配合条件的准备。
(5) 正常的生活福利设施准备。

及时具体落实产品销售合同协议的签订，提高生产经营效益，为偿还债务和资产的保值增值创造条件。

8. 竣工验收阶段

竣工验收是工程完成建设目标的标志，是全面考核基本建设成果、检验设计和工程质量的重要步骤。竣工验收合格的项目即从基本建设转入生产或使用。

当建设项目的建设内容全部完成，并经过单位工程验收（包括工程档案资料的验收），符合设计要求并按《水利工程建设项目档案管理规定》（水办〔2021〕200号）的要求完成了档案资料的整理工作；完成竣工报告、竣工决算等必需文件的编制后，项目法人按《水利工程建设项目管理规定（试行）》（水建〔1995〕128号）规定，向验收主管部门，提出申请，根据国家和部颁验收规程，组织验收。

竣工决算编制完成后，须由审计机关组织竣工审计，其审计报告作为竣工验收的基本资料。

工程规模较大、技术较复杂的建设项目可先进行初步验收。不合格的工程不予验收；有遗留问题的项目，对遗留问题必须有具体处理意见，且有限期处理的明确要求并落实责任人。

9. 后评价阶段

建设项目竣工投产后，一般经过1~2年生产运营后，要进行一次系统的项目后评价，主要内容包括：影响评价——项目投产后对各方面的影响进行评价；经济效益评价——项目投资、国民经济效益、财务效益、技术进步和规模效益、可行性研究深度等进行评价；过程评价——对项目的立项、设计施工、建设管理、竣工投产、生产运营等全过程进行评价。

项目后评价一般按三个层次组织实施，即项目法人的自我评价、项目行业的评价、计划部门（或主要投资方）的评价。

建设项目后评价工作必须遵循客观、公正、科学的原则，做到分析合理、评价公正。通过建设项目的后评价以达到肯定成绩、总结经验、研究问题、吸取教训、提出建议、改进工作，不断提高项目决策水平和投资效果的目的。

二、基本建设项目审批

1. 规划及项目建议书阶段审批

规划报告及项目建议书编制一般由政府或开发业主委托有相应资质的设计单位承担，并按国家现行规定权限向主管部门申报审批。

2. 可行性研究阶段审批

可行性研究报告按国家现行规定的审批权限报批。申报项目可行性研究报告，必须同时提出项目法人组建方案及执行机制、资金筹措方案、资金结构及回收资金办法，并依照有关规定附具有管辖权的水行政主管部门或流域机构签署的规划同意书。

3. 初步设计阶段审批

可行性研究报告被批准以后，项目法人应择优选定有与本项目相应资质的设计单位承担勘测设计工作。初步设计文件完成后报批前，一般由项目法人委托有相应资质的工程咨询机构或组织有关专家，对初步设计中的重大问题进行咨询论证。

4. 施工准备阶段和建设实施阶段的审批

工程建设项目施工，除某些不适应招标的特殊工程项目外（须经水行政主管部门批准），均须实行招标投标。水利工程建设项目的招标投标，按有关法律、行政法规和《水利工程建设项目招标投标管理规定》等规章规定执行。项目法人按照批准的建设文件，组织工程建设，保证项目建设目标的实现。

5. 竣工验收阶段的审批

在完成竣工报告、竣工决算等必需文件的编制后，项目法人应按照有关规定，向验收主管部门提出申请，根据国家和部颁验收规程组织验收。

任务二　水利工程质量验收标准常用术语

水利工程质量验收标准常用术语如下：

（1）水利工程质量。工程满足国家和水利行业相关标准及合同约定要求的程度，在安全、功能、适用、外观及环境保护等方面的特性总和。

（2）质量检验。通过检查、量测、试验等方法，对工程质量特性进行的符合性评价。

（3）质量评定。将质量检验结果与国家和行业技术标准以及合同约定质量标准所进行的比较活动。

（4）单位工程。具有独立发挥作用或独立施工条件的建筑物。

（5）分部工程。在一个建筑物内能组合发挥一种功能的建筑安装工程，是单位工程的组成部分。对单位工程安全、功能或效益起决定性作用的分部工程称为主要分部工程。

（6）单元工程。在分部工程中由几个工序（或工种）施工完成的最小综合体，是日常质量考核的基本单位。

（7）关键部位单元工程。对工程安全、或效益、或使用功能有显著影响的单元工程。

（8）重要隐蔽单元工程。主要建筑物的地基开挖、地下洞室开挖、地基防渗、加固处理和排水等隐蔽工程中，对工程安全或使用功能有严重影响的单元工程。

（9）主要建筑物及主要单位工程。主要建筑物，指失事后将造成下游灾害或严重影响工程效益的建筑物，如堤坝、泄洪建筑物、输水建筑物、电站厂房及泵站等。属于主要建筑物的单位工程称为主要单位工程。

（10）中间产品。工程施工中使用的砂石骨料、石料、混凝土拌和物、砂浆拌和物、混凝土预制构件等土建类工程的成品及半成品。

（11）见证取样。在监理机构或项目法人监督下，由施工单位有关人员进行的现场取样。

（12）外观质量。通过观察和必要的量测所反映的工程外表质量。

（13）质量事故。在水利水电工程建设过程中，由于建设管理、监理、勘测、设计、咨询、施工、材料、设备等原因造成工程质量不符合国家和行业相关标准以及合同约定的质量标准，影响使用寿命和对工程安全运行造成隐患和危害的事件。

（14）质量缺陷。指对工程质量有影响，但小于一般质量事故的质量问题。

（15）验收。指建筑工程在施工单位自行质量检查评定的基础上，参与建设活动的有关单位共同对检验批、分项、分部、单位工程的质量进行抽样复验，根据相关标准以书面形式对工程质量达到合格与否做出确认。

（16）进场验收。指对进入施工现场的材料、构配件、设备等按相关标准规定要求进行检验，对产品达到合格与否做出确认。

（17）检验。指对检验项目中的性能指标进行量测、检查、试验等，并将结果与标准规定要求进行比较，以确定每项性能是否合格所进行的活动。

（18）见证取样检测。将施工单位的见证取样送至具备相应资质的检测单位所进行的检测。

（19）主控项目。指建筑工程中的对安全、卫生、环境保护和公众利益起决定性作用的检验项目。

（20）一般项目。指除主控项目以外的检验项目。

（21）抽样检验。指按照规定的抽样方案，随机地从进场的材料、构配件、设备或建筑工程检验项目中，按检验批抽取一定数量的样本所进行的检验。

（22）抽样方案。指根据检验项目的特性所确定的抽样数量和方法。

（23）计数检验。指在抽样的样本中，记录每一个体有某种属性或计算每一个体中的缺陷数目的检查方法。

（24）计量检验。指在抽样检验的样本中，对每一个体测量其某个定量特性的检查方法。

（25）观感质量。指通过观察和必要的量测所反映的工程外在质量，又称外观质量。

（26）返修。指对工程不符合标准规定的部位采取整修等措施。

（27）返工。指对不合格的工程部位采取的重新制作、重新施工等措施。

任务三　水利工程建设项目的划分

一、项目名称

（1）水利工程质量检验与评定应进行项目划分。项目按级划分为单位工程、分部工程、单元（工序）工程等三级。

（2）工程中永久性房屋（管理设施用房）、专用公路、专用铁路等工程项目，可按相关行业标准划分和确定项目名称。

二、项目划分原则

水利工程项目划分应结合工程结构特点、施工部署及施工合同要求进行，划分结果应有利于保证施工质量以及施工质量管理。

1. 单位工程项目划分原则

（1）枢纽工程，一般以每座独立的建筑物为一个单位工程。当工程规模大时，可将一个建筑物中具有独立施工条件的一部分划分为一个单位工程。

（2）堤防工程，按标段或工程结构划分单位工程。规模较大的交叉联结建筑物及管理设施以每座独立的建筑物为一个单位工程。

（3）引水（渠道）工程，按标段或工程结构划分单位工程。大、中型引水（渠道）建筑物以每座独立的建筑物为一个单位工程。

（4）除险加固工程，按标段或加固内容，并结合工程量划分单位工程。

2. 分部工程项目划分原则

（1）枢纽工程，土建部分按设计的主要组成部分划分；金属结构及启闭机安装工程和机电设备安装工程按组合功能划分。

(2) 堤防工程，按长度或功能划分。

(3) 引水（渠道）工程中的河（渠）道按施工部署或长度划分。大、中型建筑物按设计主要组成部分划分。

(4) 除险加固工程，按加固内容或部位划分。

(5) 同一单位工程中，各个分部工程的工程量（或投资）不宜相差太大，每个单位工程中的分部工程数目，不宜少于 5 个。

3. 单元（工序）工程划分原则

(1) 按《水利水电单元工程施工质量验收评定标准——地基处理与基础工程》（SL 633—2012）（以下简称《单元工程评定标准》）规定进行划分。

(2) 河（渠）道开挖、填筑及衬砌单元工程划分界线宜设在变形缝或结构缝处，长度一般不大于 100m。同一分部工程中各单元工程的工程量（或投资）不宜相差太大。

(3)《单元工程评定标准》中未涉及的单元工程可依据设计结构、施工部署或质量考核要求划分的层、块、段进行划分。

三、项目划分程序

(1) 由项目法人组织监理、设计及施工等单位进行工程项目划分，并确定主要单位工程、主要分部工程、重要隐蔽单元工程和关键部位单元工程。项目法人在主体工程开工前将项目划分表及说明书面报送相应质量监督机构确认。

(2) 工程质量监督机构收到项目划分书面报告后，应在 14 个工作日内对项目划分进行确认并将确认结果书面通知项目法人。

(3) 工程实施过程中，需对单位工程、主要分部工程、重要隐蔽单元工程和关键部位单元工程的项目划分进行调整时，项目法人应重新报送工程质量监督机构确认。

任务四　水利工程各参建单位责任

一、建设单位的质量责任和义务

(1) 项目法人应当根据水利工程的规模和技术复杂程度明确质量管理机构，建立健全质量管理制度，落实质量责任，实施工程建设的全过程质量管理。

(2) 项目法人应当将工程依法发包给具有相应资质等级的单位。

项目法人与参建单位签订的合同文件中，应当包括工程质量条款，明确工程质量要求，并约定合同各方的质量责任。

项目法人应当依法向有关的勘察、设计、施工、监理等单位提供与工程有关的原始资料。原始资料必须真实、准确、齐全。

(3) 项目法人不得迫使市场主体以低于成本的价格竞标，不得任意压缩合理工期。

项目法人不得明示或者暗示勘察、设计、施工单位违反工程建设强制性标准，降低工程质量；不得明示或者暗示施工单位使用不合格的原材料、中间产品和设备。

(4) 项目法人应当按照国家有关规定办理工程质量监督及开工备案手续，并书面明确各参建单位项目负责人和技术负责人。

(5) 项目法人应当依据经批准的设计文件，组织编制工程建设执行技术标准清单，明确工程建设质量标准。

（6）项目法人应当组织开展施工图设计文件审查。未经审查合格的施工图设计文件，不得使用。

项目法人应当组织或者委托监理单位组织有关参建单位进行勘察、设计交底。

项目法人应当加强设计变更管理，按照规定履行设计变更程序。设计变更未经审查同意的，不得擅自实施。

（7）项目法人应当严格依照有关法律、法规、规章、技术标准、批准的设计文件和合同开展验收工作。工程质量符合相关要求的，方可通过验收。

（8）项目法人应当对参建单位的质量行为和工程实体质量进行检查，对发现的问题组织责任单位进行整改落实。对发生严重违规行为和质量事故的，项目法人应当及时报告具有管辖权的水行政主管部门或者流域管理机构。

（9）工程开工后，项目法人应当在工程施工现场明显部位设立质量责任公示牌，公示项目法人、勘察、设计、施工、监理等参建单位的名称、项目负责人姓名以及质量举报电话，接受社会监督。

工程竣工验收后，项目法人应当在工程明显部位设置永久性标志，载明项目法人、勘察、设计、施工、监理等参建单位名称、项目负责人姓名。

（10）项目法人应当按照档案管理的有关规定，及时收集、整理并督促指导其他参建单位收集、整理工程建设各环节的文件资料，建立健全项目档案，并在工程竣工验收后，办理移交手续。

（11）水利工程建设实行代建、项目管理总承包等管理模式的，代建、项目管理总承包等单位按照合同约定承担相应质量责任，不替代项目法人的质量责任。

二、勘察、设计单位的质量责任和义务

（1）勘察、设计单位应当在其资质等级许可的范围内承揽水利工程勘察、设计业务，禁止超越资质等级许可的范围或者以其他勘察、设计单位的名义承揽水利工程勘察、设计业务，禁止允许其他单位或者个人以本单位的名义承揽水利工程勘察、设计业务，不得转包或者违法分包所承揽的水利工程勘察、设计业务。

（2）勘察、设计单位应当依据有关法律、法规、规章、技术标准、规划、项目批准文件进行勘察、设计，严格执行工程建设强制性标准，保障工程勘察、设计质量。

（3）勘察、设计单位应当依照有关规定建立健全勘察、设计质量管理体系，加强勘察、设计过程质量控制，严格执行勘察、设计文件的校审、会签、批准制度。

（4）勘察单位提供的地质、测量、水文等勘察成果必须真实、准确，符合国家和相关行业规定的勘察深度要求。

（5）设计单位应当根据勘察成果文件进行设计，提交的设计文件应当符合相关技术标准规定的设计深度要求，并注明工程及其水工建筑物合理使用年限。

水利工程施工图设计文件，应当以批准的初步设计文件以及设计变更文件为依据。

（6）设计单位在设计文件中选用的原材料、中间产品和设备，应当注明规格、型号、性能等技术指标，其质量要求必须符合国家规定的标准。

除有特殊要求的原材料、中间产品和设备外，设计单位不得指定生产厂家和供应商。

(7) 勘察、设计单位应当在工程施工前，向施工、监理等有关参建单位进行交底，对施工图设计文件作出详细说明，并对涉及工程结构安全的关键部位进行明确。

(8) 勘察、设计单位应当及时解决施工中出现的勘察、设计问题。

设计单位应当根据工程建设需要和合同约定，在施工现场设立设计代表机构或者派驻具备相应技术能力的人员担任设计代表，及时提供设计文件，按照规定做好设计变更。

设计单位发现违反设计文件施工的情况，应当及时通知项目法人和监理单位。

(9) 勘察、设计单位应当按照有关规定参加工程验收，并在验收中对施工质量是否满足设计要求提出明确的评价意见。

(10) 设计单位应当参与水利工程质量事故分析，提出相应的技术处理方案。

三、施工单位的质量责任和义务

(1) 施工单位应当在其资质等级许可的范围内承揽水利工程施工业务，禁止超越资质等级许可的业务范围或者以其他施工单位的名义承揽水利工程施工业务，禁止允许其他单位或者个人以本单位的名义承揽水利工程施工业务，不得转包或者违法分包所承揽的水利工程施工业务。

(2) 施工单位必须按照批准的设计文件和有关技术标准施工，不得擅自修改设计文件，不得偷工减料。

施工单位发现设计文件和图纸有差错的，应当及时向项目法人、设计单位、监理单位提出意见和建议。

施工单位应当严格施工过程质量控制，保证施工质量。

(3) 施工单位应当建立健全施工质量管理体系，根据工程施工需要和合同约定，设置现场施工管理机构，配备满足施工需要的管理人员，落实质量责任制。

施工单位一般不得更换派驻现场的项目经理和技术负责人；确需更换的，应当经项目法人书面同意，且更换后的人员资格不得低于合同约定的条件。

(4) 水利工程的勘察、设计、施工、设备采购的一项或者多项实行总承包的，总承包单位对其承包的工程或者采购的设备质量负责。

总承包单位依法将工程分包给其他单位的，分包单位按照分包合同的约定对其分包工程的质量向总承包单位负责，总承包单位与分包单位对分包工程的质量承担连带责任。分包单位应当接受总承包单位的质量管理。

禁止分包单位将其承包的工程再分包。

(5) 施工单位必须按照经批准的设计文件、有关技术标准和合同约定，对原材料、中间产品、设备以及单元工程（工序）等进行质量检验，检验应当有检查记录或者检测报告，并有专人签字，确保数据真实可靠。对涉及结构安全的试块、试件以及有关材料，应当在项目法人或者监理单位监督下现场取样。未经检验或者检验不合格的，不得使用。

前款规定的质量检测业务按照有关规定由具有相应资质等级的水利工程质量检测单位承担。

(6) 施工单位应当严格执行工程验收制度。单元工程（工序）未经验收或者验收不通过的，不得进行下一单元工程（工序）施工。

施工单位应当做好隐蔽工程的质量检查和记录，隐蔽工程在隐蔽前，施工单位应当通知项目法人和水利工程质量监督机构。隐蔽工程未经验收或者验收不通过的，不得隐蔽。

（7）施工单位应当加强施工过程质量控制，形成完整、可追溯的施工质量管理文件资料，并按照档案管理的有关规定进行收集、整理和归档。主体工程的隐蔽部位施工、质量问题处理等，必须保留照片、音视频文件资料并归档。

（8）对出现施工质量问题的工程或者验收不合格的工程，施工单位应当负责返修或者重建。

（9）水利工程在保修范围和保修期限内发生质量问题的，施工单位应当履行保修义务，并对造成的损失承担赔偿责任。

水利工程的保修范围、期限，应当在施工合同中约定。

（10）发生质量事故时，施工单位应当采取措施防止事故扩大，保护事故现场，并及时通知项目法人、监理单位，接受质量事故调查。

四、工程监理单位的质量责任和义务

（1）监理单位应当在其资质等级许可的范围内承担水利工程监理业务，禁止超越资质等级许可的范围或者以其他监理单位的名义承担水利工程监理业务，禁止允许其他单位或者个人以本单位的名义承担水利工程监理业务，不得转让其承担的水利工程监理业务。

（2）监理单位应当依照国家有关法律、法规、规章、技术标准、批准的设计文件和合同，对水利工程质量实施监理。

（3）监理单位应当建立健全质量管理体系，按照工程监理需要和合同约定，在施工现场设置监理机构，配备满足工程建设需要的监理人员，落实质量责任制。

现场监理人员应当按照规定持证上岗。总监理工程师和监理工程师一般不得更换；确需更换的，应当经项目法人书面同意，且更换后的人员资格不得低于合同约定的条件。

（4）监理单位应当对施工单位的施工质量管理体系、施工组织设计、专项施工方案、归档文件等进行审查。

（5）监理单位应当按照有关技术标准和合同要求，采取旁站、巡视、平行检验和见证取样检测等形式，复核原材料、中间产品、设备和单元工程（工序）质量。

未经监理工程师签字，原材料、中间产品和设备不得在工程上使用或者安装，施工单位不得进行下一单元工程（工序）的施工。未经总监理工程师签字，项目法人不拨付工程款，不进行竣工验收。

平行检验中需要进行检测的项目按照有关规定由具有相应资质等级的水利工程质量检测单位承担。

（6）监理单位不得与被监理工程的施工单位以及原材料、中间产品和设备供应商等单位存在隶属关系或者其他利害关系。

监理单位不得与项目法人或者被监理工程的施工单位串通，弄虚作假、降低工程质量。

任务五 水利工程资料分类与编制要求

一、工程技术档案整理依据

(1) 国家有关档案管理的法律、法规。

(2) 与本工程有关的设计、合同文件及业主单位、监理单位的有关规定。

(3)《水利水电工程施工测量规范》(SL/T 52—2015)、《水利水电建设工程验收规程》(SL/T 223—2025)。

二、工程档案资料分类及其组成

设计资料：指由设计单位通过业主单位提供，或由业主单位提供，或按承建合同由承包商提供可用于工程实施的施工图纸、设计说明书、技术要求、技术标准以及相应的设计修改通知，或按承建合同规定可由监理工程师签署的变更指示等资料。

施工资料：指承包商根据工程承建合同规定或根据监理文件要求必须报送监理部的施工组织设计、施工技术措施、施工计划、材料供应计划、工程项目（开仓）申请、工程检测试验报告、合同支付报表、合同索赔与合同商务文件、各种工程施工问题请示以及工程实施、竣工、维护等一切工程承建活动有关的各种图纸、报告、图片和原始记录、报表、材料与资料等，所有反映工程承建合同履行过程与工程承建活动的资料。

监理资料：指监理工程师在业主授权和按工程承建合同规定开展监理工作所编制发布的文件，以及有关工程建设活动的批复、简报、通报、通知、规定、签证以及协调会议纪要等，所有反映工程承建与建设监理合同履行过程与建设监理过程的资料。

业主指示：指经业主单位或业主单位有关部门依据工程承建合同和建设监理合同文件规定签发、下达、批转的与工程建设活动有关的纪要、简报、通报、通知、规定、批复、批转，以及与此有关的各种文图、函件等。

三、工程资料编制要求

(1) 工程资料应真实反映工程的实际情况，具有永久和长期保存价值的材料必须完整、准确和系统。

(2) 工程资料应使用原件，因各种原因不能使用原件的，应在复印件上加盖原件存放单位公章、注明原件存放处，并有经办人签字及时间。

(3) 工程资料应保证字迹清晰，签字、盖章手续齐全，签字必须使用档案规定用笔。计算机形成的工程资料应采用内容打印、手工签名的方式。

(4) 施工图的变更、洽商绘图应符合技术要求。凡采用施工蓝图改绘竣工图的，必须使用反差明显的蓝图，竣工图图面应整洁。

(5) 工程档案的填写和编制应符合档案缩微管理和计算机输入的要求。

(6) 工程档案的缩微制品，必须按国家缩微标准进行制作，主要技术指标（解像力、密度、海波残留量等）应符合国家标准规定，保证质量，以适应长期安全保管的需要。

(7) 工程资料的照片及声像档案，应图像清晰，声音清楚，文字说明或内容准确。

任务六　各单位水利工程资料管理职责

一、通用职责

工程项目各参建单位应将工程资料的形成和积累纳入工程建设管理的各个环节，并设置专职或兼职人员具体负责。

在项目建设过程中，所形成的各类工程资料应随工程进度同步收集和整理，并按有关规定进行移交。

工程资料应实行分级管理，由建设、监理、施工单位主管（技术）负责人组织本单位工程资料的全过程管理工作。工程资料的收集、整理工作和审核工作应有专人负责，并按规定取得相应的岗位资格。

工程各参建单位应确保各自文件的真实、有效、完整和齐全，对工程资料进行涂改、伪造、随意抽撤或损毁、丢失等的，应按有关规定予以处罚，情节严重的，应依法追究法律责任。

二、建设单位管理职责

工程建设单位对工程文件收集整理及档案移交工作负总责。

负责将工程文件归档整理纳入工程质量管理程序。凡参建单位未按规定要求提交工程档案的，不得通过验收或进行质量等级评定，不予办理结算手续。

认真做好自身产生的工程文件的收集、整理、保管工作。

在招投标、签订有关合同协议时，应对工程文件的收集、整理、组卷提出明确要求。

负责组织、监督、指导勘察、设计、监理、施工等单位的工程文件收集、整理、保管、移交工作。

收集、整理、汇总建设、勘察、设计、监理、施工等单位形成的，建设单位须保存的工程文件。

收集、整理、汇总建设、勘察、设计、监理、施工等单位形成的，建设单位须向档案管理部门和主管部门移交的工程档案。

在工程竣工验收前，提请档案管理部门对工程档案进行审查或预验收。

工程竣工验收后 3 个月内，向档案管理部门和主管部门各移交一套完整的工程档案。

三、勘察、设计单位管理职责

工程项目勘察、设计单位应按合同和规范要求提供勘察、设计文件。

对需勘察、设计单位签认的工程资料应签署意见，并出具工程质量检查报告。

四、监理单位管理职责

监理单位应负责监理资料的管理工作，并设专人对监理资料进行收集、整理和归档。

应按照合同约定，检查工程资料的真实性、完整性和准确性。对按规定项目应由监理签认的工程资料予以签认。

列入工程管理单位档案管理部门接收范围的监理资料，监理单位应在工程竣工验收后三个月内移交建设单位。

五、施工单位管理职责

施工单位应负责施工资料的管理工作，实行主管负责人负责制，逐级建立健全施工资料管理岗位责任制。

总承包单位负责汇总、审核各分包单位编制的施工资料。分包单位应负责其分包范围内施工资料的收集和整理，并对施工资料的真实性、完整性和有效性负责。

列入工程管理单位档案管理部门接收范围的监理资料，监理单位应在工程竣工验收后两个月内移交建设单位。

负责编制的施工资料除自行保存一套外，移交建设单位两套，其中包括移交城建档案馆原件一套。资料的保存年限应符合相应规定。如建设单位对施工资料的编制套数有特殊要求的，可另行约定。

任务七 水利工程资料员的职责

水利工程资料员担负水利工程资料管理的重要责任，具体内容如下：

(1) 应负责接收、收集、保管和利用档案的日常管理工作。

(2) 应负责对城建档案的编制、整理、归档工作进行监督、检查、指导，对国家重点、大型工程项目的工程档案编制、整理、归档工作，应指派专业人员进行指导。

(3) 在工程竣工验收前，应对列入城建档案馆接收范围的工程档案进行预验收，并出具《建设工程竣工档案预验收意见》。

一、资料员的基本要求

资料员是施工企业五大员（质检员、施工员、安全员、材料员、资料员）之一。一个建设工程的质量具体反映在建筑物的实体质量，即所谓硬件；此外是该项工程技术资料质量，即所谓软件。工程资料的形成，主要靠资料员的收集、整理、编制成册，因此资料员在施工过程中担负着十分重要的责任。

要当好资料员除了有认真、负责的工作态度外，还必须了解建设工程项目的工程概况，熟悉本工程的施工图、施工基础知识、施工技术规范、施工质量验收规范、建筑材料的技术性能、质量要求及使用方法，有关政策、法规和地方性法规、条文等；要了解和掌握施工管理的全过程，了解和掌握各资料在什么时候产生。

二、资料员的工作职责

(一) 熟练掌握档案资料工作的有关业务知识

(1) 熟练掌握国家、地区、上级单位有关档案、资料管理的法规、条例、规定等。

(2) 资料的收集、整理、归档。

(3) 报送建设单位归档资料。

(4) 施工单位归档资料。

(5) 报送城建档案室归档资料。

(二) 资料收集过程中应遵守的三项原则

(1) 参与的原则。工程资料管理必须纳入项目管理的程序中，资料员应参加生产协调会、项目管理人员工作会等，及时掌握施工管理信息，便于对资料的管理监控。

(2) 同步的原则。工程资料的收集必须与实际施工进度同步。

(3) 否定的原则。对分包单位必须提供的施工技术资料应严格把关，对所提供的资料不符合规定要求的不予结算工程款。

（三）资料的保管

(1) 分类整理。按质量验收记录、工程质量控制资料核查记录、施工技术管理资料、工程安全功能检验资料核查和主要功能抽查资料等划分，同类资料按产生时间的先后排列。

(2) 固定存放。根据实际条件，配备必要的箱柜存放资料，并注意做到防火、防蛀、防霉。

(3) 借阅规范。资料的借阅必须建立一定的借阅制度，并按制度办理借阅手续。

(4) 移交归档。项目通过竣工验收后，按时移交给公司、建设单位和城建档案部门。

三、资料员的工作内容

资料员的工作内容按不同阶段划分，可分为施工前期阶段、施工阶段、施工验收阶段。

（一）施工前期阶段

(1) 熟悉建设项目的有关资料和施工图。

(2) 协助编制施工技术组织设计（施工技术方案），并填写施工组织设计（方案）报审表给现场监理机构要求审批。

(3) 填报开工报告，填报工程开工报审表，填写开工通知单。

(4) 协助编制各工种的技术交底材料。

(5) 协助制定各种规章制度。

（二）施工阶段

(1) 及时搜集整理进场的工程材料、构配件、成品、半成品和设备的质量保证资料（出厂质量证明书、生产许可证），填报工程材料、构配件、设备报审表，由监理工程师审批。

(2) 与施工进度同步，做好隐蔽工程验收记录及检验批质量验收记录的报审工作。

(3) 及时整理施工试验记录和测试记录。

(4) 阶段性地协助整理施工日记。

（三）竣工验收阶段

(1) 工程竣工资料的组卷包括以下几个方面：

1) 单位工程质量验收资料。

2) 单位工程质量控制资料核查记录。

3) 单位工程安全与功能检验资料核查及主要功能抽查资料。

4) 单位工程施工技术管理资料。

(2) 归档资料（提交城建档案馆）包括以下几个方面：

1) 施工技术准备文件，包括图纸会审记录、控制网设置资料、工程定位测量资料、基槽开挖线测量资料。

2) 工程图纸变更记录，包括设计图纸会审记录、设计变更记录、工程洽谈记录等。

3) 地基处理记录,包括地基钎探记录和钎探平面布置点、验槽记录和地基处理记录、桩基施工记录及试桩记录等。

4) 施工材料预制构件质量证明文件及复试试验报告。

5) 施工试验记录,包括土壤试验记录、砂浆混凝土抗压强度试验报告、商品混凝土出厂合格证和复试报告及钢筋接头焊接报告等。

6) 施工记录,包括工程定位测量记录、沉降观测记录、现场施工预应力记录、工程竣工测量、新型建筑材料及施工新技术等。

7) 隐蔽工程检查记录,包括基础与主体结构钢筋工程、钢结构工程、防水工程及高程测量记录等。

8) 工程质量事故处理记录。

任务八 档案管理、归档与移交

一、档案管理
(一) 档案与档案工作
(1) 水利工程档案是指水利工程在前期、实施、竣工验收等各建设阶段过程中形成的,具有保存价值的文字、图表、声像等不同形式的历史记录。

(2) 水利工程档案工作是水利工程建设与管理工作的重要组成部分。有关单位应加强领导,将档案工作纳入水利工程建设与管理工作中,明确相关部门、人员的岗位职责,健全制度,统筹安排档案工作经费,确保水利工程档案工作的正常开展。

(二) 档案管理的内容
(1) 水利工程档案工作应贯穿于水利工程建设程序的各个阶段。即:从水利工程建设前期就应进行文件材料的收集和整理工作;在签订有关合同、协议时,应对水利工程档案的收集、整理、移交提出明确要求;在检查水利工程进度与施工质量时,要同时检查水利工程档案的收集、整理情况;在进行项目成果评审、鉴定和水利工程重要阶段的验收与竣工验收时,要同时审查、验收工程档案的内容与质量,并做出相应的鉴定评语。

(2) 各级建设管理部门应积极配合档案业务主管部门,认真履行监督、检查和指导职责,共同抓好水利工程档案工作。

(3) 项目法人对水利工程档案工作负总责,须认真做好档案的收集、整理、保管工作,并应加强对各参建单位归档工作的监督、检查和指导。大中型水利工程的项目法人,应设立档案室,落实专职档案人员。其他水利工程的项目法人也应配备相应人员负责工程档案工作。项目法人的档案人员对各职能处室归档工作具有监督、检查和指导职责。

(4) 勘察设计、监理、施工等参建单位,应明确本单位相关部门和人员的归档责任,切实做好职责范围内水利工程档案的收集、整理、归档和保管工作;属于向项目法人等单位移交的应归档文件材料,在完成收集、整理、审核工作后,及时提交给项目法人。项目法人应认真做好有关档案的接收、归档和向流域机构档案馆的移交工作。

(5) 工程建设的专业技术人员和管理人员是归档工作的直接责任人,须按要求将工作中形成的应归档文件材料,进行收集、整理、归档,如遇工作变动,须先交清原岗位应归档的文件材料。

（6）水利工程档案的质量是衡量水利工程质量的重要依据，应将其纳入工程质量管理程序。质量管理部门应认真把好质量监督检查关，凡参建单位未按规定要求提交工程档案的，不得通过验收或进行质量等级评定。工程档案达不到规定要求的，项目法人不得返还其工程质量保证金。

（7）大中型水利工程均应建设与工作任务相适应的、符合规范要求的专用档案库房，配备必要的档案装具和设备；其他建设项目也应有满足档案工作需要的库房、装具和设备。所需费用可分别列入工程总概算的管理房屋建设工程项目类和生产准备费中。

（8）项目法人应按照国家信息化建设的有关要求，充分利用新技术，开展水利工程档案数字化工作，建立工程档案数据库，大力开发档案信息资源，提高档案管理水平，为工程建设与管理服务。

（三）项目法人上交资料

项目法人应按时向上级主管单位报送《水利工程建设项目档案管理情况登记表》。国家重点建设项目，还应同时向水利部报送《国家重点建设项目档案管理登记表》。

水利工程建设项目档案管理情况登记表式样见表 1-1；国家重点建设项目档案管理登记表式样见表 1-2。

表 1-1　　　　　　　　水利工程建设项目档案管理情况登记表

项目名称					
主要项目法人					
主要设计单位					
主要施工单位					
主要安装单位					
主要监理单位					
主要管理单位					
批准概算总投资	万元	计划工期	××年×月×日至××年×月×日		
项目档案资料管理情况（项目法人）					
档案资料管理部门		隶属部门	负责人		联系电话
联系地址				邮编	
库房面积		档案工作其他用房面积			
设备	档案架（套/组）	计算机（台）	复印机（台）	空调机（台）	其他设备
资料数量					
项目法人代表：（公章） 日期：××年×月×日					

表1-2　　　　　　　　　　国家重点建设项目档案管理登记表

项目名称				
建设单位或项目法人				
地　　　址			邮编	
上级主管部门				
批准概算总投资	万元	计划工期	××年×月×日至××年×月×日	
主要单位工程名称				
现已完成单位或单项工程				
主要设计单位				
主要施工单位				
主要安装单位				
主要监理单位				
项目档案和资料管理情况				
档案资料管理部门名称		隶属部门		
联系地址/电话		负责人		
项目建档时间				
专职档案人员数量				
库房面积/档案其他用房面积				
设施设备				
现有档案资料数量（正本）				
图纸张数				卷（册）
对项目档案日常监督、指导的上级单位				

填报单位：

(公章)
××年×月×日

注　此表应于项目开工后6个月内，经行业主管部门报国家档案局，对于未验收的国家建设项目，应每年填报一次。

二、归档与移交

水利工程档案的归档工作，一般是由产生文件材料的单位或部门负责。总包单位对各分包单位提交的归档材料负有汇总责任。各参建单位技术负责人应对其提供档案的内容及质量负责；监理工程师对施工单位提交的归档材料应履行审核签字手续，监理单位应向项目法人提交对工程档案内容与整编质量情况的专题审核报告，其主要内容包括：①文件材料；②竣工图；③工程建设声像档案；④电子文件与电子档案管理。

任务九　工程档案的建立与验收

一、工程档案的建立

(一) 工程档案封面

在水利工程资料案卷封面上，应注明工程名称、案卷题名、编制单位、单位主管、保管期限及档案密级等。工程资料案卷封面宜采用城市建设档案封面形式，见表1-3。

表1-3　　　　　　　　　　工程档案封面格式

档案密级：
工　程　资　料
名　　　称：
案卷题名：
编制单位：
单位主管：
编制日期：
保管期限：　　自××年×月×日起至××年×月×日
档　　　号：
共　　册　　第　　册

(二) 工程资料总目录

工程资料总目录由工程资料总目录汇总表和单位工程资料总目录组成，资料编制人员应根据工程资料的组卷情况依次填写。

1. 工程资料总目录汇总表

工程资料组卷完成后，应对案卷进行汇总记录，形成工程资料总目录汇总表（表1-4），其内容应包括名称、案卷类别、案卷名称、册数、汇总日期、档案管理员签字。其填写要求见表1-4。

表1-4　　　　　　　　　　工程资料总目录汇总表

工程名称	××生态水系输水工程			
案卷类别	案卷名称	册数	汇总日期	档案管理员签字
J	基建文件	1	××年×月×日	×××
L	监理资料	4	××年×月×日	×××
S	施工资料	12	××年×月×日	×××
SP	水工建筑物质量评定资料	6	××年×月×日	×××
FY	房屋建筑资料验收资料	3	××年×月×日	×××

注　1. 各单位工程资料由各单位档案管理员负责组卷并签字。
　　2. 设计资料由建设单位档案管理员负责检查验收并签字。

2. 工程资料总目录

水利工程资料总目录（表1-5）的内容应包括序号、案卷号、案卷题名、起止页数、保存单位、保存期限、整理日期等。各单位档案管理员应分别对各个单位工程资料的组卷负责并签字。

表1-5　　　　　　　　　　　工 程 资 料 总 目 录

工程名称			×××水利枢纽工程		类别	
整理单位			×××建筑公司			
序号	案卷号	案卷题名	起止页数	保存单位	保存期限	整理日期
1	J-1	基建文件	1～35	建设单位☑ 监理单位□ 施工单位□ 档案馆□	长期☑ 长期□ 短期□	××年×月×日
2	J-2	监理文件	36～100	建设单位□ 监理单位☑ 施工单位□ 档案馆□	长期□ 长期☑ 短期□	××年×月×日
3	S-1	施工资料	101～200	建设单位□ 监理单位□ 施工单位☑ 档案馆□	长期□ 长期☑ 短期□	××年×月×日
4	S-2	施工资料	201～350	建设单位□ 监理单位□ 施工单位☑ 档案馆□	长期□ 长期☑ 短期□	××年×月×日

（三）工程档案卷内目录与备案

1. 工程档案卷内目录

工程档案卷内目录（表1-6）一般包括序号、资料名称、资料编号、资料内容、编制日期、页次及备注等。

表1-6　　　　　　　　　　　工 程 档 案 卷 内 目 录

工程名称		××水利枢纽工程		案卷编号	××-×
编制单位		××水利工程建筑有限公司			
序号	资料名称	资料编号	资料内容	编制日期	页次	备注
1	钢筋试验报告	××-132	拉伸、弯曲、试验	××年×月×日	1	
2	水泥试验报告	××-134	强度、安定性、凝结时间	××年×月×日	45	
3	砂试验报告	××-175	含泥量、泥块含量	××年×月×日	66	
4	碎石试验报告	××-176	含泥量、泥块含量	××年×月×日	73	
5	外加剂试验报告	××-13	强度、减水率	××年×月×日	82	

2. 工程资料档案卷内备案

工程资料档案卷内备案（表1-7）的内容包括卷内文字材料张数、图样材料张数、照片张数等，立卷单位的立卷人、审核人及接收单位的审核人、接收人应签字。

表1-7 工程资料档案卷内备案

案卷编号：××

本案卷已编号的文件资料共__张，其中：文字资料__张，图样资料__张，照片__张。 对本案卷完整、准确情况的说明：本案卷完整准确。 　　　　　　　　　　　　　　　　　　　　　立卷人：×××　　日期：××年×月×日 　　　　　　　　　　　　　　　　　　　　　审核人：×××　　日期：××年×月×日
保存单位的审核人说明： 　　工程资料齐全、有效符合规定要求。 　　　　　　　　　　　　　　　　　　　　　技术审核人：×××　　日期：××年×月×日 　　　　　　　　　　　　　　　　　　　　　档案接收人：×××　　日期：××年×月×日

（四）档案交接

工程档案的归档与移交必须编制档案目录。档案目录应分案卷密级，并填写工程档案交接单。交接双方应认真核对目录与实物，并由经手人签字、加盖单位公章确认。

工程档案的归档时间，可由项目法人根据实际情况确定。可分阶段在单位工程或单项工程完工后向项目法人归档，也可在主体工程全部完工后向项目法人归档。整个项目的归档工作和项目法人向有关单位的档案移交工作，应在工程竣工验收后3个月内完成。档案交接单式样见表1-8。

表1-8 档 案 交 接 单

（××）工程 档案交接单
本单附有目录____张，包含工程档案资料____卷。 （其中长期____卷。短期____卷；在长期卷中包含竣工图____张）
归档或移交单位（盖章）： 　　　　　　经手人：×××　　　　　　　　　　　　　　　　　　　日期：××年×月×日
接收单位（盖章）： 　　　　　　经手人：×××　　　　　　　　　　　　　　　　　　　日期：××年×月×日

二、工程档案验收

水利工程档案验收是水利工程竣工验收的重要内容，应提前或与工程竣工验收同步进行。凡档案内容与质量达不到要求的水利工程，不得通过档案验收；未通过档案验收或档案验收不合格的，不得进行或通过工程的竣工验收。

（一）档案验收要求

（1）各级水行政主管部门组织的水利工程竣工验收，应有档案人员作为验收委员参加。水利部组织的工程验收，由水利部办公厅档案部门派员参加；流域机构或省级水行政主管部门组织的工程验收，由相应的档案管理部门派员参加；其他单位组织的有关工程项目的验收，由组织工程验收单位的档案人员参加。

（2）大中型水利工程在竣工验收前要进行档案专项验收。其他工程的档案验收应与工程竣工验收同步进行。档案专项验收可分为初步验收和正式验收。初步验收可由工程竣工验收主持单位委托相关单位组织进行；正式验收应由工程竣工验收主持单位的档案业务主管部门负责。

（3）水利工程在进行档案专项验收前，项目法人应组织工程参建单位对工程档案的收集、整理、保管与归档情况进行自检，确认工程档案的内容与质量已达要求后，可向有关单位报送档案自检报告，并提出档案专项验收申请。

档案自检报告应包括：工程概况，工程档案管理情况，文件材料的收集、整理、归档与保管情况，竣工图的编制与整编质量，工程档案完整、准确、系统、安全性的自我评价等内容。

（4）档案专项验收的主持单位在收到申请后，可委托有关单位对其工程档案进行验收前检查评定，对具备验收条件的项目，应成立档案专项验收组进行验收。档案专项验收组由验收主持单位、国家或地方档案行政主管部门、地方水行政主管部门及有关流域机构等单位组成。必要时，可聘请相关单位的档案专家作为验收组成员参加验收。

（二）档案专项验收工作的步骤、方法与内容

（1）听取项目法人有关工程建设情况和档案收集、整理、归档、移交、管理与保管情况的自检报告。

（2）听取监理工程单位对项目档案整理情况的审核报告。

（3）对验收前已进行档案检查评定的水利工程，还应听取被委托单位的检查评定意见。

（4）查看现场（了解工程建设实际情况）。

（5）根据水利工程建设规模，抽查各单位档案整理情况。抽查比例一般不得少于项目法人应保存档案数量的 8%，其中竣工图不得少于一套竣工图总张数的 10%，抽查档案总量应在 200 卷以上。

（6）验收组成员进行综合评议。

（7）形成档案专项验收意见，并向项目法人和所有会议代表反馈。

（8）验收主持单位以文件形式正式印发档案专项验收意见。

（三）档案专项验收意见

（1）工程概况。

（2）工程档案管理情况：①工程档案工作管理体制与管理状况；②文件材料的收集、整理、立卷质量与数量；③竣工图的编制质量与整编情况；④工程档案的完整、准确、系统性评价。

（3）存在问题及整改要求。

（4）验收结论。

（5）验收组成员签字表。

项目二

水利工程建设管理资料整编

【知识目标】 水利工程建设管理资料的基本类型和编制要求。水利工程建设管理资料的格式和内容。

【能力目标】 水利工程建设管理资料的编制方法。

水利工程建设管理资料包括流域（或区域）规划阶段至施工准备阶段的文件资料，由各主管部门负责完成，内容主要包括可行性研究报告、初步设计、招投标、移民拆迁安置补偿、环境影响评价等文件及批复。

任务一 项目建议书

一、项目建议书的概念与作用

水利工程项目建议书是水利工程基本建设程序中的一个重要阶段。项目建议书被批准后，将作为列入国家中、长期经济发展计划和开展可行性研究工作的依据，适用于需报送国家发展和改革委员会审批的中央和地方（包括中央参与投资）新建、扩建的大、中型水利工程项目建议书的编制。不同类型的工程，应根据任务特点对本教材的条文内容进行取舍。小型水利工程项目可适当简化。对影响立项的关键问题和利用外资的水利工程项目，项目建议书编制单位可根据需要向项目业主提出补充要求，适当增加工作内容和深度。按国家基建程序规定应由各省（自治区、直辖市）审批的大、中型水利水电工程项目建议书。

项目建议书应根据国民经济和社会发展规划与地区经济发展规划的总要求，在经批准（审查）的江河流域（区域）综合利用规划或专业规划的基础上提出开发目标和任务，对项目的建设条件进行调查和必要的勘测工作，并在对资金筹措进行分析后，择优选定建设项目和项目的建设规模、地点和建设时间，论证工程项目建设的必要性，初步分析项目建设的可行性和合理性。

水利工程项目建议书由项目业主或主管部门委托具有相应资格的水利勘测设计部门编制。项目业主应承担所需编制费用，并提供必要的外部条件。

二、项目建议书的依据

（1）概述项目所在地区的行政区划和自然、地理、资源情况，社会经济现状以及地区国民经济与社会发展规划对水利建设的要求。

（2）概述项目所在地区水利建设现状及其近、远期发展规划对项目建设的要求。

（3）说明项目所依据的流域（区域）综合利用规划和各项专业规划。

(4) 概述规划阶段方案、比选结果和规划成果审批意见。

三、项目建议书的必要性

阐明项目在地区国民经济和社会发展规划及区域规划中的地位与作用，论证项目建设的必要性：

(1) 防洪治涝。应阐明本地区历史上发生的重大洪涝灾害情况及对地区经济和社会造成的危害和影响，地区防洪治涝工程设施现状及地区经济和社会发展对提高防洪治涝能力的要求。

(2) 河道整治。应阐明本地区河道（河口）演变情况及地区经济发展和人类活动对河道的影响，河道整治工程设施现状，河道、河口水网区现有主要问题，根据地区国民经济发展需求和河流水沙特性，分析治理河道、河口的条件与要求。

(3) 灌溉。应阐明供、受水区水资源平衡状况，受水地区农业生产现状，发生的主要旱灾和渍、碱害情况及特点，对农牧业生产的影响，灌溉用水、节水、排水工程设施现状，农业节水目标及中长期供水需求预测，灌区地下水状况，并分析地区农牧业发展对灌溉及排水的要求。

(4) 城镇和工业供水。应阐明供、受水区水资源供需平衡及水质状况，受水地区工业和城镇用水、节水和供水设施现状。根据地区的社会经济发展中、长期供水需求预测和节水目标，分析受水地区对供水工程的要求。

(5) 跨流域调水。应按城市供水、灌溉、水力发电、通航等一项或多项任务，逐项分别阐明兴建工程的要求。

(6) 水力发电。应阐明本地区动力资源情况。根据电力工业现状、地区电力系统发展规划和供电需求情况，分析地区经济和社会发展对水电项目的需求。

(7) 垦殖。应阐明本地区滩涂淤变情况及对人类活动的影响，土地利用和垦殖现状。分析滩涂淤变趋势，根据地区经济发展和垦殖总体规划，分析研究地区对垦殖的要求。

(8) 综合利用水利工程有通航过木要求时，应阐明本地区已有航运和漂木设施的能力及工程现状，根据地区经济发展对客货运量和漂木量增长的预测，分析研究发展通航过木工程的条件和要求。

根据地区国民经济发展规划和建设项目任务要达到的目标，在流域（区域）综合利用规划和专业规划的基础上，进行必要的补充调查研究工作，对所在地区功能基本相同的项目方案进行综合分析比较，阐明各项目方案的优缺点，论述推荐本项目的理由。

四、项目建议书的内容

(一) 建设规模

1. 通则
2. 防洪工程
3. 治涝工程
4. 河道整治工程
5. 灌溉工程
6. 城镇和工业供水工程

7. 跨流域调水工程

8. 水力发电工程

9. 垦殖工程

10. 综合利用工程

11. 附图

（二）主要建筑物布置

1. 工程等别和标准

2. 工程选址（选线）、选型及布置

3. 主要建筑物

4. 机电和金属结构

5. 工程量

6. 附图

（三）施工条件

（1）简述工程区水文气象、对外交通、通信及施工场地条件。

（2）初步提出施工期通航、过木、供水及排水等要求。

（3）简述主要外购材料来源及水、电、燃料等供应条件。

（4）简述天然砂砾料、石料、土料等来源、开采和运输方式。

（四）工程管理

（1）初步提出项目建设管理机构的设置与隶属关系以及资产权属关系。

（2）初步提出维持项目正常使用所需管理维护费用及其负担原则、来源和应采取的措施。

（3）根据工程管理有关规定，初步匡算工程管理占地规模。

（4）根据项目主管部门（业主）及有关部门意见，初步提出工程管理运用原则及要求。

（五）投资估算及资金筹措

1. 投资估算

（1）简述投资估算的编制原则、依据及采用的价格水平年。初拟主要基础单价及主要工程单价。

（2）提出投资主要指标，包括主要单项工程投资、工程静态总投资及动态总投资。估算分年度投资。

（3）对主体建筑工程、导流工程应进行单价分析，按工程量估算投资。其他建筑工程、临时工程投资，可按类比法估算。交通、房屋、设备及安装工程投资，可采用扩大指标估算。其他费用可根据不同工程类别、不同工程规模逐项分别估算或综合估算。

（4）引进外资的投资估算，要结合利用外资特点考虑单价变化和可能发生的其他费用进行投资估算。

2. 资金筹措设想

（1）提出项目投资主体的组成以及对投资承诺的初步意见和资金来源的设想。

(2) 利用国内外贷款的项目，应初拟资本金和贷款额度及来源，贷款年利率以及借款偿还措施。对利用外资的项目，还应说明外资用途及汇率。

（六）经济评价

1. 经济评价依据
2. 国民经济初步评价
3. 财务初步评价
4. 综合评价

五、项目建议书的编制

项目建议书的编制要求如下：

(1) 项目建议书应根据国民经济和社会发展规划与地区经济发展规划的总要求，在经批准（审查）的江河流域（区域）综合利用规划或专业规划的基础上提出开发目标和任务，对项目的建设条件进行调查和必要的勘测工作，并在对资金筹措进行分析后，择优选定建设项目和项目的建设规模、地点和建设时间，论证工程项目建设的必要性，初步分析项目建设的可行性和合理性。

(2) 水利工程项目建议书的编制，应贯彻国家有关基本建设的方针政策和水利行业及相关行业的法规，并应符合有关技术标准。

(3) 水利工程项目建议书由项目业主或主管部门委托具有相应资格的水利勘测设计部门编制。项目业主应承担所需编制费用，并提供必要的外部条件。

工程项目建议书大多由项目法人委托咨询单位、设计单位负责编制，其主要表现在论证重点、宏观信息、估算误差（±20%左右）和最终结论等几个方面。

六、项目建议书的审批

1. 申请资料报送

(1) 上报资料目录清单。

(2) 县级以上水利（务）及发展和改革部门的初审意见。

(3) 设计单位资质证明文件复印件。

(4) 项目建议书。

(5) 工程设计图纸。

(6) 工程投资估算书（含电子文档光盘）。

(7) 主管部门对工程项目（包括河流规划、水利发展计划等）的有关审批文件。

(8) 有关地区和部门对本项目意见的书面文件（包括有关单位及提供资金单位的意向性文件、淹没区和占地范围所在地方政府及主管部门的书面意见、具有城镇工业和生活供水任务项目的供水意向协议书，具有通航任务的项目，附航道主管部门的初步意见，跨行政区或对其他行政区、部门有影响的项目应附有关协调文件，涉及军事设施工程的项目应附军事主管部门的书面意见等）。

(9) 具有城镇工业和生活供水及改善水质任务项目的水质检测报告。

(10) 主要机电设备定价依据（如厂家报价函等）。

(11) 当地建设部门颁布的近期建筑材料信息价格。

(12) 勘察及设计合同复印件。

2. 审批内容

（1）项目是否符合国家的建设方针和长期规划，以及产业结构调整的方向和范围。

（2）项目的产品符合市场需要的论证理由是否充分。

（3）项目建设地点是否合适，有无不合理的布局或重复建设。

（4）对项目的财务、经济效益和还款要求的粗略估算是否合理，与业主的投资设想是否一致。

（5）对遗漏、论证不足的问题，要求咨询单位补充修改。

（6）小型或限额以下的工程项目建议书，可按隶属关系，直接由各主管部门或省、自治区、直辖市的发展和改革委员会审批。大中型及限额以上项目建议书的审批见表2-1。

（7）审批完项目建议书后，应按照国家颁布的有关文件规定、审批权限申请立项。

表2-1　　　　　　　　　大中型及限额以上项目建议书的审批

审批程序	审批单位	审批内容	备注
初审	行业归口主管部门	资金来源；建设布局；资源合理利用；经济合理性；技术政策	
终审	国家发展和改革委员会	建设总规模；生产力总布局；资源优化配置；资金供应可能性；外部协作条件	投资额超过2亿元的项目还需报国务院审批

任务二　可行性研究报告

水利工程项目建议书由主管部门批准后，建设单位即可组织进行该项目的可行性研究工作。通过调查、勘测、方案比较等工作，对建设项目在技术上是否可行进行科学分析和研究，提出评价意见。可行性研究是进行建设项目立项决策的依据。

一、可行性研究报告的内容

项目可行性研究报告应按表2-2所示的内容和结构进行编写。

表2-2　　　　　　　　　　项目可行性研究报告的内容

序号	项目	编写内容	备注
1	总论	项目提出的背景与概况；可行性研究报告编制的依据；项目建设条件；问题与建议	
2	资源条件评价	资源可利用量；资源品质情况；资源储存条件；资源开发价值	
3	建设规模	项目建设规模的构成；建设规模的比选及推荐采用的建设规模	
4	场址选择	场址现状及建设条件描述；场址比选及推荐采用的场址方案	
5	技术、设备、工程方案	技术方案选择；主要设备方案选择；工程方案选择	
6	总平面布置图；内外运输与公用、辅助工程	总平面布置方案、场（厂）内外运输方案；公用工程与辅助工程方案	

续表

序号	项目	编写内容	备注
7	原材料、燃料供应	主要原材料供应方案选择；燃料供应方案选择	
	节能措施	节能措施及能耗指标分析	
	节水措施	节水措施及水耗指标分析	
8	环境影响评价	环境条件调查；影响环境因素分析；环境保护措施	
9	劳动安全卫生与消防	危险因素和危害程度分析；安全防范措施；卫生保健措施；消防设施	
10	组织机构与人力资源配置	组织机构设置及其适应性分析；人力资源配置及员工培训	
11	项目实施进度	建设工期；实施进度安排	
12	投资估算	投资估算的范围与依据；建设投资估算；流动资金估算；总投资额及分年投资计划	
13	融资方案	融资组织形式选择；资本金筹措；债务资金筹措；融资方案分析	
14	财务评价	财务评价基础数据与参数选取；销售收入与成本费用估算；编制财务评价报表；盈利及偿债能力分析；不确定性分析；财务评价结论	
15	国民经济评价	影子价格及评价参数的选取；效益费用范围调整；编制国民经济评价报表；计算国民经济评价指标；国民经济评价结论	
16	社会评价	项目对社会影响分析；项目与所在地互适性分析；社会风险分析；社会评价结论	
17	风险分析	项目主要风险；风险程序分析；防范与降低风险对策	
18	研究结论与建议	推荐方案总体描述；推荐方案的优缺点描述；主要对比方案；结论与建议	

二、可行性研究的依据

项目法人对项目进行可行性研究时，其主要依据如下：

（1）国家有关的发展规划、计划文件。

（2）项目主管部门对项目建设要求请示的批复。

（3）项目建议书及其审批文件，双方签订的可行性研究合同协议。

（4）拟建地区的环境现状资料；自然、社会、经济等方面的有关资料。

（5）试验、试制报告；主要工艺和设备的技术资料。

（6）项目法人与有关方面达成的协议；国家或地方颁布的与项目建设有关的法规、标准、规范、定额。

（7）其他有关资料。

三、可行性研究报告的审批

（一）需报送审核的资料

水利水电工程可行性研究报告审核时，需报送以下文件资料。

（1）上报资料目录清单。

（2）县级以上水利（务）及发展和改革部门的初审意见。

(3) 自筹资金或资本金筹集的有效文件。
(4) 设计单位资质证明文件复印件。
(5) 可行性研究报告。
(6) 工程地质报告。
(7) 工程水文水利分析计算专题报告。
(8) 工程设计图纸。
(9) 工程投资估算书（含电子文档光盘1份）。
(10) 水土保持方案专项设计报告。
(11) 移民安置、淹没处理及工程永久占地处理专项报告（附补偿标准依据文件）。
(12) 水情自动测报、自动化监测与控制系统、三防指挥系统等专题可行性研究报告。
(13) 工程招标方式、组织形式及招标范围表。
(14) 工程用地预审手续。
(15) 工程管理单位定编批文及工程管理、养护维修经费测算及落实依据；政府批准或承诺的水价改革实施办法；工程管理体制改革措施。
(16) 项目法人组建的有效文件。
(17) 主要工程量计算书及初审单位审核表。
(18) 主要机电设备定价依据（如厂家报价函等）。
(19) 当地建设部门颁布的近期工程材料信息价格。
(20) 勘察设计合同复印件。
(21) 具有城镇工业和生活供水及改善水质任务项目的水质检测报告。
(22) 具有城镇工业和生活供水任务项目的供水协议书。
(23) 具有通航任务的项目，附航道主管部门的批复意见。
(24) 跨行政区或对其他行政区、部门有影响的项目，附有关协调文件。
(25) 涉及军事设施的项目，附军事主管部门的书面意见。
(26) 涉及取水的项目，附取水许可预申请文件。
(27) 水库（闸）工程安全鉴定批复（核查）意见；重建泵站、电站工程附工程报废批复。

（二）对可行性研究报告的评价

可行性研究报告是项目法人做出投资决策的依据，必须对报告进行审查和评价。

1. 建设项目的必要性

(1) 从国民经济和社会发展等宏观角度审查建设项目是否符合国家的产业政策、行业规划和地区规划，是否符合经济和社会发展需要。

(2) 分析市场预测是否准确，项目规模是否经济合理，产品的性能、品种、规格构成和价格是否符合国内外市场需求的趋势和有无竞争能力。

2. 建设条件与生产条件

(1) 项目所需资金能否落实，资金来源是否符合国家有关政策规定。

(2) 分析选址是否合理，总体布置方案是否符合国土规划、城市规划、土地管理和文物保护的要求和规定。

（3）项目建设过程中和建成投产后原料、燃料的供应条件，及供电、供水、供热、交通运输等要求能否落实。

（4）项目的"三废"治理是否符合保护生态环境的要求。

3. 工艺、技术、设备

（1）分析项目采用的工艺、技术、设备是否符合国家的技术发展政策和技术装备政策，是否可行、先进、适用、可靠，是否有利于资源的综合利用，是否有利于提高产品质量、降低消耗、提高劳动生产率。

（2）项目所采用的新工艺、新技术、新设备是否安全可靠。

（3）引进设备有无必要，是否符合国家有关规定和国情，能否与国内设备、零配件、工艺技术相互配套。

4. 建设工程的方案和标准

（1）建设工程有无不同方案的比选，分析推荐的方案是否经济、合理。

（2）审核工程地质、水文、气象、地震等自然条件对工程的影响和采取的治理措施。

（3）建设工程采用的标准是否符合国家的有关规定，是否贯彻了勤俭节约的方针。

5. 基础经济数据的测算

（1）分析投资估算的依据是否符合国家或地区的有关规定，工程内容和费用是否齐全，有无高估冒算、任意提高标准、扩大规模以及有无漏项、少算、压低造价等情况。

（2）资金筹措方式是否可行，投资计划安排是否得当。

（3）报告中的各项成本费用计算是否正确，是否符合国家有关成本管理的标准和规定。

（4）产品销售价格的确定是否符合实际情况和预测变化趋势，各种税金的计算是否符合国家规定的税种和税率。

（5）对预测的计算期内各年获得的利润额进行审核与分析。

（6）分析报告中研究的项目建设期、投产期、生产期等时间安排是否切实可行。

6. 财务效益

从项目本身出发，结合国家现行财税制度和现行价格，项目的投入费用、产出效益、偿还贷款能力，以及外汇效益等财务状况，来判别项目财务上的可行性。

审查效益指标主要是复核财务内部收益率、财务净现值、投资回收率、投资利润率、投资利税率和固定资产借款偿还期。涉外项目还应评价外汇净现值、财务换汇成本和财务节汇成本等指标。

7. 国民经济效益

国民经济效益评价是从国家、社会的角度，考虑项目需要国家付出的代价和国民经济带来的效益。一般审查时用影子价格、影子工资、影子汇率和社会折现率等，分析项目给国民经济带来的净效益，以判别项目经济上的合理性。评价指标主要是审查计算的经济内部收益率、经济净现值、投资效益率等。

8. 社会效益

社会效益包括生态平衡、科技发展、就业效果、社会进步等方面。应根据项目的具体情况，分析和审查可能产生的主要社会效益。

9. 不确定性分析

审查不确定性分析一般应对报告中的盈亏平衡分析、敏感性分析进行鉴定，以确定项目在财务上、经济上的可靠性和抗风险能力。

业主对以上各方面进行审核后，对项目的投资机会进一步做出总的评价，进而做出投资决策。若认为推荐方案成立时，可就审查中所发现的问题，要求咨询单位对可行性研究报告进行修改、补充、完善，提出结论性的意见并上报有关主管部门批准。

(三) 水利工程项目可行性研究报告的审查

水利工程项目是一种非盈利或微利项目，在经济评价方面，应重点审查国民经济效益评价，财务评价不作为主要内容，只要求采取必要措施使之具有一定的生命力即可。

任务三　工程各阶段鉴定书

一、分部工程验收

分部工程验收应由项目法人（或委托监理单位）主持。验收工作组由项目法人、勘测、设计、监理、施工、主要设备制造（供应）商等单位的代表组成。运行管理单位可根据具体情况决定是否参加。质量监督机构宜派代表列席大型枢纽工程主要建筑物的分部工程验收会议。大型工程分部工程验收工作组成员应具有中级及其以上技术职称或相应执业资格；其他工程的验收工作组成员应具有相应的专业知识或执业资格。参加分部工程验收的每个单位代表人数不宜超过2名。分部工程具备验收条件时，施工单位应向项目法人提交验收申请报告。项目法人应在收到验收申请报告之日起10个工作日内决定是否同意进行验收。

(一) 分部工程验收应具备以下条件

(1) 所有单元工程已完成。

(2) 已完单元工程施工质量经评定全部合格，有关质量缺陷已处理完毕或有监理机构批准的处理意见。

(3) 合同约定的其他条件。

(二) 分部工程验收应包括以下主要内容

(1) 检查工程是否达到设计标准或合同约定标准的要求。

(2) 评定工程施工质量等级。

(3) 对验收中发现的问题提出处理意见。

(三) 分部工程验收应按以下程序进行

(1) 听取施工单位工程建设和单元工程质量评定情况的汇报。

(2) 现场检查工程完成情况和工程质量。

(3) 检查单元工程质量评定及相关档案资料。

(4) 讨论并通过分部工程验收鉴定书。

项目法人应在分部工程验收通过之日后10个工作日内，将验收质量结论和相关资料报质量监督机构核备。大型枢纽工程主要建筑物分部工程的验收质量结论应报质量监督机构核定。质量监督机构应在收到验收质量结论之日后20个工作日内，将核备（定）意见书面反馈项目法人。当质量监督机构对验收质量结论有异议时，项目法人应组织参加验收单位进一步研究，并将研究意见报质量监督机构。当双方对质量结论仍然有分歧意见时，应报上一级质量监督机构协调解决。分部工程验收遗留问题处理情况应有书面记录并有相关责任单位代表签字，书面记录应随分部工程验收鉴定书一并归档。正本数量可按参加验收单位、质量和安全监督机构各一份以及归档所需要的份数确定。自验收鉴定书通过之日起30个工作日内，由项目法人发送有关单位，并报送法人验收监督管理机关备案。

分部工程验收鉴定书填写式样见表2-3。

表2-3　　　　　　　　　　　分部工程验收鉴定书

编号	前言（包括验收依据、组织机构、验收过程等）
××工程 ××分部工程验收 鉴定书 单位工程名称：_____ ××分部工程验收工作组 ××年×月×日 封面	一、分部工程开工完工日期 二、分部工程建设内容 三、施工过程及完成的主要工程量 四、质量事故及质量缺陷处理情况 五、拟验工程质量评定（包括单元工程、主要单元工程个数、合格率和优良率；施工单位自评结果；监理单位复核意见；分部工程质量等级评定意见） 六、验收遗留问题及处理意见 七、结论 八、保留意见（保留意见人签字） 九、分部工程验收工作组成员签字表 十、附件 遗留问题处理记录 附页

填表说明：
1. 本表由项目法人或监理机构负责填写。
2. 本表所填内容均为本分部工程相关资料。
3. 本表书写材料应符合档案管理的有关规定，可使用打印件。

二、单位工程验收鉴定书

单位工程验收应由项目法人主持。验收工作组由项目法人、勘测、设计、监理、施工、主要设备制造（供应）商、运行管理等单位的代表组成。必要时，可邀请上述单位以外的专家参加。单位工程验收工作组成员应具有中级及其以上技术职称或相应执业资格，每个单位代表人数不宜超过3名。单位工程完工并具备验收条件时，施工单位应向项目法人提出验收申请报告。项目法人应在收到验收申请报告之日起10个工作日内决定是否同意进行验收。项目法人组织单位工程验收时,应提前 10 个工作日通知质量和安全监督机构。主要建筑物单位工程验收应通知法人验收监督管理机关。法人验收监督管理机关可视情决定是否列席验收会议,质量和安全监督机构应派员列席验收会议。

(1) 单位工程验收应具备以下条件。

1) 所有分部工程已完建并验收合格。

2) 分部工程验收遗留问题已处理完毕并通过验收,未处理的遗留问题不影响单位工程质量评定并有处理意见。

3) 合同约定的其他条件

(2) 单位工程验收应包括以下主要内容。

1) 检查工程是否按批准的设计内容完成。

2) 评定工程施工质量等级。

3) 检查分部工程验收遗留问题处理情况及相关记录。

4) 对验收中发现的问题提出处理意见。

(3) 单位工程验收应按以下程序进行。

1) 听取工程参建单位工程建设有关情况的汇报。

2) 现场检查工程完成情况和工程质量。

3) 检查分部工程验收有关文件及相关档案资料。

4) 讨论并通过单位工程验收鉴定书。

需要提前投入使用的单位工程应进行单位工程投入使用验收。单位工程投入使用验收由项目法人主持,根据工程具体情况,经竣工验收主持单位同意,单位工程投入使用验收也可由竣工验收主持单位或其委托的单位主持。

(4) 单位工程投入使用验收还应满足以下条件。

1) 工程投入使用后,不影响其他工程正常施工,且其他工程施工不影响该单位工程安全运行。

2) 已经初步具备运行管理条件,需移交运行管理单位的,项目法人与运行管理单位已签订提前使用协议书。项目法人应在单位工程验收通过之日起 10 个工作日内,将验收质量结论和相关资料报质量监督机构核定。质量监督机构应在收到验收质量结论之日起 20 个工作日内,将核定意见反馈项目法人。当质量监督机构对验收质量结论有异议时,(正本数量可按参加验收单位、质量和安全监督机构、法人验收监督管理机关各一份以及归档所需要的份数确定。自验收鉴定书通过之日起 30 个工作日内,由项目法人发送有关单位并报法人验收监督管理机关备案)。

单位工程验收鉴定书填写式样见表 2—4。

三、合同工程完工验收鉴定书

合同工程完成后,应进行合同工程完工验收。当合同工程仅包含一个单位工程(分部工程)时,宜将单位工程(分部工程)验收与合同工程完工验收一并进行,但应同时满足相应的验收条件。

合同工程完工验收应由项目法人主持。验收工作组由项目法人以及与合同工程有关的勘测、设计、监理、施工、主要设备制造(供应)商等单位的代表组成。

表 2-4　　　　　　　　　　　　单位工程验收鉴定书

××工程 ××单位工程验收 鉴定书 ××单位工程验收工作组 ××年×月×日 封面	前言（包括验收依据、组织机构、验收过程等） 一、单位工程概况 　（一）单位工程名称及位置 　（二）单位工程主要建设内容 　（三）单位工程建设过程（包括工程开工、完工时间、施工中采取的主要措施等） 二、验收范围 三、单位工程完成情况和完成的主要工程量 四、单位工程质量评定 　（一）分部工程质量评定 　（二）工程外观质量评定 　（三）工程质量检测情况 　（四）单位工程质量等级评定意见 五、分部验收遗留问题处理情况 六、运行准备情况（投入使用验收需要此部分） 七、存在的主要问题及处理意见 八、意见和建议 九、结论 十、保留意见（应有本人签字） 十一、单位工程验收工作组成员签字表 十二、附件 　（一）提供给验收工作组资料目录 　（二）分部工程验收鉴定书目录 附页

合同工程具备验收条件时，施工单位应向项目法人提出验收申请报告，其格式见附表。项目法人应在收到验收申请报告之日起 20 个工作日内决定是否同意进行验收。

（1）合同工程完工验收应具备以下条件。

1）合同范围内的工程项目已按合同约定完成。

2）工程已按规定进行了有关验收。

3）观测仪器和设备已测得初始值及施工期各项观测值。

4）工程质量缺陷已按要求进行处理。

5）工程完工结算已完成。

6）施工现场已经进行清理。

7）需移交项目法人的档案资料已按要求整理完毕。

8）合同约定的其他条件。

（2）合同工程完工验收应包括以下主要内容。

1）检查合同范围内工程项目和工作完成情况。

2）检查施工现场清理情况。

3）检查已投入使用工程运行情况。

4）检查验收资料整理情况。

5）鉴定工程施工质量。

6）检查工程完工结算情况。

7) 检查历次验收遗留问题的处理情况。

8) 对验收中发现的问题提出处理意见。

9) 确定合同工程完工日期。

10) 讨论并通过合同工程完工验收鉴定书。

正本数量可按参加验收单位、质量和安全监督机构各一份以及归档所需要的份数确定。自验收鉴定书通过之日起30个工作日内,由项目法人发送有关单位,并报送法人验收监督管理机关备案。合同工程完工验收鉴定书填写式样见表2-5。

表2-5　　　　　　　　　　合同工程完工验收鉴定书

××工程 ××合同工程验收 (同名称及编号) 鉴定书 ××合同工程验收工作组 ××年×月×日 封面	前言(包括验收依据、组织机构、验收过程等) 一、合同工程概况 　(一)合同工程名称及位置 　(二)合同工程主要建设内容 　(三)合同工程建设过程 二、验收范围 三、合同执行情况(包括合同管理、工程完成情况和完成的主要工程量、结算情况等) 四、合同工程质量评定 五、历次验收遗留问题处理情况 六、存在的主要问题及处理意见 七、意见和建议 八、结论 九、保留意见(应有本人签字) 十、合同工程验收工作组成员签字表 十一、附件 　(一)提供给验收工作组资料目录 　(二)施工单位向项目法人移交资料目录 附页

任务四　工程建设管理文件

一、移民安置规划

(1) 已经成立项目法人的大中型水利工程,由项目法人编制移民安置规划大纲,按照审批权限报省、自治区、直辖市人民政府或者国务院移民管理机构审批;省、自治区、直辖市人民政府或者国务院移民管理机构在审批前应征求移民区和移民安置区县级以上地方人民政府的意见。没有成立项目法人的大中型水利工程,项目主管部门应会同移民区和移民安置区县级以上地方人民政府编制移民安置规划大纲,按照审批权限报省、自治区、直辖市人民政府或者国务院移民管理机构审批。

(2) 移民安置规划大纲应根据工程占地和淹没区实物调查结果以及移民区、移民安置区经济社会情况和资源环境承载能力编制。工程占地和淹没区实物调查,由项目主管部门或者项目法人会同工程占地和淹没区所在地的地方人民政府实施;实物调查应全面准确,调查结果经调查者和被调查者签字认可并公示后,由有关地方人民政府签署意见。实物调查工作开始前,工程占地和淹没区所在地的省级人民政府应发布通告,禁止在工程占地和淹没区新增建设项目和迁入人口,并对实物调查工作做出安排。

(3) 移民安置规划大纲应主要包括移民安置的任务、去向、标准和农村移民生产安置方式以及移民生活水平评价和搬迁后生活水平预测、水库移民后期扶持政策、淹没线以上受影响范围的划定原则、移民安置规划编制原则等内容。

(4) 编制移民安置规划大纲应广泛听取移民和移民安置区居民的意见;必要时,应采取听证的方式。经批准的移民安置规划大纲是编制移民安置规划的基本依据,应严格执行,不得随意调整或者修改;确需调整或者修改的,应报原批准机关批准。

(5) 已经成立项目法人的,由项目法人根据经批准的移民安置规划大纲编制移民安置规划;没有成立项目法人的,项目主管部门应会同移民区和移民安置区县级以上地方人民政府,根据经批准的移民安置规划大纲编制移民安置规划。大中型水利工程的移民安置规划,按照审批权限经省、自治区、直辖市人民政府或者国务院移民管理机构审核后,由项目法人或者项目主管部门报项目审批或者核准部门,与可行性研究报告或者项目申请报告一并审批或者核准。省、自治区、直辖市人民政府或者国务院移民管理机构审核移民安置规划,应征求本级人民政府有关部门以及移民区和移民安置区县级以上地方人民政府的意见。

(6) 编制移民安置规划应以资源环境承载能力为基础,遵循本地安置与异地安置、集中安置与分散安置、政府安置与移民自找门路安置相结合的原则。编制移民安置规划应尊重少数民族的生产、生活方式和风俗习惯。移民安置规划应与国民经济和社会发展规划以及土地利用总体规划、城市总体规划、村庄和集镇规划相衔接。

(7) 移民安置规划应对农村移民安置、城(集)镇迁建、工矿企业迁建、专项设施迁建或者复建、防护工程建设、水库水域开发利用、水库移民后期扶持措施、征地补偿和移民安置资金概(估)算等做出安排。对淹没线以上受影响范围内因水库蓄水造成的居民生产、生活困难问题,应纳入移民安置规划,按照经济合理的原则,妥善处理。

(8) 对农村移民安置进行规划,应坚持以农业生产安置为主,遵循因地制宜、有利生产、方便生活、保护生态的原则,合理规划农村移民安置点;有条件的地方,可以结合小城镇建设进行。农村移民安置后,应使移民拥有与移民安置区居民基本相当的土地等农业生产资料。

(9) 对城(集)镇移民安置进行规划,应以城(集)镇现状为基础,节约用地,合理布局。工矿企业的迁建,应符合国家的产业政策,结合技术改造和结构调整进行;对技术落后、浪费资源、产品质量低劣、污染严重、不具备安全生产条件的企业,应依法关闭。

(10) 编制移民安置规划应广泛听取移民和移民安置区居民的意见;必要时,应采取听证的方式。经批准的移民安置规划是组织实施移民安置工作的基本依据,应严格执行,不得随意调整或者修改;确需调整或者修改的,应依照规定重新报批。未编制移民安置规划或者移民安置规划未经审核的大中型水利工程建设项目,有关部门不得批准或者核准其建设,不得为其办理用地等有关手续。

(11) 征地补偿和移民安置资金、依法应缴纳的耕地占用税和耕地开垦费以及依照国务院有关规定缴纳的森林植被恢复费等应列入大中型水利工程概算。征地补偿和移民安置资金包括土地补偿费、安置补助费、农村居民点迁建、城（集）镇迁建、工矿企业迁建以及专项设施迁建或者复建补偿费（含有关地上附着物补偿费）、移民个人财产补偿费（含地上附着物和青苗补偿费）和搬迁费、库底清理费、淹没区文物保护费和国家规定的其他费用。

（12）农村移民集中安置的农村居民点、城（集）镇、工矿企业以及专项设施等基础设施的迁建或者复建选址，应依法做好环境影响评价、水文地质与工程地质勘察、地质灾害防治和地质灾害危险性评估。

（13）对淹没区内的居民点、耕地等，具备防护条件的，应在经济合理的前提下，采取修建防护工程等防护措施，减少淹没损失。防护工程的建设费用由项目法人承担，运行管理费用由大中型水利工程管理单位负责。

二、征地补偿

（1）依法批准的流域规划中确定的大中型水利工程建设项目的用地，应纳入项目所在地的土地利用总体规划。大中型水利工程建设项目核准或者可行性研究报告批准后，项目用地应列入土地利用年度计划。属于国家重点扶持的水利、能源基础设施的大中型水利工程建设项目，其用地可以以划拨方式取得。

（2）大中型水利工程建设项目用地，应依法申请并办理审批手续，实行一次报批、分期征收，按期支付征地补偿费。对于应急的防洪、治涝等工程，经有批准权的人民政府决定，可以先行使用土地，事后补办用地手续。

（3）大中型水利工程建设征收耕地的，土地补偿费和安置补助费之和为该耕地被征收前三年平均年产值的 16 倍。土地补偿费和安置补助费不能使需要安置的移民保持原有生活水平、需要提高标准的，由项目法人或者项目主管部门报项目审批或者核准部门批准。征收其他土地的土地补偿费和安置补助费标准，按照工程所在省、自治区、直辖市规定的标准执行。被征收土地上的零星树木、青苗等补偿标准，按照工程所在省、自治区、直辖市规定的标准执行。

被征收土地上的附着建筑物按照其原规模、原标准或者恢复原功能的原则补偿；对补偿费用不足以修建基本用房的贫困移民，应给予适当补助。使用其他单位或者个人依法使用的国有耕地，参照征收耕地的补偿标准给予补偿；使用未确定给单位或者个人使用的国有未利用地，不予补偿。

（4）大中型水利工程建设临时用地，由县级以上人民政府土地主管部门批准。

（5）工矿企业和交通、电力、电信、广播电视等专项设施以及中小学的迁建或者复建，应按照其原规模、原标准或者恢复原功能的原则补偿。

（6）大中型水利工程建设占用耕地的，应执行占补平衡的规定。为安置移民开垦的耕地、因大中型水利工程建设而进行土地整理新增的耕地、工程施工新造的耕地可以抵扣或者折抵建设占用耕地的数量。大中型水利工程建设占用 250 亩以上坡耕地的，不计入需要补充耕地的范围。

三、移民安置

（1）大中型水利工程开工前，项目法人应根据经批准的移民安置规划，与移民区和移民安置区所在的省、自治区、直辖市人民政府或者市、县人民政府签订移民安置协议；签订协议的省、自治区、直辖市人民政府或者市、县人民政府，可以与下一级有移民或者移民安置任务的人民政府签订移民安置协议。

（2）项目法人应根据大中型水利工程建设的要求和移民安置规划，在每年汛期结束后60日内，向与其签订移民安置协议的地方人民政府提出下年度移民安置计划建议；签订移民安置协议的地方人民政府，应根据移民安置规划和项目法人的年度移民安置计划建议，在与项目法人充分协商的基础上，组织编制并下达本行政区域的下年度移民安置年度计划。

（3）项目法人应根据移民安置年度计划，按照移民安置实施进度将征地补偿和移民安置资金支付给与其签订移民安置协议的地方人民政府。

（4）农村移民在本县通过新开发土地或者调剂土地集中安置的，县级人民政府应将土地补偿费、安置补助费和集体财产补偿费直接全额兑付给该村集体经济组织或者村民委员会。农村移民分散安置到本县内其他村集体经济组织或者村民委员会的，应由移民安置村集体经济组织或者村民委员会与县级人民政府签订协议，按照协议安排移民的生产和生活。

（5）农村移民在本省行政区域内其他县安置的，与项目法人签订移民安置协议的地方人民政府，应及时将相应的征地补偿和移民安置资金交给移民安置区县级人民政府，用于安排移民的生产和生活。农村移民跨省安置的，项目法人应及时将相应的征地补偿和移民安置资金交给移民安置区省、自治区、直辖市人民政府，用于安排移民的生产和生活。

（6）搬迁费以及移民个人房屋和附属建筑物、个人所有的零星树木、青苗、农副业设施等个人财产补偿费，由移民区县级人民政府直接全额兑付给移民。

（7）移民自愿投亲靠友的，应由本人向移民区县级人民政府提出申请，并提交接收地县级人民政府出具的接收证明；移民区县级人民政府确认其具有土地等农业生产资料后，应与接收地县级人民政府和移民共同签订协议，将土地补偿费、安置补助费交给接收地县级人民政府，统筹安排移民的生产和生活，将个人财产补偿费和搬迁费发给移民个人。

（8）城（集）镇迁建、工矿企业迁建、专项设施迁建或者复建补偿费，由移民区县级以上地方人民政府交给当地人民政府或者有关单位。因扩大规模、提高标准增加的费用，由有关地方人民政府或者有关单位自行解决。

（9）农村移民集中安置的农村居民点应按照经批准的移民安置规划确定的规模和标准迁建。农村移民集中安置的农村居民点的道路、供水、供电等基础设施，由乡（镇）、村统一组织建设。农村移民住房，应由移民自主建造。有关地方人民政府或者村民委员会应统一规划宅基地，但不得强行规定建房标准。

四、工程招投标与分包管理文件

（一）投标文件

投标人应按招标文件规定的内容和格式编制并提交投标文件，投标文件除包括表2-6所列文件外还包括以下补充内容：①投标报价书；②投标保函；③授权委托书；④已标价的工程量清单；⑤投标辅助资料；⑥资格审查资料；⑦投标人按本投标须知要求提交的其他资料。

1. 应提交的资格材料

(1) 投标人的基本情况,并附投标人的法人营业执照和企业资质证件的复印件及其证明。

(2) 近期完成的类似工程的业绩情况。

(3) 正在施工的和新承接的工程情况。

(4) 最近三个年度的财务会计报表中的资产负债表和损益表的复印件(附审计报告或其他证明材料),并说明为实施本合同拟投入的流动资金金额及其来源(附证明材料)。

(5) 履约信誉的证明材料和近三年内涉及的诉讼案件资料。

(6) 近三年完成工程无质量事故证明。

2. 投标文件提交规定

(1) 联合体各方应分别提交上述规定的全部文件。

(2) 提交联合体各方共同签订的联合体协议。应指明其中的一方为联合体的责任方,并明确责任方和其他各方所承担的工作范围和责任,声明联合体各方应为履行合同承担连带责任。

(3) 提交联合体各方的合法授权人共同签署的授权委托书。应授权其责任方代表联合体的任一方或全体成员承担本合同的责任,负责与发包人和监理人联系并接受指示,以及负责全面履行合同。

(4) 不允许任一单位对同一合同提交或参与提交两份或两份以上不同的投标文件。

3. 投标费用

投标人为准备和进行投标所发生的费用一概自理。除本合同另有规定外,投标文件一律不予退还。

4. 保密

招投标双方应分别为对方在投标文件和招标文件中涉及的商业和技术等秘密保密,违者应对由此造成的后果承担责任。

5. 投标文件的提交

(1) 投标文件的密封和标记。

(2) 投标截止时间。

(3) 提交的投标文件。

(4) 投标文件的修改与撤回。

(二) 劳务、工程分包管理制度

(1) 劳务、工程分承包方的信息收集。在各工程项目合同签订(或项目部组建)后三日内,公司派员(或与项目人员)以合法有效的方式,向当地已快完工的建筑工程项目的各相应劳务班组、人员传递工程所需的劳务班组信息,以广泛收集当地劳务班组的相关信息资料。

(2) 劳务、工程分承包方的考察评价。在收到劳务班组报名后三日内,承建公司组织项目部等有关部门人员,对其进行考察、评价、筛选,查其目前实际施工项目与其签订的分包合同及现场施工质量、能力、交工期、能否及时退场、信誉情况等,填写《劳务、工程分包方资格调查表》《劳务、工程分包方主要业绩调查表》,推荐合格分承包方,原则上每一分项工程选择3~5家合格分承包方，报总经理审批后，公布《合格分承包方名册》。

（3）劳务、工程分承包方招标书的编制。劳务、工程分承包方招标书由公司汇总编制。其中，工程分包合同由经营部提供，报价书由审计科提供，其他与工程相关的特殊内容由项目公司（项目部）提供。

（4）劳务、工程分承包方的招投标。在项目公司（项目部）组建后二日内，须填报《××项目劳务招标计划表》，经工程部审核后，由公司按《合格分承包方名册》进行工程分包招投标的组织实施。

（5）如需从《合格分承包方名册》以外的劳务公司（班组）选择投标方，项目公司（项目部）应将事先收集到的劳务公司（班组）资料随《项目劳务招标计划表》一并传至公司，相关部门应进行评价，确认其是否为合格分承包方。

（6）不招标项目，由项目部提出不招标申请报告，并由其选择队伍，同时附有关报价资料传至公司审核，经总经理批签后执行。

（7）劳务、工程分承包方的管理和考评。

任务五　工程开工文件

已完成工程初步设计审批，具备主体工程开工条件的应按相关规定执行开工审批手续；属于省级水行政主管部门负责的水利基建项目，应由省级水行政主管部门负责审批。

一、开工申请条件

水利工程具备开工条件后，主体工程方可开工建设。项目法人或者建设单位应当自工程开工之日起15个工作日内，将开工情况的书面报告报项目主管单位和上一级主管单位备案。同时，水利工程主体工程开工需要具备以下条件：

（1）项目法人或者建设单位已经设立。
（2）初步设计已经批准，施工详图设计满足主体工程施工需要。
（3）建设资金已经落实。
（4）主体工程施工单位和监理单位已经确定，并分别订立了合同。
（5）质量安全监督单位已经确定，并办理了质量安全监督手续。
（6）主要设备和材料已经落实来源。
（7）施工准备和征地移民等工作满足主体工程开工需要。

二、开工申请应提交的资料

1. 开工申请报送资料

工程建设单位进行开工申请时，报送的资料包括以下几部分：

（1）初步设计报告批准文件（复印件）。
（2）县级以上人民政府明确项目法人（或责任主体）和任命法定代表人的文件（复印件）。
（3）按规定须招标项目的中标通知书（复印件）。
（4）双方已签订的水利基本建设项目（含基建管理项目）投资承包合同书（复印件）。

(5)《水利水电工程质量监督书》(复印件)。

(6) 主体工程施工进度计划安排。

(7) 施工年度计划有度汛任务的应提供足够年度度汛施工项目的资金到位证明。

2. 开工申请资料填写式样

开工申请资料填写式样见表2-6和表2-7。

表2-6　　　　　　辽宁省水利工程质量监督申请书

辽宁省水利工程质量监督申请书

项目名称：

申请单位：　　　　　　　　（盖章）

单位负责人：

单位联系人：

联系人电话：

年　　月　　日

填 报 说 明

1. 本申请书由项目法人填报并加盖公章，所填内容应真实、准确、齐全，使用计算机正反面打印，纸张尺寸为 A4，可另附页，电子版同时上报。

2. "工程类别"按防洪、除涝、灌溉、发电、供水、围垦填写。

3. "建设性质"按新建项目、扩建项目、改建项目、续建项目、加固项目和修复项目填写。

4. "工程规模"和"工程等别"按《水利水电工程等级划分及洪水标准》（SL 252—2017）填写。

5. "工程承发包模式"按"设计-招标-采购"或"EPC总承包"填写。

6. "主要建设内容"请简要说明。

7. 应逐一填写与项目法人签订建设工程合同的勘察设计、监理、施工和检测单位信息。

8. 如工程项目采用总承包模式，请在相应栏内填写单位相关信息；如否，删除该项。

9. 本申请书应与下列备查资料同时提交：

（1）项目法人成立文件（复印件）；

（2）工程项目初步设计（复印件）；

（3）项目投资计划或年度投资计划下达文件（复印件）；

（4）主要施工图纸（含施工技术要求）；

（5）勘察设计、监理、施工、质量检测合同副本（或协议）、招投标文件及相关单位资质等级证书（复印件）；

（6）工程总承包企业、施工企业安全生产许可证（复印件）；

（7）勘察设计单位现场设计代表机构、监理单位现场监理机构、施工单位项目部组建文件（复印件）；

（8）现场监理机构监理工程师注册执业证书，总监理工程师职称证书（复印件）；

（9）施工单位项目负责人的建造师注册证书、安全考核证书，技术负责人的职称证书，专职安全管理人员考核证书及水利水电工程施工现场管理人员证书（复印件）；

（10）参建单位法定代表人签署的授权书（原件），参建单位项目负责人签署的质量终身责任承诺书（原件）。

10. 所填联系电话须为手机号码。

一、工程概况

工程名称		建设地点	
工程类别		建设性质	
主管部门		批复概算	
项目法人		工程规模	
工程等别		工程承发包模式	
计划工期	开工时间　年　月　日；竣工时间：　年　月　日		
初步设计批准机关、时间、文号			
主要建设内容			
主要工程量	土方/m³		
	石方/m³		
	混凝土/m³		
	金属结构		
	机电设备		
	……		

二、参建单位信息登记表

项目法人	单位名称			
	项目负责人		电话	
	技术负责人		电话	
勘察单位	单位名称			
	项目负责人		电话	
设计单位	单位名称			
	项目负责人		电话	
监理单位	单位名称			
	项目总监理工程师		电话	
施工单位	单位名称			
	项目经理		电话	
	技术负责人		电话	
质量检测单位	施工自检	单位名称	资质等级	
		项目负责人	电话	
	监理平行检测	单位名称	资质等级	
		项目负责人	电话	
	项目法人抽检	单位名称	资质等级	
		项目负责人	电话	

注 1. 根据项目建管模式，如涉及代建、全过程工程咨询、工程总承包等单位，可以自行增加。
　　2. 如参建单位较多，可另附页。

表 2-7　　　　　　　　　辽宁省水利工程质量与安全监督书

编号：〔202*〕*号　　　　　　　　　　　　　　　　　　　正本

辽宁省水利工程质量与安全监督书

项目名称：

项目法人：（盖章）

法定代表人：（签字）

监督单位：（盖章）

监督负责人：（签字）

年　月　日

辽宁省水利厅制

填 报 说 明

1. 本监督书由项目法人和监督机构分别填写，其中一、二部分由项目法人填写，三部分由监督机构填写。

2. 本监督书正、副本各两份。经项目法人的法定代表人和监督负责人签字、盖章后，返项目法人正、副本各一份。

3. "工程类别"按防洪、除涝、灌溉、发电、供水、围垦填写。

4. "建设性质"按新建项目、扩建项目、改建项目、续建项目、加固项目和修复项目填写。

5. "工程承发包模式"按"设计-招标-采购"或"EPC总承包"填写。

6. "工程等别"和"工程规模"按《水利水电工程等级划分及洪水标准》（SL 252—2017）填写。

7. "主要建设内容"请简要说明。

8. 应逐一填写与项目法人签订建设工程合同的勘察、设计、监理、施工和检测单位信息。

9. 如工程项目采用EPC总承包模式，请在相应栏内填写相关信息；如否，请删除该项。

10. 所填联系电话须为手机号码。

一、工程概况

工程名称		建设地点	
工程类别		建设性质	
主管部门		批复概算	
项目法人		工程规模	
工程等别		工程承发包模式	
初步设计批准机关、时间及文号			
计划工期			
主要建设内容			
主要工程量	土方/m³		
	石方/m³		
	混凝土/m³		
	金属结构		
	机电设备		
	其他		

二、参建单位基本情况

	单位名称			
项目法人	法定代表人		联系电话	
	项目负责人		联系电话	
	技术负责人		职称	
	单位名称			
勘察单位	资质等级		资质等级证书编号	
	法定代表人		联系电话	
	项目负责人		联系电话	
	单位名称			
设计单位	资质等级		资质等级证书编号	
	法定代表人		联系电话	
	项目负责人		联系电话	

续表

监理单位	单位名称			
	资质等级		资质等级证书编号	
	法定代表人		联系电话	
	项目总监理工程师		注册执业证书编号	
			职称	
			联系电话	
	监理工程师		注册执业证书编号	
施工单位	单位名称			
	资质等级		资质等级证书编号	
	安全生产许可证编号		安全生产许可证有效期	
	法定代表人		安全考核证书编号	
	项目经理		建造师注册证书编号	
			安全考核证书编号	
			联系电话	
	专职安全员		安全考核证书编号	
	技术负责人		职称	
	质量负责人		联系电话	
施工自检单位	单位名称			
	资质等级及证书编号			
	法定代表人		联系电话	
	技术负责人		职称	
	项目负责人		联系电话	
监理平行检测单位	单位名称			
	资质等级及证书编号			
	法定代表人		联系电话	
	技术负责人		职称	
	项目负责人		联系电话	
项目法人抽检单位	单位名称			
	资质等级及证书编号			
	法定代表人		联系电话	
	技术负责人		职称	
	项目负责人		联系电话	

注 1. 根据项目建管模式，如涉及代建、全过程工程咨询、工程总承包等单位，可以自行增加。
2. 如参建单位较多，可另附页。

三、质量与安全监督工作安排

政府监督机关及部门	
质量监督机构	
监督期限	从 年 月 日到工程竣工验收止。
监督方式	
监督范围	
主要监督工作	根据《水利工程质量管理规定》和其他有关规定，质量监督主要工作内容如下： 1. 制订质量监督工作计划； 2. 确认工程项目划分； 3. 确认或核备质量评定标准； 4. 开展质量监督检查； 5. 核备工程质量结论； 6. 质量问题处理； 7. 编写工程质量评价意见或质量监督报告； 8. 列席项目法人组织的验收； 9. 参加项目主管部门主持或委托有关部门主持的验收； 10. 建立质量监督档案； 11. 受理质量举报投诉； 12. 法律、法规规定的其他职责。 根据《水利工程建设安全生产管理规定》（水利部令第26号）和《水利工程建设安全生产监督检查导则》（水安监〔2011〕475号）及其他有关规定，安全监督主要工作内容如下： 1. 贯彻执行国家、水利部和省有关工程建设安全生产的法律、法规及技术标准； 2. 复核参建单位资质及其派驻现场的项目负责人、有关从业人员的资格； 3. 对参建单位安全生产体系进行检查； 4. 对工程安全生产措施方案进行备案； 5. 对工程现场进行安全生产监督检查； 6. 对危大工程进行重点监督； 7. 参与工程验收，提交安全监督报告； 8. 参与工程安全事故的调查和处理； 9. 法律、法规规定的其他职责。
质量与安全监督人员	项目负责人： 成　员：

三、工程开工申请

1. 合同工程开工申请

承包人完成合同工程开工准备后，应向监理机构提交合同工程开工申请表。监理机构在检查各项条件满足开工要求后，应批复承包人的合同工程开工申请。合同工程开工申请单填写式样见表2-8。

表 2-8　　　　　　　　　　**合同工程开工申请单填写式样见**

JL01　　　　　　　　　　　　　**合同工程开工通知**

（监理 [ ] 开工 号）

合同名称：　　　　　　　　　　　　　　　　　　　　　　　合同编号：

致（承包人）：
根据施工合同约定，现签发合同＿＿＿＿＿＿＿＿＿＿＿＿工程开工通知。贵方在接到该通知后，及时调遣人员和施工设备、材料进场，完成各项施工准备工作，尽快提交《合同工程开工申请表》。 　　该合同工程的开工日期为＿＿年＿＿月＿＿日。   　　　　　　　　　　　　　　　　　　　　　　　　　监理机构：（名称及盖章） 　　　　　　　　　　　　　　　　　　　　　　　　　总监理工程师：（签名） 　　　　　　　　　　　　　　　　　　　　　　　　　日　　　　期：　年　月　日
今收到合同工程开工通知。   　　　　　　　　　　　　　　　　　　　　　　　　　承包人：（现场机构名称及盖章） 　　　　　　　　　　　　　　　　　　　　　　　　　签收人：（签名） 　　　　　　　　　　　　　　　　　　　　　　　　　日　　　　期：　年　月　日

　　说明：本表一式＿＿份，由监理机构填写。承包人签收后，发包人＿＿份，设代机构＿＿份，监理机构＿＿份，承包人＿＿份。

2. 分部工程开工申请

分部工程开工，承建单位必须按工程承建合同文件和相应工程项目监理细则规定的程序、期限与要求，编报施工作业措施计划，并据监理机构的批准文件申请分部工程开工。分部工程开工申请单填写式样见表 2-9。

3. 单元工程开工申请

下序单元工程的开工，由承建单位质检部门凭上序工程施工质量终检合格证和单元工程质量评定表向监理机构申办开工签证，联检单元工程的开工或开仓还需附施工质量联合检验合格证。

凡需要进行地质编录或竣工地形测绘的，在工程开工前，还必须同时具备该项工作完成的签证记录。

为有利于工程施工的紧凑进行，对于开工准备就绪，并且工程开工不影响地质编录或测绘工作完成的，经承建单位或其施工单位申报，监理工程师也可依照监理机构授权在上序单元工程检验合格的同时，签发下序单元工程开工签证。

表 2-9　　　　　　　　分部工程开工申请单填写式样

分部工程开工申请表

合同名称：＊＊＊＊工程　　　　　　　　　　　　　　　　　合同编号：×××

致：＊＊＊＊工程监理有限公司
　　本分部工程已具备开工条件，施工准备工作已就绪，请贵方审批。

申请开工分部工程名称、编码		大坝工程Ⅰ-1		
申请开工日期		××××年××月××日	计划工期	××××年××月××日至××××年××月××日
承包商施工准备工作自检记录	序号	检查内容		检查结果
	1	施工图纸、技术标准、施工技术交底情况		已完成
	2	主要施工设备到位情况		已到位
	3	施工安全和质量保证措施落实情况		已落实
	4	材料、构配件质量及检验情况		完好
	5	现场施工人员安排情况		已到位
	6	风、水、电等必需的辅助生产设施准备情况		已落实
	7	场地平整、交通、临时设施准备情况		已就绪
	8	测量及试验情况		已完成
		承　包　商：××××水利建设有限责任公司 项目经理： 日　　　期：　　年　月　日		
开工申请通过审批后另行签发开工通知。				
		监理机构：××××工程监理有限公司 签 收 人： 日　　　期：　　年　月　日		

任务六　工程施工方案

　　水利工程的施工方案是对整个建设项目全局做出统筹规划和全面安排，其主要是解决影响建设项目全局的重大战略问题。它是施工组织设计的中心环节，是对整个建设项目带有全局性的总体规划。

一、工程施工方案的编制

(一) 施工方案的编制依据

　　施工方案编制的主要依据是：施工图纸、施工现场勘察调查的资料和信息、施工验收规范、质量检查验收标准、安全与技术操作规程、施工机械性能手册、新技术、新设备、新工艺等资料。

（二）施工方案的编制要求

在进行施工方案编制时，应对具体情况进行具体分析，按总工期、合同工期的要求，事先制定出必须遵循的原则，做出切实可行的施工方案。

（三）施工方案的内容

由于建设项目的性质、规模、客观条件不同，施工方案的内容和侧重点也各不相同，其主要内容应包括施工方法、施工工艺流程和施工机械设备等。

对施工方法的确定，要兼顾技术工艺的先进性和经济的合理性；对施工工艺流程的确定，要符合施工的技术规律；对施工机械的选择，应使主要施工机械的性能满足工程的需要，辅助配套机械的性能应与主导施工机械相适应，并能充分发挥主导施工机械的工作效率。

在现代化施工条件下，施工方法与施工机械关系极为密切，一旦确定了施工方法，施工机械也就随之而定。施工方法的选择随工种工程的不同而不同，例如：土石方工程中，确定土石方开挖方法或爆破方法；钢筋混凝土工程中，确定模板类型及支撑方法，选择混凝土的搅拌、运输和浇筑方法等。所选择的机械化施工总方案，不仅在技术上先进、适用，而且在经济上是合理的。

（四）施工方案的选择

在确定施工方案前，还应对施工方案进行技术经济评价，其目的在于对单位工程各个可行的施工方案进行比较，选择出工期短、质量好、成本低的最佳方案。

对施工方案常用的评价方法有定量和定性分析评价两种，对施工方案的选择具有非常重要的意义。

二、工程施工方案的审核

1. 审核依据

对于省管河道及出海、河口水域滩涂开发利用的工程建设方案，水利工程主管部门进行审核时，应依据《中华人民共和国水法》《中华人民共和国防洪法》以及《河口滩涂管理条例》等相关法律、法规和地方性管理条例。审核时，应先进行技术评审，合格后交主管领导审核批准。

2. 审批条件

（1）符合流域综合规划，并与土地利用总体规划、海域开发利用总体规划、城市总体规划和航道整治规划相协调。

（2）符合河口滩涂开发利用规划；河口滩涂高程较稳定，且处于淤涨拓宽状态。

（3）符合防洪标准和有关技术规范要求。

（4）符合河道行洪纳潮、生态环境、河势稳定、防汛工程设施安全等的要求。

3. 常提交的申请材料

（1）经有审批权的环保部门审查同意的河口滩涂开发利用环境影响评价报告。

（2）建设项目所在地县级以上水行政主管部门的初审意见。

（3）河口滩涂开发利用项目所涉及的防洪措施。

（4）河口滩涂开发利用项目对河口变化、行洪纳潮、堤防安全、河口水质的影响以及所采取的措施。

(5) 开发利用河口滩涂的用途、范围和开发期限。

4. 省管河道管理范围内工程建设方案的审批

(1) 受理范围及审批依据。在本行政区域内主要河道及其出海口河道管理范围内，修建跨河、穿河、穿堤或临河的水利工程时，必须提交工程建设方案，经水利工程主管部门审核批准。若水利工程设施涉及或影响的范围较大，也应提交上一级主管部门审核批准。审批提交的工程建设方案时，应依据《中华人民共和国水法》《中华人民共和国河道管理条例》以及本地区相关行政法规和规章等进行，审核合格后，方可作为工程建设的依据。

(2) 审批条件。

1) 符合江河流域综合规划和有关的国土及区域发展规划。

2) 符合防洪标准和有关技术规范要求，但不得妨碍防洪抢险。

3) 对河道行洪纳潮、河势稳定、水流流态、水质、冲淤变化及堤防、护岸和其他水利工程安全的影响较小，且采取相应的补救措施。

(3) 提交的申请材料。工程建设单位应提交的申请材料建设项目所在地县级以上人民政府和建设单位上报主管部门的文件或意见；建设项目所在地县级以上水行政主管部门的初审意见；可行性研究阶段的建设项目设计资料和文件清单；防洪评估报告。

(4) 新建、扩建、改建的工程建设方案的审批。在省管权限的水利工程管理和保护范围内，对新建、扩建、改建的工程建设方案审批时，应提交以下申请材料。

1) 申请报告。

2) 水利工程管理单位意见。

3) 工程建设设计报告（方案）。

4) 工程建设设计计算书。

5) 工程建设项目设计图纸。

6) 涉及通航水域内的建设项目，航道主管部门的批复意见。

7) 涉及河道防洪的建设项目，防洪评估报告。

项目三

水利工程施工资料整编

【知识目标】 了解工程施工过程中所涉及的主要工程施工资料整编工作。

【能力目标】 理解和掌握现场施工管理、施工技术、施工测量记录、施工物资、施工试验记录和施工安全管理等资料的收集范围、整编要求和编制方法，正确填写施工资料。

任务一 施工管理资料

一、工程概况表

工程概况表是对工程基本情况的简单叙述，应包括单位工程的一般情况、构造特征、机电系统及其他等相关内容，具体要求如下：

（1）"一般情况"栏内，工程名称应填写全称，与建设工程规划许可证、施工许可证及施工图纸中的工程名称一致。

（2）"构造特征"栏内，应结合工程设计要求，做到重点突出。

（3）"机电系统"栏内，应简要描述工程机电各系统名称及主要设备参数、容量、电压等级等。

（4）"其他"栏内可填写工程的独特特征，或采用的新技术、新产品、新工艺等。

二、现场施工管理资料

（一）现场见证取样及送检资料

水利工程施工现场见证取样及送检资料主要有：见证取样和送检见证人备案书、见证记录、见证试验汇总表等。

（1）见证取样和送检见证人备案书，见表3-1。

表3-1 见证取样和送检见证人备案书

××××质量监督站：

我单位决定，由×××同志担任××发电厂房工程见证取样和送检见证人。由有关的印章和签字如下，请查收备案。

见证取样和送检印章	见证人签字
××监理公司	×××
见证取样和送检印章	×××

建设单位名称（盖章）：××水利工程开发总公司　　　　　××年××月××日
监理单位名称（盖章）：××监理公司　　　　　　　　　　××年××月××日
施工项目负责人签字：×××　　　　　　　　　　　　　　××年××月××日

(2) 见证取样记录见表 3-2。

表 3-2　　　　　　　　　　见证取样记录　　　　　　　　　　编号：

工程名称：××水库混凝土坝　　取样部位：坝基上×m处　　样品名称：混凝土标养试块
取样数量：　　　一组　　　　取样地点：　施工现场　　　　取样日期：××年×月×日

见证记录：
见证取样取自06号罐车。试块上已做明标识。
见证取样和送检印章：

```
××监理公司
见证取样和送检印章：
```

取样人签字：×××
见证人签字：×××

(3) 见证试验汇总表，见表 3-3。

表 3-3　　　　　　　　　　见证试验汇总表

工程名称：××××　　施工单位：××工程局　　建设单位：××××水利工程开发总公司
监理单位：××××监理公司　　见证人：×××　　试验室名称：××××

试验项目	应送试总次数	见证试验次数	不合格次数	备注
混凝土试块	65	27	0	
砌筑砂浆试块	20	8	0	
钢筋原材	42	5	0	
直接螺纹钢筋接头	20	18	0	
SBS防水卷材	5	3	0	

施工单位：××××工程局　　　　制表人：×××　　　　填制日期：××年×月×日

(二) 施工日志

(1) 施工日志是施工活动的原始记录，是编制施工文件、积累资料、总结施工经验的重要依据，由项目技术负责人具体负责。

(2) 施工日志应以单位工程为记载对象。从工程开工起至工程竣工止，按专业指定专人负责逐日记载，并保证内容真实、连续和完整。

(3) 施工日志填写内容应根据工程实际情况确定，一般应含工程概况、当日生产情况、技术质量安全情况、施工中发生的问题及处理情况、各专业配合情况、安全生产情况等。

(4) 施工日志可以采用计算机录入、打印，也可按规定样式手工填写，并装订成册，必须保证字迹清晰、内容齐全，由各专业负责人签字。

(三) 施工现场质量管理检查记录表

(1) 建筑工程项目经理部应建立质量责任制度及现场管理制度；健全质量管理体系；执行施工技术标准；审查资质证书、施工图、地质勘察资料和施工技术文件等。

(2) 施工单位应按规定填写"施工现场质量管理检查记录"(表 3-4)，报项目总监理工程师(或建设单位项目负责人)检查，并做出检查结论。

三、工程质量事故报告

1. 工程质量事故调(勘)查记录

水利工程质量事故调(勘)查记录(表 3-4)是当工程发生质量事故后，调查人员对工程质量事故进行初步调查了解和现场勘察所形成的记录。

表 3-4　　　　　　　　　　水利工程质量事故调（勘）查记录　　　　　　编号：

工程名称	××工程	日期		××年×月×日
调查时间	××年×月×日×时×分至×时×分			
调查地点	（工程项目所在地）			
参加人员	单位	姓名	职务	联系电话
被调查人员	××工程局	×××	项目经理	×××
陪同（勘）查人员	×××	×××	质检员	×××
	×××	×××	质检员	×××
调（勘）查笔录	××年×月×日在混凝土施工时，由于振捣工没有按照混凝土振捣操作规程操作，致使坝面与坝基交接处有长100cm、宽10cm 混凝土发生漏筋、孔洞等质量缺陷			
现场证物照片	☑有　□无　共 5 张　共 4 页			
事故证据资料	☑有　□无　共 8 张　共 5 页			
被调查人签字	×××	调（勘）查人		×××

2．工程质量事故报告单

工程发生重大质量事故后，调查人员应如实填写工程质量事故报告单（表 3-5），并交各有关单位保存。

表 3-5　　　　　　　工程质量事故报告单　　　　　　（承包〔××〕事故××号）

合同名称：××水利施工合同　　　承包人：××市第××水利水电工程局　　　合同编号：

致：（监理机构）	
××年×月×日×时，在××（工程地点）发生×××事故，现将事故发生情况报告如下，待调查结果出来后，再另行做详情报告	
事故简述	混凝土施工时，由于振捣工没有按照混凝土振捣操作规程操作致使坝基与垫层交接处出现一长 90cm、宽 10cm 的缺口，发生漏筋、漏石等质量缺陷
初步处理意见	①该处工程拆除返工，重新进行浇筑；②对直接责任人进行质量意识教育，持证上岗，并处以 50 元经济罚款；③对所在班组提出批评，并停工一天进行规程培训
已采取应急措施	
（填报说明）	监理机构将另行签发批复意见。

	承包人：（全称及盖章）	监理机构：（全称及盖章）
项目经理：（签名）	日期：××年×月×日	签收人：（签名）　　日期：××年×月×日

任务二　施工技术资料

一、施工技术交底记录

1．技术交底规定

（1）重点和大型工程施工组织设计交底应由施工企业的技术负责人把主要设计要求、施工措施以及重要事项对项目主要管理人员进行交底。其他工程施工组织设计交底应由项目技术负责人进行交底。

(2) 专项施工方案技术交底应由项目专业技术负责人负责,根据专项施工方案对专业工长进行交底。

(3) 分项工程施工技术交底应由专业工长对专业施工班组(或专业分包)进行交底。

(4) "四新"(新材料、新产品、新技术、新工艺)技术交底应由项目技术负责人组织有关专业人员编制。

(5) 设计变更技术交底应由项目技术部门根据变更要求,并结合具体施工步骤、措施及注意事项等对专业工长进行交底。

2. 技术交底记录

技术交底记录(表3-6)应包括施工组织设计交底、专项施工方案技术交底、分项工程施工技术交底、"四新"技术交底和设计变更技术交底。各项交底应有文字记录,交底双方签认应齐全。

表3-6　　　　　　　　　　技　术　交　底　记　录　　　　　　　　编号:

工程名称	引水隧洞	交底日期	××年×月×日
施工单位	××水利水电第二工程局	分项工程名称	隧洞开挖与衬砌
交底提要		锚喷支护	
交底内容: (1) 锚喷支护用的锚杆材质符合设计要求;使用的钢筋要调直、除锈、去污。 (2) 水泥强度等级不低于42.5级,宜选用普通硅酸盐水泥,所用外加剂中严禁含有对锚杆有腐蚀作用的化学成分。 (3) 对易风化、易崩解和具膨胀性的岩体,开挖后要及时封闭岩体,并采取防水、排水措施。			
审核人	×××	交底人	×××	接收交底人	×××

二、图纸会审纪要

图纸会审纪要应由建设、设计、监理和施工单位的项目相关负责人签认,形成正式图纸会审纪要。不得擅自在会审纪要上涂改或变更其内容。

监理、施工单位应将各自提出的图纸问题及意见,按专业整理、汇总后报建设单位,由建设单位提交设计单位做交底准备。

图纸会审纪要应由施工单位根据不同的专业进行汇总、整理。图纸会审纪要一经各方签字确认后即成为设计文件的一部分,是现场施工的依据。图纸会审纪要式样见表3-7。

表3-7　　　　　　　　　　图　纸　会　审　纪　要　　　　　　　　编号:

工程名称	×××工程		分类工程名称	×××
工程地点	(工程项目所在地)		日期	××年×月×日
序号	图号	图纸问题		图纸问题交底
1	结-1	结构说明3中,混凝土材料:沥青混凝土心墙使用抗渗混凝土未给出抗渗等级		抗渗等级为P8
2	结-10	Z14中标高为25.20~28.00m与剖面图不符		Z14标高应改为21.50~28.00m
签字栏		建设单位	监理单位	设计单位	施工单位
		×××	×××	×××	×××

三、施工组织设计

1. 施工组织设计的内容

(1) 工程概况。

(2) 开工前施工准备。

(3) 施工部署与施工方案。

(4) 施工进度计划。

(5) 施工现场平面布置图。

(6) 劳动力、机械设备、材料和构件等供应计划。

(7) 建筑工地施工业务的组织规划。

(8) 主要技术经济指标的确定。

在上述几项基本内容中，第(3)、(4)、(5)项是施工组织设计的核心部分。

2. 施工组织设计的编制依据

(1)《水利水电工程可行性研究报告编制规程》(SL/T 618—2021)。

(2) 可行性研究报告及审批意见、上级单位对本工程建设的要求或批件。

(3) 工程所在地区有关基本建设的法规或条例、地方政府、业主对本工程建设的要求。

(4) 国民经济各有关部门（铁道、交通、林业、灌溉、旅游、环境保护、城镇供水等）对本工程建设期间的有关要求及协议。

(5) 当前水利工程建设的施工装备、管理水平和技术特点。

(6) 工程所在地区和河流的自然条件（地形、地质、水文、气象特征和当地建材情况等）、施工电源、水源及水质、交通、环境保护、旅游、防洪、灌溉、航运、供水等现状和近期发展规划。

(7) 当地城镇现有修配、加工能力，生活、生产物资和劳动力供应条件，居民生活、卫生习惯等。

(8) 施工导流及通航等水工模型试验、各种原材料试验、混凝土配合比试验、重要结构模型试验、岩土物理力学试验等成果。

(9) 工程有关工艺试验或生产性试验成果。

(10) 勘测、设计各专业有关成果。

(11) 有关技术新成果和类似工程的经验资料等。

3. 施工组织机构

施工组织设计必须有施工组织机构图，以概要说明承担本工程的项目经理部资质、人员构成基本情况。现场组织机构及主要人员报审表式样见表 3-8。

4. 施工总进度

施工总进度的任务是根据工程所在地区的自然条件、水工设计方案、工程施工方案、工程施工特性等，社会经济资源及工程建设目标、研究确定关键性工程的施工进度，从而选择合理的总工期及相应的总进度；在保证工程质量和施工安全的前提下，协调平衡和安排其他单项工程的施工进度，使工程各阶段、各单项工程、各工序间统筹兼顾，最大限度地合理使用建设资金、劳动力、机械设备和工程材料。

表 3-8　　　　　　　　　　现场组织机构及主要人员报审表

（承包〔××〕机人×号）

合同名称：　　　　　　　合同编号：　　　　　　　承包人：

序号	机构设置	职责范围	负责人/联系方式	主要技术管理人员	各工种技术工人	备注

现提交第×次现场机构及主要人员报审表，请审查。
附件：相关人员资质、资格或岗位证书

　　　　　　承包人：（全称及盖章）　　项目经理：（签名）×××　　日期：××年×月×日

监理机构将另行签发审核意见。

　　　　　　监理机构：（全称及盖章）　　签收人：（签名）×××　　日期：××年×月×日

注　本表一式×份，由承包人填写，监理机构审核后，随同审核意见承包人、监理机构、发包人各一份。

施工设备选择及劳动力组合宜遵守以下原则：

（1）适应工程所在地的施工条件，符合设计要求，劳动力满足施工强度要求。

（2）设备性能机动、灵活、高效、能耗低、运行安全可靠，符合环境保护要求。

（3）根据各单位工程工作面、施工强度、施工方法进行设备配套选择；有利于人员和设备的调动，减少资源浪费。

（4）设备通用性强，能在工程项目中持续使用。

（5）设备购置及运行费用较低，易于获得零、配件，便于维修、保养、管理和调度。

（6）新型施工设备宜成套应用于工程，单一施工设备应用时，应与现有施工设备生产率相适应。

（7）在设备选择配套的基础上，施工作业人员应按工作面、工作班组、施工方法以混合工种结合国内平均先进水平进行劳动力优化组合设计。

（8）劳动力需要量表填写式样见表 3-9。

（9）施工进度计划申报表填写式样见表 3-10。

（10）月份施工进度计划表式样见表 3-11。

表 3-9　　　　　　　　　　劳 动 力 需 要 量

序号	工种名称	需要总工期	需用人数及进场日期												备注
			1月	2月	3月	4月	5月	6月	7月	8月	9月	10月	11月	12月	
1	钢筋工	××													计划人数××
2	电工	××													计划人数××
3	焊工	××													计划人数××
4	起重工	××													计划人数××

续表

序号	工种名称	需要总工期	需用人数及进场日期												备注
			1月	2月	3月	4月	5月	6月	7月	8月	9月	10月	11月	12月	
5	爆破工	××													计划人数××
6	砌筑工	××													计划人数××
7	防水工	××													计划人数××
8	混凝土工	××													计划人数××
9	机电工	××													计划人数××
10	普工	××													计划人数××
11	其他	××													计划人数××
合计		××													×××
施工技术负责人		×××			造价员			×××				日期			××年×月×日

表3-10　　　　　　　　　　施工进度计划申报表

（承包〔××〕进度××号）

合同名称：　　　　　　　　合同编号：　　　　　　　　承包人：

致：（监理机构）。 　　我方今提交××××工程（名称）的： 　　□工程总进度计划　　　□工程年进度计划　　　□工程月进度计划 　　请贵方审查。 　　附件：1. 施工进度计划。 　　　　　2. 图表、说明书共××页。 　　　　　3. 月份施工进度计划表。
承包人：（全称及盖章）　　　　　项目经理：（签名）　　　　　日期：××年×月×日
监理机构将另行签发审批意见。 监理机构：（全称及盖章）　　　　签收人：（签名）　　　　　日期：××年×月×日

说明：本表一式×份，由承包人填写，监理机构审核后，随同审批意见承包人、监理机构、发包人、设计代表各一份。

表3-11　　　　　　　　　　月份施工进度计划表

承建单位：　　　　　　　　合同编号：　　　　　　　　编号：

项目号分项工程名称	单位	工程量	单价/元	计划产值/元	上　月								本　月																		
					26	27	28	29	30	31	1	2	3	4	5	6	7	8	9	10	11	12	13	14	15	16	17	18	19	20	21	22	23	24	25
备注																																			

5. 主要物资供应计划

根据施工总进度的安排和定额资料的分析，对主要工程材料（如钢材、钢筋、木材、水泥、粉煤灰、油料、炸药等）和主要施工机械设备，列出总需要量和分年需要量计划；必要时还需提出进行试验研究和补充勘测的建议，为进一步深入设计和研究提供依据，见表3-12～表3-14。

表3-12　　　　　　　　　　　主 要 材 料 计 划

序号	名称	规格	单位	数量	供应日期	备注
1	钢筋	××	t	1260	××年×月×日	
2	碎石	××	m³	1.37万	××年×月×日	
3	预拌混凝土	××	m³	1519万	××年×月×日	
项目经理	×××	施工技术负责人	×××	日期	××年×月×日	

表3-13　　　　　　　　　成品、半成品、构配件加工计划

序号	名称	设计代号	标准图及型号	规格/mm	单位	数量	备注
1	钢筋	××	××		t	2371	
2	混凝土	××	××		t	1.9	
3	压力钢筋	××	××		t	118	
项目经理	×××	施工技术负责人	×××	日期	××年×月×日		

表3-14　　　　　　　　　　　主 要 机 具 设 备 计 划

序号	名称	规格型号	需要量		使用起止日期	备注
			单位	数量		
1	挖掘机	××	辆	2	××年×月×日	
2	装载机	××	辆	1	××年×月×日	
3	采砂船	××	艘	3	××年×月×日	
4	羊脚碾	××	台	7	××年×月×日	
5	电焊机	××	台	6	××年×月×日	
6	混凝土搅拌机	××	辆	6	××年×月×日	
7	潜水泵	××	台	4	××年×月×日	
项目经理	×××	技术员	×××	日期	××年×月×日		

6. 施工现场平面图

在完成上述设计内容时，还应提交以下附图：

(1) 施工场外交通图及施工转运站规划布置图。
(2) 施工征地规划范围图及施工总布置图。
(3) 施工导流方案综合比较图及施工导流分期布置图。
(4) 导流工程结构布置图及导流工程施工方法示意图。
(5) 施工期通航过木布置图。
(6) 主要工程土石方开挖程序及基础处理示意图。
(7) 主要工程的混凝土及土石方填筑施工程序、施工方法及施工布置示意图。
(8) 地下工程开挖、衬砌施工程序、施工方法及施工布置示意图。

(9) 机电设备、金属结构安装施工示意图。
(10) 砂石料系统、混凝土拌和及制冷系统布置图。
(11) 当地工程材料开采、加工及运输路线布置图。
(12) 施工总进度表及施工关键线路图。

7．施工组织设计内部审批

(1) 施工组织设计编制完成后，项目部各部门参与编制的人员在"施工组织设计会签表"（表3-15）签字，交由项目经理签署意见并在会签表上签字。

表3-15 施工组织设计会签表

工程名称			×××发电厂厂房工程			
建设单位		××水利工程建设指挥部	施工单位	××市第××工程局	编制部门	××水利水电第××工程局
编制人		×××	编制时间	××年×月×日	报审时间	××年×月×日
会签部门	生产经理	×××		安　全		×××
	总工程师	×××		保卫消防		×××
	生　产	×××		材　料		×××
	技　术	×××		机　械		×××
	质　量	×××		行　政		×××
会签意见：						
					经理：×××	
					日期：××年×月×日	

(2) 签字齐全后报上一级部门（公司技术部门），由上级部门组织同级相关部门对施工组织设计进行讨论，将讨论意见签署在"施工组织设计审批会签表"（表3-16）。

表3-16 施工组织设计审批会签表

工程名称	××发电厂厂房工程		
建设规模			
建设单位	××水利工程建设指挥部	施工单位	××市第×工程局
会签部门		会签意见	会签人签字
技术部门		同意	×××
质量部门		同意	×××
生产部门		同意	×××
安全部门		同意	×××
消防保卫部门		同意	×××

(3) 最后由总工程师对施工组织设计进行审批，将审批意见签于"施工组织设计审批表"（表3-17）。

表 3-17　　　　　　　　　　　施工组织设计审批表

工程名称	××发电厂厂房工程	结构形式	
建设规模			
建设单位	××水利工程建设指挥部	施工单位	××市第×工程局
编制部门		编制人	×××
编制时间		报审时间	××年×月×日
审批部门		审批时间	××年×月×日
审 批 人	×××		
审批意见：			

8. 施工组织设计上报审批

(1) 施工单位在完成施工组织设计内部审批后，填写工程技术文件报审表上报建设（监理）单位批复意见，最后由施工单位依据批复意见对方案进行技术审核，以进入分项工程施工报验流程。

(2) 如监理单位提出修改意见，则施工单位应重新上报修改审批表。

工程技术文件报审表填写式样见表 3-18。

表 3-18　　　　　　　　　　工程技术文件报审表　　　　　　　　　编号：

工程名称	×××工程	日期	××年×月×日
现报上关于××工程工程技术文件，请予以审定			

序号	类别	编制人	册数	页数
1	施工组织设计	×××	1册	104

编制单位名称：×××水利水电第××工程局
技术负责人（签字）：×××　　　　　　　　　　　　　申报人（签字）：×××

施工单位审核意见：
　　同意上报施工组织设计及土方开挖施工方案，请施工单位严格按施工组织设计的部署施工。出现变更要及时补充修改施工组织设计或方案。
　　□有/☑无　附页

施工单位名称：××水利水电第××工程局　审核人（签字）：×××　审核日期：××年×月×日

监理单位审核意见：
　　同意。请施工单位在实施过程中严格执行。我单位做好过程中的监督工作。
　　审定结论：☑同意　　　□修改后再报　　　□重新编制

监理单位名称：××监理工程公司　　监理工程师（签字）：×××　　　日期：××年×月×日

注　本表由施工单位填报，建设单位、监理单位，施工单位各保存一份。

四、设计变更通知单

(1) 设计变更单是施工图纸的补充和修改的记载，是现场施工的依据。设计变更通知单由设计单位发出，转签后建设单位、监理单位、施工单位各保存一份。

（2）建设单位提出设计变更时，必须经设计单位同意。不同专业的设计变更应分别办理，不得办理在同一份设计变更通知单上。

（3）设计单位应及时下达设计变更通知单，内容翔实，必要时应附图，并逐条注明应修改图纸的图号。设计变更通知单应由设计专业负责人以及建设（监理）和施工单位的相关负责人签认。

（4）设计变更通知单填写式样见表 3-19。

表 3-19　　　　　　　　　　设 计 变 更 通 知 单

（第××号）

承建单位：　　　　　　　　合同编号：　　　　　　　　编号：

致：承包人 　　根据合同一般条款规定，现决定对＿＿＿＿＿＿的设计进行变更，请按变更后的图纸组织施工，正式的变更指令另发。 　　变更项目内容的细节： 　　变更后合同金额的增减估计： 　　附件：变更设计图纸 　　　　　监理部： 　　　　　　　　　　　　　　　　　　　　　　　　　　　日期：××年×月×日
承建单位签收：   　　　　　　　　　　　　　　　　　　　　　　　　　　　　　　　日期：××年×月×日

注　一式两份，承建单位签收后自留一份，退监理部一份，签发变更指令时附副本。

五、工程洽商单

1. 工程洽商单填写要求

（1）工程洽商单由施工单位、建设单位或监理单位其中一方发出，经各方签认后存档。

（2）工程洽商记录应分专业办理，内容翔实，必要时应附图，并逐条注明应修改图纸的图号。

（3）不同专业的洽商应分别办理，不得办理在同一份上。签字应齐全，签字栏内只能填写人员姓名，不得另写其他意见。

"专业名称"栏内应按专业如实填写；收集的附件包括所附的图纸及说明文件等。

（4）设计单位如委托建设（监理）单位办理签认，应办理委托手续。

2. 工程洽商单填写式样

工程洽商单填写式样见表 3-20。

六、技术联系（通知）单

技术联系（通知）单是用于施工单位与建设、设计、监理等单位进行技术联系与处理时使用的文件。技术联系（通知）单应写明需解决或交代的具体内容。经协商各方同意签字可代替设计变更通知单。技术联系（通知）单式样见表 3-21。

表 3-20　　　　　　　　　　　　　　工 程 洽 商 单　　　　　　　　　　　　编号：

工程名称	混凝土大坝	专业名称	坝基防渗与排水
提出单位名称	××××	日期	××年×月×日
内容摘要	关于垂直排水孔的设置		
内容	图号	洽商内容	
1	建-1	原垂直排水孔孔深为 12m，允许偏差±0.6m，现改为孔深 15m，允许偏差±0.3m	
2	建-1	原垂直排水孔倾斜度允许偏差不大于 1.5%，现改为倾斜度允许偏差不大于 1%	
3	建-1	原垂直排水孔平面偏差小于 10m，现改为孔口平面位置偏差不大于 10cm	
签字栏	建设单位	监理单位	设计单位	施工单位
	××××	××××	××××	××××

表 3-21　　　　　　　　　　　　　技术联系（通知）单

工程名称	×××工程	编号	×××
提出单位	×××水利水电×工程局	日期	××年×月×日
事项			

提出内容：
申请单、设计院设计变更通知单一并上报。
已进入雨期。工期紧张，请抓紧给予审查并批准使用。

建设单位意见：同意。 （公章）： 负责人签字：×××	监理单位意见：同意。 （公章）： 监理工程师签字：×××	施工单位意见：同意。按设计变更的要求抓紧施工。 （公章）： 技术负责人签字：×××

任务三　施工测量记录资料

一、施工放样报验单

1．施工放样报验单填写要求

（1）施工单位应在完成施工测量方案、红线桩的校核成果、水准中的引测成果及施工过程中各种测量记录后，填写施工放样报验单。

（2）施工单位填写后报送监理单位，经审批后返还，建设单位、施工单位及监理单位各存一份。

2．施工放样报验单填写式样

施工放样报验单填写式样见表 3-22。

二、施工定位测量记录和报审表

工程定位测量是施工方依据测绘部门提供的放线成果、红线桩及场地控制网测定建设项目位置、主控轴线、高程等，标明现场标准水准点、坐标点位置，并填写工程定位测量记录。

1．工程定位测量记录表填写要求

（1）工程名称与图纸标签栏内名称要相一致。

（2）表式中的测量单位是指施工单位的测量单位（填写具体施测单位名称即可）。

表 3-22　　　　　　　　　　　　施 工 放 样 报 验 单

工程名称：　　　　　　　　　　合同编号：　　　　　　　　　　编号：

致：_____ 根据合同要求，我们已完成_____的施工放样工作。清单如下，请予以查验。 附件：测量及放样资料		
承建单位：　　　　　　　　　　　　　　　　　　　　　　　　　日期：××年×月×日		
工程或部位名称	放样内容	备　　注
查验结果： 测量员：　　　　　　　　　　　　　　　　　　　　　　　　　　日期：××年×月×日		
工程承建单位 复查检验记录	复检人： 复检日期：　年　月　日	报送附件目录
监理工程师的结论： 　　□复查合格　　□纠正差错后合格　　□纠正差错后再报 　　　　　　监理工程师：　　　　　　　　　　　　　　　　　　日期：××年×月×日		

注　由承建单位呈报两份，作出结论后监理部留档一份，另一份退承建单位。

（3）图纸编号填写施工蓝图编号。

（4）施测日期、复测日期按实际日期填写。

（5）定位抄测示意图要标注准确。

（6）复测结果一栏必须填写具体数字，各坐标点的具体数值。

（7）签字栏中技术负责人为项目总工；测量负责人为施测单位主管；施测人是指定位仪器操作者，复测人是指施测单位的上一级测量人员。

2. 工程定位测量记录表和施工测量成果报审表填写式样

工程定位记录表填写式样见表 3-23，施工测量成果报审表填写式样见表 3-24。

表 3-23　　　　　　　　　　　工程定位测量记录表　　　　　　　　　编号：

工程名称	××水利工程	委托单位	公司	
图纸编号	×××	施测日期	××年×月×日	
平面坐标依据	×××	复测日期	××年×月×日	
高程依据	×××	使用仪器	DSI 96007	
允许误差	±13mm	仪器检验日期	××年×月×日	
定位抄测示意图：				
复测结果：				
签字栏	建设（监理）单位	施工（测量）单位	××水利水电第××工程局	测量人员岗位证书号	027-001038
^	^	专业技术负责人	测量负责人	复测人	施测人
^	×××	×××	×××	×××	×××

表 3-24　　　　　　　　　　施工测量成果报审表

承建单位：　　　　　　　　　合同编号：　　　　　　　　　　　编号：

单位工程名称或编码		分部工程名称或编码	
分项工程名称或编码		单元工程名称或编码	
工程部位			
施测内容	施测单位		施测说明
承建单位复查检验记录	复检人： 日期：××年×月×日	报送附件目录	
承建单位报送记录	报送单位： 日期：××年×月×日	监理机构认证意见	□成果验收合格 □按意见修改后执行 □重新报审工程监理部： 认证人：　　日期：××年×月×日

注　一式四份报送监理部（处），完成认证后返回报送单位两份，留作单元、分部、单位工程质量评定资料。

任务四　施工物资资料

一、工程物资分类

水利工程施工物资主要包括原材料、成品、半成品、构配件及设备等，其主要类型如下：

（1）Ⅰ类物资。指仅需有质量证明文件的工程物资，如大型混凝土预制构件、一般设备、仪表、管材等。

（2）Ⅱ类物资。指到场后除必须有出厂质量证明文件外，还必须通过复试检验（试验）才能认可其质量的物资，如水泥、钢筋、砌块、混凝土外加剂、石灰、小型混凝土预制构件、防水材料、关键防腐材料（产品）、保温材料、锅炉、进口压力容器等。

（3）Ⅲ类物资。指除须有出厂质量证明文件、复试检验（试验）报告外，施工完成后，需要通过规定龄期后再经检验（试验）方能认可其质量的物资，如混凝土、沥青混凝土、砌筑砂浆、石灰粉煤灰砂砾混合料等。

二、工程物资分级管理

（1）供应单位或加工单位负责收集、整理和保存所供物资原材料的质量证明文件。

（2）施工单位则需收集、整理和保存供应单位或加工单位提供的质量证明文件和进场后进行的试（检）验报告。

（3）各单位应对各自范围内工程资料的汇集、整理结果负责，并保证工程资料的可追溯性。

三、材料进场检验相关资料

1. 材料进场检验相关资料填写要求

（1）工程物资进场后，施工单位应及时组织相关人员检查外观、数量及供货单位提供的质量证明文件等，合格后填写于表内。

（2）填写时应填写准确、统一，日期应准确，填写内容应规范。

（3）检验结论及相关人员签字应清晰可认，严禁他人代签。

（4）按规定应进行复试的工程物资必须在进场检查验收合格后取样复试。

2. 材料进场检查验收相关资料填写式样

材料进场检查验收相关资料填写式样见表3-25。

表3-25　　　　　　　　　　　材　料　进　场　报　验　单

合同名称：　　　　　　　　　　　　　　　　　　　　　　　　　合同编号：

致（监理机构）： 　　我方于___年___月___日进场的工程材料/构配件如下表。拟用于下述部位： 　　1._____；2._____；3._____。 　　经自检，符合技术规范和合同要求，请审核，并准予进场使用。									
序号	原材料/中间产品名称	原材料/中间产品来源地	原材料/中间产品规格	用途	本批原材料/中间产品数量	承包人试验			
						试样来源	取样地点、日期	试验日期、操作人	试验结果
1									
2									
3									
4									
附件：1. 质量证明文件 　　　2. 进场原材料/中间产品外观验收检查表 　　　3. 检验报告 　　　　　　　　　　　　　　　　　　　　承　包　人：（现场机构名称及盖章） 　　　　　　　　　　　　　　　　　　　　项目经理：（签名） 　　　　　　　　　　　　　　　　　　　　　　　　　　　日期：　年　月　日									
审查意见： □同意进场使用 □不同意进场使用 理由： 　　　　　　　　　　　　　　　　　　　　监 理 机 构：（名称及盖章） 　　　　　　　　　　　　　　　　　　　　监理工程师：（签名） 　　　　　　　　　　　　　　　　　　　　　　　　　　　日期：　年　月　日									

3. 材料试验报告

材料试验报告由具备相应资质等级的检测单位出具，作为各种相关材料的附件进入资料流程。工程名称、使用部位及代表数量应准确并符合规范要求。

按规范要求须做进场复试的物资，应按其相应专用复试表格填写，未规定专用复试表格的，应按材料试验报告（通用）（表3-26）填写。

表 3-26　　　　　　　　　　　材料试验报告（通用）　　　　　　　　　　编号：

工程名称及单位				试样编号	
委托单位		试验委托人		委托编号	
材料名称及规格				产地、厂别	
代表数量		来样日期	××年×月×日	试验日期	××年×月×日
要求试验项目及说明：					
试验结果：					
结论：					
批准		审核		试验人员	
试验单位				报告日期	××年×月×日

4. 出厂证明文件

工程所用材料应有出厂证明文件。建设（监理）单位和施工单位除应对材料质量进行检查外，还应填写材料出厂证明文件。

5. 设备开箱检验记录

工程设备进场后，应由施工单位、建设（监理）单位、供货单位共同开箱检验。其检验项目应包括：设备的产地、品种、规格、外观、数量、附件情况、标识和质量证明文件、相关技术文件等。

任务五　施工记录资料

一、通用记录表

1. 隐蔽工程检查记录

隐蔽工程是指上道工序被下道工序所掩盖，其自身质量无法再进行检查的工程。隐检即对隐蔽工程进行抽查，并通过表格的形式将工程隐检内容、质量情况、检查意见等记录下来，作为工程维护、改造等重要的技术资料。

隐蔽工程检查记录式样见表 3-27。

2. 预检记录

预检是对施工过程中某重要工序进行的预先质量控制的检查记录。预检合格后方可进入下一道工序。依据现行施工规范，对于其他涉及工程结构安全、多体质量、建筑观感、及人身安全须做质量预控的重要工序，应做质量预控，并填写预检记录。预检记录式样见表 3-28。

表 3-27　　　　　　　　　　　　　　隐蔽工程检查记录　　　　　　　　编号：

工程名称	××工程右坝段	隐检项目	右坝肩接头
隐检部位	基础1-1	隐检日期	××年×月×日

隐检依据：
　　施工图图号_____，设计变更/洽商（编号_____）及有关国家现行标准等。
主要材料名称及规格/型号：_____

隐检内容：
　（1）基础面松动岩块、陡坎、尖角均已撬挖处理，局部有爆孔。
　（2）坝基开挖面基本平顺；局部出现不平顺光面；不平处用混凝土块填平补齐。
　（3）基坑边坡稳定，无反坡，无松动岩石破面大致平整。
　隐检内容已做完，请予以检查。

审核意见：
　经检查，上述各项内容均符合设计要求及相关规范的规定。
　检查结论：☑同意隐蔽　　　　□不同意，修改后进行复检

复检结论：
　符合规范规定，可进行下一道工序。

　　　　　　　　　　　　　　　　　　　　　　　　　　　复查人：×××
　　　　　　　　　　　　　　　　　　　　　　　　　　　复查日期：××年×月×日

签字栏	建设（监理）单位	施工单位	××水利水电第×工程局	
		专业技术负责人	专业质检员	专业工长
	××××××	×××	×××	×××

表 3-28　　　　　　　　　　　　　　　预　检　记　录　　　　　　　　　　编号：

工程名称	××发电厂房工程	预检项目	模板
预检部位	××××	检查日期	××年×月×日

依据：施工图纸（施工图纸号××-×）、设计变更/洽商（编号××-×）和有关规格、规程。
主要材料或设备：钢模板、木模板、架管等规格/型号：_____

预检内容：
　（1）模板清理干净。隔离剂涂刷均匀，擦拭光亮。
　（2）模板及支撑系统的承载能力、刚度和稳定性。
　（3）模板几何尺寸、轴线位置、垂直度、平整度、板间接缝。
　预检内容均已做完，请予检查。

检查意见：
　经检查：模板几何尺寸、轴线位置、预埋件、预留孔洞位置尺寸符合设计要求。标高传递准确。模板清理干净。隔离剂涂刷均匀，无遗漏。模内清理到位。可进行下道工序施工。

复查意见：完全符合要求，可进行下道工序施工。
复查人：×××　　　　　　　　　　　　　　　　　　　　　　　复查日期：××年×月×日

施工单位	××水利水电第×工程局	
专业技术负责人	专业质检员	专业工长
×××	×××	×××

3. 施工检查记录

对隐蔽检查记录和预检记录不适用的其他重要工序，应按照现行规范要求进行施工质量检查，填写施工检查记录（通用）（表3-29）。并收集相关图表、图片、照片及说明文件等。

表3-29　　　　　　　　　　施工检查记录（通用）　　　　　　　编号：

工程名称	水闸工程	检查项目	地基开挖及处理
检查部位	0-115～0-145段地基开挖	检查日期	××年×月×日

检查依据：
(1) 施工图纸水-3、水-50。
(2)《水闸施工规范》（SL 27—2014）。

检查内容：
(1) 基坑开挖前，地下水降低于开挖面0.57m。
(2) 机械布置合理。分层分段依次开挖，排水沟逐层设置。
(3) 地基已清理干净。无树根、草皮、乱石、坟墓，水井泉眼已处理。地质符合设计。
(4) 岸坡清理不彻底。有树根、草皮，已责成施工人员重新清理。

检查结论：
经检查，岸坡已清理干净。无树根、草皮、乱石，且有裂隙处及洞穴已处理，符合《水电水利基本建设工程单元工程质量等级评定标准　第1部分：土建工程》（DL/T 5113.1—2019）的规定。

复查意见：

复查人：　　　　　　　　　　　　　　　　　　　　　　复查日期：××年×月×日

施工单位	××水利水电第×工程局		
专业技术负责人	专业质检员		专业工长
×××	×××		×××

4. 交接检查记录

交接检查记录由移交单位形成，适用于不同施工单位之间的移交检查，当前一专业工程施工质量对后续专业工程施工质量产生直接影响时，应进行交接检查。交接检查记录式样见表3-30。

二、地基基础检查记录

1. 地基验槽检查记录

(1) 水利工程基础施工应进行施工验槽，检查内容包括基坑位置、平面尺寸、持力层核查、基底绝对高程标高（即相对标高及绝对高程）、基坑土质及地下水位等，有基础桩支护或桩基工程还应有工程桩的检查。

(2) 地基验槽检查记录（表3-31）应由建设、勘察、设计、监理、施工单位共同验收签认。地基需处理时，应由勘察、设计部门提出处理意见。

(3) 对于进行地基处理的基槽，还应再办理一次地基验槽记录，并将地基处理的洽商编号、处理方法等注明。

表 3-30　　　　　　　　　　　　　交 接 检 查 记 录　　　　　　　　　　　　编号：

工程名称	××××大坝		
移交单位	××市第×工程局	接收单位名称	××水利水电第×工程局
交接部位	防渗面板	检查日期	××年×月×日

交接内容：
　　按《水工碾压式沥青混凝土施工规范》(DL/T 5363—2006)的规定，防渗面板施工前对基础进行验收。
　　内容包括：坝体的强度等级、坐标、标高、几何尺寸、表面处理状况等。

检查结果：
　　经检查：碾压式土石坝防渗面板基础质量符合施工要求，验收合格。同意进行设备安装。

复查意见：
　　　　　复查人：×××　　　　　　　　　　　　　　　　　　　复查日期：××年×月×日

见证单位意见：
　　符合设计及规范要求，同意交接。

见证单位名称	××工程公司××工程项目质量部		
签字栏	移交单位	接收单位	见证单位
	×××	×××	×××

表 3-31　　　　　　　　　　　　　地 基 验 槽 检 查 记 录　　　　　　　　　　编号：

工程名称	×××工程	验槽日期	××年×月×日
验槽部位	××××××		

依据：
　　施工图纸（施工图纸号结-1、结-3）、设计变更/洽商（编号＿＿）及有关规范、规范。

验槽内容：
　　(1) 基槽开挖至勘探报告第×层，持力层为×层。
　　(2) 基底绝对高程各相对标高××m－8.10m。
　　(3) 土质情况 2 类黏土基底为老土层，均匀密实。
　　（附：√钎探记录及钎探点平面布置图）。
　　(4) 桩位／、桩类型／、数量／，承载力满足设计要求。
　　（附：□施工记录、□桩检测记录）
　　注：若建筑工程无桩基或人工支护，则相应在第4条填写处则画"／"。
　　　　　　　　　　　　　　　　　　　　　　　　　　　　　　　申报人：×××

检查意见：
　　槽底土均匀密实。与地质勘探报告（编号××）相符。基槽平面位置、几何尺寸、基槽底标高、定位符合设计要求。地下水情况：槽底地下水位低于槽底标高 0.5m，无坑、穴洞。
　　检查结论：☑无异常，可进行下道工序　　□需要地基处理

签字公章栏	建设单位	监理单位	设计单位	勘察单位	施工单位
	×××	×××	×××	×××	×××

(4) 验槽内容：注明地质勘察报告编号，基槽标高、断面尺寸，必要时可附断面简图示意。注明土质情况，附上钎探记录和钎探点平面布置图。若采用桩基还应说明桩的类型、数量等，附上桩基施工记录、桩基检测报告等。

(5) 检查意见要明确，验槽内容要符合要求且描述清楚，在检查中，一次验收未通过的要注明质量问题，并提出具体处理意见。

2. 地基处理记录

地基需处理时，应由勘察、设计部门提出处理意见，施工单位应依据勘察、设计单位提出的处理意见进行地基处理，完工后填写地基处理记录（表 3-32），内容包括地基处理方式、处理部位、深度及处理结果等。地基处理完成后，应报请勘察、设计、监理部门复查。当地基处理范围较大、内容较多、用文字描述较困难时，应附简图示意。如勘察、设计单位委托监理单位进行复查时，应有书面的委托记录。

表 3-32　　　　　　　　　　地　基　处　理　记　录　　　　　　　　　编号：

工程名称	××××工程	日期	××年×月×日
处理依据及方式： 处理依据： （1）《建筑地基基础工程施工质量验收标准》（GB 50202—2018）。 （2）《建筑地基处理技术规范》（JGJ 79—2012）。 （3）本工程《地基基础施工方案》。 （4）设计变更/洽商（编号××）及钎探记录。 方式：填级配石厚 200mm				
处理部位及深度（或用简图表示） 　　□有　　☑无　　附页（图）				
处理结果： 填级配石厚 200mm。 （1）先将基底松土及橡皮土清至老土层。 （2）按设计要求两侧钉好水平桩。标高控制在-2.2m，与回填级配石上平。 （3）回填级配石的粒径不大于 10cm 且无草根、垃圾等有机物。 （4）填好级配石后用平板振动器振捣遍数不少于三遍。 （5）排水沟内填卵石。不含有砂子。标高至基底上表面。 （6）级配石的运输方法：用钉好的溜槽投料，严禁将配石由上直接投入槽中。				
检查意见： 经复验，已按洽商要求施工完毕，符合质量验收规范要求，可以进行下道工序施工。（由勘察、设计单位签署复查意见）				
签字栏	监理单位	设计单位	勘察单位	施工单位　××水利水电第×工程局	
^^ ^^ ^^ ^^				专业技术负责人	专业质检员	专业工长
^^	×××	×××	×××	×××	×××	×××

3. 地基钎探记录

(1) 地基钎探记录（表 3-33）主要包括钎探点平面布置图和钎探记录。钎探前应绘制钎探点平面布置图，确定钎探点布置及顺序编号。

表 3-33　　　　　　　　　　　地 基 钎 探 记 录　　　　　　　　编号：

工程名称	××工程	钎探日期		××年×月×日			
套锤重	12kg	自由落距	60cm		钎径		φ35
顺序号	各步锤击数						备注
	0~30cm	30~60cm	60~90cm	90~120cm	120~150cm	150~180cm	180~210cm	
1	15	39	722	85	25	72	88	
2	14	15	78	57	28	35	43	
3	18	48	89	29	16	18	29	
4	14	40	46	99	35	36	65	
5	18	55	89	40	25	42	34	
6	18	81	143	58	47	39	17	
7	17	69	154	38	34	75	69	
8	56	58	32	26	82	82	68	
9	18	65	75	48	18	29	33	
10	24	75	106	88	20	36	18	
11	16	68	115	66	26	44	69	
12	16	67	113	42	41	67	65	
13	21	72	97	30	26	44	42	
14	25	68	68	42	25	31	29	
15	17	61	76	70	19	90	85	
16	15	54	80	63	19	23	27	
17	16	56	100	116	41	111	58	
施工单位			工程公司					
专业技术人员		专业工长			记录人			
×××		×××			×××			

（2）地基钎探主要用于检验浅土层（如基槽）的均匀性，确定基槽的容许承载力及检验填土质量。钎探中如发现异常情况，应在地基钎探记录表的备注栏内注明。

（3）专业工长负责钎探的实施，并按照钎探图及有关规定进行钎探和记录。钎探记录表中施工单位、工程名称要写具体，套锤重、自由落距、钎径、钎探日期要依据现场情况填写。

（4）钎探记录表应附有原始记录表，污损严重的可重新抄写，但原始记录要保存好，并附在新件之后。

三、混凝土检查记录

（1）混凝土浇筑申请书，见表 3-34。

表 3-34　　　　　　　　　　　　混凝土浇筑申请书　　　　　　　　　　编号：

工程名称	×××水利工程	申请浇筑日期	××年×月×日×时
申请浇筑部位	混凝土防渗墙基础	申请方量/m³	×××
技术要求	坍落度170cm，初凝时间2.3h	强度等级	C35
搅拌方式（搅拌站名称）	×××混凝土公司	申请人	×××

依据：施工图纸（施工图纸号××-×）、设计变更/洽商（编号××）和有关规范、规程。

施工准备检查		专业工长（质量员）签字	备注
1. 隐检情况：	☑已　□未完成隐检。	×××	
2. 预检情况：	☑已　□未完成预检。	×××	
3. 水电预埋情况：	☑已　□未完成并未经检查。	×××	
4. 施工组织情况：	☑已　□未完备。	×××	
5. 机械设备准备情况：	☑已　□未准备。	×××	
6. 保温及有关准备：	☑已　□未准备。	×××	

审批意见：
　　原材料、机械设备及施工人员已就位。
　　施工方案及技术交底工作已落实。
　　计量设备已准备完毕。
　　各种隐预检、水电预埋工作完毕。
审批结论：☑同意浇筑　□整改后自行浇筑　□不同意，整改后重新申请

　　审批人：×××　　　　　　　　　　　　　审批日期：××年×月×日
　　施工单位名称：×××工程公司

（2）预拌混凝土运输单，见表 3-35。

表 3-35　　　　　　　　　　　预拌混凝土运输单（正本）　　　　　　　　编号：

合同编号		×××		任务单号		×××	
供应单位		××混凝土公司		生产日期		××年×月×日	
工程名称及使用部位		××工程××部位					
委托单位		×××	混凝土强度等级	C30		抗渗等级	××
混凝土输送方式		泵送	其他技术要求	—			
本车供应方量		30	要求坍落度/cm	140～160		实测坍落度/cm	150
配合比编号		××-×	配合比比例	C：W：S：G＝1.0：0.49：2.42：3.17			
运距/km	20	车号	×××	车次	16	司机	×××
出站时间/h：min		14：38	到场时间/h：min	14：28		现场出罐温度/℃	20
开始浇筑时间/h：min		14：36	完成浇筑时间/h：min	15：00		现场坍落度/cm	150
签字栏		现场验收人		混凝土供应单位质量员		混凝土供应单位签发人	
		×××		×××		×××	

(3) 混凝土准许浇筑证，见表 3-36。

表 3-36　　　　　　　　　　　　　混 凝 土 准 许 浇 筑 证

承建单位：　　　　　　　　　　　　　　　　　　　　　　　　　合同编号：

单位工程名称			工程量/m³	
部位			编号	
桩号		上左 下右	高程	
分项工程质量检验结果	项　目		评定等级	竣工情况
	1	岩石地基开挖工程		
	2	基础岩石、混凝土施工缝处理		
	3	模板		
	4	钢筋		
	5	止水、伸缩缝和排水		
	6	观测仪器埋设		
	7	预埋件		
	8			
承建单位	经检查，本区浇筑前仓面各项准备工作已符合质量标准，允许进行混凝土浇筑。 　　　　　　　　　　　　　　　　　　　　　　　　　质检员：×××			
监理签证	本区浇筑措施完善。浇筑方法明确，浇筑设备完好齐备，可在此签证 5h 内开始浇筑。逾时未能浇筑混凝土，本准浇证作废。 签证时间：××年×月×日×时 　　　　　　　　　　　　　　　　　　　　　　　　　　　　　　监理部 　　　　　　　　　　　　　　　　　　　　　　　　　　　　　××年×月×日			

(4) 混凝土开盘鉴定，见表 3-37。

表 3-37　　　　　　　　　　　　　混 凝 土 开 盘 鉴 定　　　　　　　编号：

工程名称及部位	××××工程		鉴定编号		××××	
施工单位	××建筑工程公司		搅拌方式		强制式搅拌机	
强度等级	C35		要求坍落度		160～180cm	
配合比编号	××		试配单位		××混凝土公司试验室	
水灰比	0.46		砂率/%		42	
材料名称	水泥	砂	石	水	外加剂	掺合料
每立方米用料/(kg/m³)	323	773	1053	180	8.7	91

续表

调整后每盘用料/kg		砂含水率5.4% 石含水率0.2%					
		646	1629	2110	272	17.4	182
鉴定结果	鉴定项目	混凝土拌和物性能			混凝土试块抗压强度/MPa		原材料与申请单是否相符
		坍落度	保水性	黏聚性			
	设计	160～180cm			42.2		相符
	实测	170cm	良好	良好			

鉴定结论：
同意C35混凝土开盘鉴定结果，鉴定合格。

建设（监理）单位	混凝土试配单位负责人	施工单位技术负责人	搅拌机组负责人
×××	×××	×××	×××
鉴定日期	××年×月×日		

（5）混凝土浇筑开仓报审表，混凝土浇筑、衬砌开仓证见表3-38、表3-39。
（6）混凝土单元养护记录表见表3-40。
（7）混凝土拆模申请单见表3-41。
（8）混凝土搅拌、养护测温记录见表3-42、表3-43。

表3-38　　　　　　　　　　混凝土浇筑开仓报审表

（承包 [ ] 开仓 号）

合同名称：　　　　　　　　　　合同编号：　　　　　　　　　　承包人：

单位工程名称			分部工程名称	
单元工程名称			单元工程编码	
申报意见	主要工序	具备情况	主要工序	具备情况
	备料情况		模板支立	
	基面清理		细部结构	
	钢筋绑扎		混凝土系统准备	
	附：自检资料 混凝土浇筑准备就绪，请审批。 承包人：（全称及盖章）　　　负责人：（签名）　　　日期：××年×月×日			
（审核意见）： 监理机构：（全称及盖章）　　　监理工程师：（签名）　　　日期：××年×月×日				

注　本人一式五份，由承包人填写，监理机构审签后，发包人一份，监理机构一份、承包人三份。

表 3-39　　　　　　　　　　　混凝土浇筑、衬砌开仓证

承建单位：　　　　　　　　　　　　　　　　　　　　　　　　　　　　　合同编号：

单位工程			分部工程			分项工程		
施工单位			起止桩号			高程		
设计图纸、通知								
缝面	处理			横向筋		规格		
	清洗					根数		
岩石	处理					间距		
	清洗					规格		
其他			钢筋	纵向筋		根数		
模板	稳定性					间距		
	牢固性					平整度/%		
	平整、光洁					搭接长	焊/cm	
	平面尺寸误差						绑/cm	
	预留孔、洞尺寸及位置					保护层/cm		
止水（浆）片		搭接长度：		插入基岩：		尺寸：		位置：
预埋件		用途：		规格：		数量：		位置：
灌浆系统								

承建单位意见：

初检：××年×月×日　　　　　　　复检：××年×月×日　　　　　　　终检：××年×月×日

监理单位意见：

监理工程师：　　　　　　　　　　　　　　　　　　　　　　　　　　　　日期：××年×月×日

表 3-40　　　　　　　　　　混凝土单元养护记录表

承建单位：　　　　　　　　　　　　　　　　　　　　　　　　　　　合同编号：

单位工程名称或编号				分部工程名称或编码			
分项工程名称或编码				单元工程名称或编码			
工程部位				桩号：　　　　高程：			
施工单位			记录人				
养护记录		测量气温/℃			养护方法	洒水记录	
	最高	最低	平均				
						__次/h __次/d	
养护前缺陷及修复记录							
其他说明				养护构筑物示意图			
承建单位报送记录	报送单位： 日期：××年×月×日			监理机构认证意见	□合格　　□不合格 工程监理部： 认证人： 日期：××年×月×日		

注　一式四份报送项目监理处，完成认证后返回报送单位两份，留存单元、分部、单位工程质量评定资料备查。

表 3-41　　　　　　　　　　混凝土拆模申请单　　　　　　　　　　编号：

工程名称	××工程	申请拆模部位	×××
构件类型		申请拆模时间	××年×月×日×时
混凝土强度等级	C25	混凝土浇筑完成时间	××年×月×日

拆模时混凝土强度要求	龄期/d	同条件混凝土抗压强度	达到设计强度要求	强度报告编号
应达到设计强度的75%/或__MPa	18	20	80	××-018

审批意见：
同意该单位混凝土拆模申请。

　　　　　　　　　　　　　　　　　　　　　　　　　　　批准拆模日期：××年×月×日

施工单位		××建筑工程公司	
专业技术负责人		专业质检员	申请人
×××		×××	×××

表 3-42　　　　　　　　　　　混凝土搅拌测温记录表　　　　　　　　　编号：

工程名称				×××工程						
混凝土强度等级				C25			坍落度		80mm	
水泥品种及强度等级				P·O42.5			搅拌方式		机械	
测温时间/℃				大气温度	原材料温度/℃			出罐温度/℃	入模温度/℃	备注
年	月	日	时		水泥	砂	石	水			
××	×	×	10	+5	+5	+16	+4	+62	+18	+16	现场搅拌
××	×	×	12	+6	+5	+15	+4	+61	+18	+16	现场搅拌
××	×	×	14	+8	+5	+12	+5	+65	+20	+17	现场搅拌
××	×	×	16	+6					+18	+15	现场搅拌
××	×	×	18	+5					+19	+16	预拌混凝土
××	×	×	20	+2					+17	+15	预拌混凝土
××	×	×	22	0					+18	+16	预拌混凝土
××	×	×	24	-2					+19	+16	预拌混凝土
施工单位				×××建筑工程公司						
专业技术负责人				专业质检员				记录人		
×××				×××				×××		

表 3-43　　　　　　　　　　大体积混凝土养护测温记录表　　　　　　　编号：

工程名称			××工程			施工单位		×××建筑工程公司	
测温部位			①—⑤轴			测温方式	隔离测温	养护方法	浇水覆盖
测温时间			大气温度/℃	入模温度/℃	孔号	各测温孔温度/℃			
月	日	时					$t_中-t_上$ /℃	$t_中-t_下$ /℃	$t_气-t_上$ /℃	内外最大温差记录/℃	裂缝宽度/mm
×	×	10	29		1号	上 32.5	11.5	7	-3.5		
						中 44.0					
						下 37.0					
审核意见：									
混凝土测温点布置及测温措施控制，各项数据符合设计、规范要求。									
施工单位			×××建筑工程公司						
专业技术负责人			专业工长				测温员		
×××			×××				×××		

四、其他施工记录

（1）构件吊装记录，见表 3-44。
（2）灌浆检查记录，见表 3-45。

表3-44　　　　　　　　　　　　构 件 吊 装 记 录　　　　　　　　　编号：

工程名称			×××工程				
使用部位			×××		吊装日期	××年×月×日	
序号	构件名称及编号	安装位置	安装检查				备注
			搁置与搭接尺寸	接头（点）处理	固定方法	标高检查	
1	预应力混凝土面板1号	①～③/×～×轴	70mm	焊接混凝土灌缝	焊接	22.8m	
结论： 　　预应力混凝土面板有出厂合格证，外观、型号数量等各项技术指标符合设计要求及规范规定，构件合格。							
施工单位			××水利水电第×××工程局				
专业技术负责人			专业质检员		记录人		
×××			×××		×××		

表3-45　　　　　　　　　　　　灌 浆 检 查 记 录　　　　　　　　　编号：

工程名称	×××工程	施工部位		×××	
灌浆配合比		水泥强度等级	42.5	复试报告编号	
灌浆要求压力值	0.44MPa	灌浆日期		××年×月×日	
灌浆点简图与编号：					
灌浆点编号	灌浆压力值/MPa	灌浆量/L	灌浆点编号	灌浆压力值/MPa	灌浆量/L
YKL-2-1（1）1	0.44	93.6	YKL-2-7（4）1	0.44	42.0
YKL-2-2（1）1	0.46	93.5	YKL-2-8（4）1	0.44	41.8
YKL-2-3（2）1	0.40	68.8	YKL-2-9（10）1	0.44	85.9
备注：					
施工单位		×××水利水电第×工程局			
专业技术负责人		专业质检员		记录人	
×××		×××		×××	

（3）地下工程防水效果检查记录，见表3-46。

（4）蓄水检查记录，见表3-47。

表 3-46　　　　　　　　　地下工程防水效果检查记录　　　　　编号：

工程名称	×××工程		
检查部位	地下室底板，外墙	检查日期	××年×月×日
检查方法及内容： 　　依据《地下防水工程质量验收规范》(GB 50208—2011)及施工方案。渗漏水水量调查与量测方法执行《地下防水工程质量验收规范》(GB 50208—2011)中第8.0.8条及附录c内容包括裂缝、渗漏部位、大小、渗漏情况、处理意见等。			
检查结果： 　　经检查，地下室底板、外墙不存在渗漏水现象，施工工艺及观感质量合格，符合设计要求和《地下防水工程质量验收规范》(GB 50208—2011)有关规定。			
复查意见： 　　复查人：　　　　　　　　　　　　　　　　　　　　　　　　复查日期：××年×月×日			
签字栏	建设（监理）单位	施工单位	建筑工程公司
		专业技术负责人　　　专业质检员　　　专业工长	
	××监理公司	×××　　　　　　×××　　　　　×××	

表 3-47　　　　　　　　　　　蓄 水 检 查 记 录　　　　　　　　编号：

工程名称	碾压式土石坝工程		
检查部位	土石坝坝体 0～90m	检查日期	××年×月×日
检查方式	☑第一次蓄水　□第二蓄水	蓄水日期	从××年×月×日8时至××年×月×日8时
检查方法及内容： 　　拦河土石坝第一次蓄水。蓄水深度为3.2m，蓄水时间24h。			
检查结果： 　　经检查，土石坝在蓄水期间内牢固、安全。无渗漏现象；结合部位无不良反应。符合施工质量验收规范的要求，检查合格。			
复查意见： 　　复查人：　　　　　　　　　　　　　　　　　　　　　　　　复查日期：××年×月×日			
签字栏	建设（监理）单位	施工单位	××水利水电第×工程局
		专业技术负责人　　　专业质检员　　　专业工长	
	××监理公司	×××　　　　　　×××　　　　　×××	

任务六　施工试验记录资料

施工试验记录是根据设计要求和规范规定进行试验，并记录试验过程中产生的各种原始数据和计算结果，从而得出试验结论的文件资料的统称。采用新技术、新工艺及其他特殊工艺时，更应加强施工试验记录的编制和整理。

施工试验记录由具备相应资质等级的检测单位出具，然后随相关资料进入资料管理流程（后续各种专用试验记录与此相同）。

一、施工试验记录通用表格

（1）在完成检验批的过程中，由施工单位试验负责人制作施工试验试件，之后送至具备相应资质等级的检测单位进行试验。

（2）检测单位根据相关标准对送检的试件进行试验后，出具试验报告并将报告返还施工单位。

（3）按照设计要求和规范规定做施工试验的，应填写施工试验记录。若相关规程中并没有规定应采用的施工试验用表，则应填写施工试验记录（通用）；采用新技术、新工艺及特殊工艺时，对施工试验方法和试验数据进行记录，并填写施工试验记录（通用）（表3-48）。

表 3-48　　　　　　　　　　施工试验记录（通用）　　　　　　　编号：

试验编号：　　　　　　　　　　　　　　　　　　　　　　　　　委托编号：

工程名称及施工部位		×××工程×××部位			
实验日期		××年×月×日	规格、材质		×××
试验项目：	（根据具体施工试验填写）				
试验内容：	（根据具体施工试验填写）				
结论：					
批准	×××	审核	×××	试验	×××
试验单位		×××	报告日期		××年×月×日

二、土工击实和回填土试验报告

为有效控制回填质量，国家有关标准对不同工程部位的土方压实度指标都有明确规定，因此土方工程应测定土的最优含水量时的最大干密度，并有土工击实试验报告。对于重要的、大型的或设计有要求的填方工程，在施工前应对填料做击实试验。对于小型工程又无击实试验条件的单位，控制干密度可按施工规范计算。土工击实试验报告应由试验单位出具。土工击实试验报告式样见表3-49。

表 3-49　　　　　　　　　　土　工　击　实　试　验　报　告　　　　　　　编号：

试验编号：　　　　　　　　　　　　　　　　　　　　　　　　　委托编号：

	工程名称及部位	××工程××部位	试样编号	××
	委托单位	××工程局	试验委托人	×××
	结构类型	×××	填土部位	××××
	要求压实系数 λ_c	0.95	土样种类	灰土
	来样日期	××年×月×日	试验日期	××年×月×日
试验结果	最优含水量 $\omega_{op}=20.5\%$		最大干密度 $\rho_{dmax}=1.73\text{g/cm}^3$	
	控制指标（控制干密度）		最大干密度 X 要求压实系数=1.64g/cm³	
结论：	依据《土工试验方法标准》（GB/T 50123—2019）标准。最佳含水率为20.5%，最大干密度为1.73g/cm³，现控制指标最小干密度为1.64g/cm³。			
批准	×××	审核 ×××	试验	×××
试验单位		××××××		
报告日期		××年×月×日		

注　本表由建设单位、施工单位、城建档案馆各保存一份。

(1) 试验报告字目填写要齐全，取样步数和取样位置简图要标注完整、清晰准确，符合要求。

(2) 取样位置简图应按规范要求绘制回填土取点平面图、剖面示意图，标明重要控制轴线，尺寸数字，分段、分层取样，指北针方向等。现场取样步数、点数须与试验报告各步、点一一对应，并注明回填土的起止标高。

(3) 回填土种类、取样、试验时间应与其他资料吻合，其他资料有地质勘探报告、地基验槽及隐检记录等。土工回填土试验报告式样见表3-50。

表 3-50　　　　　　　　　　　土工回填土试验报告　　　　　　　　　　编号：

试验编号：　　　　　　　　　　　　　　　　　　　　　　　　　　　委托编号：

工程名称及施工部位			××工程××部位								
委托单位			××水利水电第××工程局			试验委托人		×××			
要求压实系数 λ_c						回填土种类		3:7灰土			
控制干密度 P_d			1.55g/cm³			试验日期		××年×月×日			
步数	点号		1	2							
	项目		实测干密度/(g/cm³)								
			实测压实系数								
1			1.62	1.59							
			0.96	0.97							
取样位置简图（附图）			见附图（略）								
结论： 符合最小干密度及《土工试验方法标准》(GB/T 50123—2019)的规定。											
批准	×××		审核	×××		试验		×××			
试验单位	×××					报告日期		××年×月×日			

三、砌筑砂浆

砌筑砂浆一般采用水泥混合砂浆或水泥砂浆，由胶凝材料（水泥）、细骨料（砂）、掺合料（或外加剂）和水按适当比例配制而成。在砌体中起着黏结块材、传递荷载的作用。砌筑砂浆的强度等级有 M2.5，M5.0，M7.5，M10，M15，M20 等六个等级。

1. 砂浆配合比申请单和配合比通知单

砂浆配合比申请单见表3-51。砂浆配合比通知单见3-52。

委托单位应依据设计强度等级、技术要求、施工部位、原材料情况等，向试验部门提出砂浆配合比申请单。试验部门依据配合比申请单，按照《砌筑砂浆配合比设计规程》(JGJ 98—2010)签发砂浆配合比通知单。

配合比通知单应字迹清楚，无涂改，签字齐全。所用水泥、砂、掺合料、外加剂等要填写清楚，复试合格后再做试配，并填好试验记录。

表 3-51　　　　　　　　　　　砂浆配合比申请单　　　　　　　　　　　编号：
　　　　　　　　　　　　　　　　　　　　　　　　　　　　　　　　　委托编号：

工程名称		×××工程	
委托单位	××水利工程第×工程局	试验委托人	×××
砂浆种类	混合砂浆	强度等级	M5
水泥品种	P·O42.5	厂别	×××水泥厂
水泥进场日期	××年×月×日	试验编号	××-×
砂产地	×××　粗细级别	中砂　试验编号	××-×
掺合料种类	石灰膏	外加剂种类	—
申请日期	××年×月×日	要求使用日期	××年×月×日

表 3-52　　　　　　　　　　　砂浆配合比通知单

配合比编号：××-×　　　　　　　　　　　　　　　　　　　　　　试验编号：××-×

强度等级	M5		试验日期		××年×月×日
配合比					
材料名称	水泥	砂	石灰膏	掺合剂	外加剂
每立方米用量/(kg/m³)	238	1571	95		
比例	1	6.6	0.4		
注：砂浆稠度为70~100mm，石灰膏稠度为(120±5)mm。					
批准	×××	审核	×××	试验	×××
试验单位	×××		报告日期		××年×月×日

注 本表由施工单位保存。

2. 砂浆抗压强度试验报告

砂浆试块试压报告单上半部分项目应由施工单位试验人员填写，工程名称及施工部位要详细具体，所有子项必须填写清楚、具体、不空项。

砂浆抗压强度试验报告填写式样见表3-53。

3. 砌筑砂浆试块强度统计、评定记录

砌筑砂浆试块强度统计、评定记录填写式样见表3-54。

四、混凝土

（一）混凝土配合比申请单、通知单

混凝土配合比申请单式样见表3-55（a）及表3-55（b）。

（二）混凝土试块

试件的制作与养护原始记录见表3-56，混凝土抗渗试验报告见表3-57，混凝土试块强度统计、评定记录见表3-58。

五、钢筋连接试验报告

（1）钢筋连接试验项目、组批原则及规定。

（2）正式焊（连）接工程开始前及施工过程中，应对每批进场钢筋，在现场条件下进行工艺检验，工艺检验合格后方可进行焊接或机械连接的施工。

（3）试验报告中应写明工程名称、钢筋级别、接头类型、规格、代表数量、试验数据、试验日期以及试验结果。

表 3-53 砂浆抗压强度试验报告   编号：

试验编号：　　　　　　　　　　　　　　　　　　　　　　　　　　　委托编号：

工程名称及部位	××工程××部位			试件编号		××-×	
委托单位	××水利水电第×工程局			试验委托人		×××	
砂浆种类	水泥混合砂浆	强度等级	M10	稠度		70mm	
水泥品种及强度种类	P·O42.5			试件编号		××-×	
砂产地及种类	××中砂			试件编号		××-×	
掺合料种类	—			加剂种类		—	
配合比编号	××-×						
试件成型日期	××年×月×日	要求龄期/d	28	要求试验日期		××年×月×日	
养护方法	标准	试件收到日期	××年×月×日	试件制作人		×××	

试验结果	试验日期	实际龄期/d	试件边长/mm	受压面积/mm²	荷载/kN 单块	荷载/kN 平均	抗压强度/MPa	达到设计强度等级/%
	××年×月×日	28	70.7	5000	54.6	62.7	12.5	
					56.3			
					69.8			
					65.5			
					60.7			
					69.4			

结论：
　合格。

批准	×××	审核	×××	试验	×××
试验单位	×××实验室				
报告日期	××年×月×日				

注　本表由建设单位、施工单位各保留一份。

表 3-54 砌筑砂浆试块强度统计、评定记录   编号：

工程单位	××工程				强度等级		M7.5
施工单位	××水利工程第×工程局				养护方法		标准
统计期	××年×月×日至××年×月×日				结构部位		主体围护墙
试块组数 N	强度标准值 f_2 /MPa		平均值 $f_{2,m}$ /MPa		最小值 $f_{2,min}$ MPa		$0.75f_2$
8	7.5		11.46		9.1		5.63
每组强度值/MPa	12.6	10.6	9.8	10.6	14.6	11	9.1	13.4
判定式	$F_{2,mn} \geq f_2$				$f_{2,min} \geq 0.75f_2$		
结果	11.46＞7.5				9.1＞5.63		

结论：
　依据《砌体结构工程施工质量验收规范》（GB 50203—2011）第 4.0.12 条标准评定为合格。

批准	审核	统计
×××	×××	×××
报告日期	××年×月×日	

表 3-55（a） 混凝土配合比申请单

混凝土配合比申请单				编号：××× 委托编号：××-01560	
工程名称及部位		××工程××			
委托单位		××水利工程第×工程局	试验委托人	×××	
设计强度等级		C35	要求坍落度、扩展度	160～180mm	
其他技术要求					
搅拌方法	机械	浇捣方法	机械	养护方法	标养
水泥品种及强度等级	P·O42.5R	厂别牌号	××××	试验编号	××C—043
砂产地及种类		××中砂		试验编号	××S—015
石子产地及种类		×××碎石	最大粒径	25mm	试验编号	××G—017
外加剂名称		PHF—3泵送剂		试验编号	××D—024
掺合剂名称		Ⅱ级粉煤灰		试验编号	××F—029
申请日期	××年×月×日	使用日期	××年×月×日	联系电话	××××

表 3-55（b） 混凝土配合比通知单

混凝土配合比通知单						配合比编号：××—0082 试配编号：×××	
强度等级	C35	水胶比	0.43	水灰比	0.46	砂率	42%
材料名称项目	水泥	水	砂	石	外加剂	掺合剂	其他
每立方米用量/(kg/m³)	320	189	773	1053	8.7	91	
每盘用量/kg	1.00	0.56	2.39	3.26	0.03	0.28	
混凝土碱含量/(kg/m³)	注：此栏只有在相关规定以及要求需要填写时才填写。						
说明：本配合比所用材料的均为干材料，使用单位应根据材料含水率情况随时调整。							
批准			审核			试验	
×××			×××			×××	
报告日期			××年×月×日				

注 本表由施工单位保存。

表 3-56 试件的制作与养护原始记录

试验编号： 委托编号：

工程名称及部位	××工程××部位	试件编号	××-003
委托单位	××水利水电第××工程局	试验委托人	×××
设计强度等级	C30,P8	实测坍落度、扩展度	160mm
水泥品种及强度等级	P·O 42.5	试验编号	××C-022
砂种类	中砂	试验编号	××S-011

续表

石种类、直径	碎石5～10mm	试验编号	××G-013
外加剂名称	UEA	试验编号	××D-017
掺合料名称	Ⅱ级粉煤灰	试验编号	××F-009
配合比编号		××-22	
成型日期	××年×月×日	要求龄期/d	26	要求试验日期	××年×月×日
养护方法	标养	收到日期	××年×月×日	试块制作人	×××

试验结果	试验日期	实际龄期/d	试件边长/mm	受压面积/mm²	荷载/kN		平均抗压强度/MPa	折合150mm立方体抗压强度/MPa	达到设计强度等级/%
					单块值	平均值			
	××年×月×日	26	100	10000	460	463	46.3	44	147
					450				
					480				

结论：
合格。

批准	×××	审核	×××	实验	×××
试验单位		×××试验室			
报告日期		××年×月×日			

注 本表由建设单位、施工单位各保存一份。

表3-57　　　　　　　　　混凝土抗渗试验报告　　　　　　　　　编号：
试验编号：　　　　　　　　　　　　　　　　　　　　　　　　　　委托编号：

工程名称及施工部位	××发电厂厂房工程	试件编号	××-003
委托单位	××市第×工程局	委托试验人	×××
抗渗等级	P8	配合比编号	××-22
强度等级	C30	养护条件	标养	收样日期	××年×月×日
成型日期	××年×月×日	龄期/d	33	试验日期	××年×月×日
试验情况：由0.1MPa顺序加压至0.9MPa，保持8h。试件表面无渗水，试验结果：>P8					

结论：
根据《普通混凝土长期性能和耐久性能试验方法标准》(GB/T 50082—2024)，符合P8设计要求。

批准	×××	审核	×××	试验	×××
试验单位		××××			
报告日期		××年×月×日			

表 3-58　　　　　　　　　混凝土试块强度统计、评定记录　　　　　　编号：

工程名称	××××工程			强度等级		C30	
施工单位	××水利水电第××工程局			养护方法		标养	
统计期	××年×月×日至××年×月×日			结构部位		主体1~5层墙柱	
试块组数 N	强度标准值 $f_{cu,k}$ /MPa		平均值 mf_{cu} /MPa	标准差 Sf_{cu} /MPa	最小值 /MPa	合格判定系数	
						λ_1	λ_2
13	30		46.52	8.84	36.1	1.7	0.9
每组强度值/MPa	50.4	36.1	40.8	39.4	58	37.7	36.8	57.3	56.7	51.6
	57.5	42.5	39.9							
评定界限	☑统计方法（二）				□非统计方法		
	$0.9f_{cu,k}$	$mf_{cu}-\lambda_1 Sf_{cu}$		$\lambda_2 f_{cu}$	$1.15f_{cu,k}$		$0.95f_{cu,k}$
	27	31.49		27			
判定式	$mf_{cu}-\lambda_1 Sf_{cu}$ $\geqslant 0.9f_{cu,k}$		$f_{cu,min}$ $> \lambda_2 f_{cu,k}$		mf_{cu} $> 1.15f_{cu,k}$		$f_{cu,min}$ $> 0.95f_{cu,k}$
结果	31.49>27		36.1>27				
结论:	该批混凝土符合《混凝土强度检验评定标准》（GB/T 50107—2010）验评标准，评定为合格。						
批准		审核			统计		
×××		×××			×××		
报告日期		××年×月×日					

任务七　施工安全管理资料

安全资料是施工现场安全管理的真实记录，是对企业安全管理检查和评价的重要依据。安全资料的归档和完善有利于企业各项安全生产制度的落实和强化施工全过程、全方位、动态的安全管理，对加强施工现场管理，提高安全生产、文明施工管理水平起到积极的推动作。有利于总结经验、吸取教训，为更好地贯彻执行"安全第一、预防为主"的安全生产方针，保护职工在生产过程中的安全和健康，为预防事故发生提供理论依据。

一、安全资料的管理和保存

1. 安全资料的管理

（1）项目经理部应建立文明安全管理系统运行必要的安全记录，其中包括台账、报表、原始记录等。资料的整理应做到现场实物与记录符合，行为与记录符合，以便更好地反映安全管理的全貌和全过程。

（2）项目设专职或兼职安全资料员，应及时收集、整理安全资料。安全记录的建立、收集和整理，应按照国家、行业、地方和上级的有关规定，确定安全记录种类、格式。

（3）当规定表格不能满足安全记录需要时，安全保证计划中应制定记录。

（4）确定安全记录的部门或相关人员，实行按岗位职责分工编写，按照规定收集、整理包括分包单位在内的各类安全管理资料的要求，并装订成册。

(5) 对安全记录进行标识、编目和立卷，并符合国家、行业、地方或上级有关规定。

2. 安全资料的保存

(1) 安全资料按篇及编号分别装订成册，装入档案盒内。

(2) 安全资料集中存放于资料柜内，加锁并设专人负责管理，以防丢失损坏。

(3) 工程竣工后，安全资料上交公司档案室保管，备查。

二、基础工程安全资料

水利工程施工环境比较复杂，地质条件多变，因此施工甚至投入使用后依然要进行变形监测，监测结果应定期整理，并做沉降报告。

(一) 基础工程施工方案

1. 基础（坑）施工支护方案的具体内容

(1)《基础（坑）施工支护方案》中必须明确以下内容的具体要求：施工前准备工作；土方开挖顺序和方法；坑壁支护设计及施工详图；临边防护；排水措施；坑边荷载限定；上下通道设置；基坑支护变形监测方案；作业环境的要求等内容。

(2) 基坑施工必须有支护方案。具体做法及要求参见《建筑基坑支护技术规程》(DB 11/T 489—2024)。

2. 基坑支护验收

基坑支护验收记录的表格样式参见表3-59。

表3-59　　　　　　　　基坑支护验收记录

工程名称				验收日期	
结构类型		支护深度/m		支护面积/m²	
设计单位			施工单位		
验收记录					
验收结论					
参加验收人员					

(二) 基础工程土方开挖

主要内容和编写要点：

(1) 土方开挖常用机械有：挖掘机、推土机、铲运机、运输车辆等。机械进场验收记录的具体内容参见表3-60。

(2) 土方开挖施工机械司机所持上岗证必须是有效证件。

(三) 基坑支护变形监测

1. 基坑支护变形监测

基坑支护变形监测记录的具体内容包括以下几点：

(1) 基坑开挖前应做出系统的监测方案，监测方案应包括监测项目、监测方法、精度要求、监测点的布置、观测周期、观测记录以及信息反馈等。

(2) 基坑工程监测应以专门仪器监测为主，以现场目测为辅。

表 3-60　　　　　　　　　　　机 械 进 场 验 收 记 录

工程名称	××××		施工单位	××××
机械名称	挖掘机	规格型号　WY100	设备型号	
生产厂家	××建筑机械厂	出厂日期　××年×月×日	合格证号	
验收日期	××年×月×日	参加验收人员		
检查项目	验收记录：			
液压系统安全装置	经试运转液压系统工作正常。无漏油、阻碍现象，动作灵活，准确可靠，无噪声。安全装置齐全有效，灵敏可靠。			
回转装置	经试运转回转装置动作灵活、准确、可靠，工作正常。			
行走装置	经试运转行走装置工作正常，无异常声响。			
铲斗装置	经试运转铲斗装置动作灵活、准确、可靠，无异常。			
资　料	有产品说明书、合格证编号，生产厂家为××建筑机械厂。			
司　机	司机持证上岗。上岗证编号，为有效证件。			
验收结论	挖掘机经检验符合《建筑施工安全检查标准》（JGJ 59—2011）标准及有关规范规定，验收合格，同意使用。 参加验收人员：×××　　　　　　　　　　　　　　　　　　　　日期：××年×月×日			

（3）支护设施产生局部变形，应及时采取措施进行处理。

2. 基坑周边环境沉降观测

基坑周边环境沉降观测记录的表格样式参见表 3-61。

表 3-61　　　　　　　　　　基坑周边环境沉降观测记录

单位工程名称：　　　　　　　　　　　施工单位：

观察点编号	第×次 ××年×月×日			第×次 ××年×月×日			第×次 ××年×月×日			第×次 ××年×月×日		
	标高/m	沉降量/mm		标高/m	沉降量/mm		标高/m	沉降量/mm		标高/m	沉降量/mm	
		本次	累计		本次	累计		本次	累计		本次	累计
工程部位												
观测者												
监测者												
填表单位：　　　　　　　　　负责人：　　　　　　　　制表：												

3. 基坑开挖监控

（1）基坑开挖前应做出系统的开挖监控方案，监控方案应包括：监控的目的、监测项目、监控报警值、监测方法及精度要求、监测点的布置、监测周期、工序管理和记录制度以及信息反馈系统等。

(2) 监测点的布置应满足监控要求,从基坑边缘以外1~2倍开挖深度范围内的需要保护物体均应作为监控对象。

(3) 基坑工程监测项目可按表3-62选择。

表3-62 基坑监测项目表

检测项目 \ 基础侧壁安全等级	一级	二级	三级
支护结构水平位移	应测	应测	应测
周围建筑物、地下管线变形	应测	应测	宜测
地下水位	应测	应测	宜测
桩、墙、内力	应测	宜测	可测
锚杆拉力	应测	宜测	可测
支撑轴力	应测	宜测	可测
立柱变形	应测	宜测	可测
土体分层竖向位移	应测	宜测	可测
支护结构界面上侧向压力	宜测	可测	可测

(4) 位移观测基准点数量不应小于两个,且应设在影响范围以外。

(5) 监测项目在基坑开挖前应测得初始值,且不应少于两次。

(6) 基坑监测项目的监控报警值应根据监测对象的有关规范及支护结构设计要求确定。

(7) 各项监测的时间间隔可根据施工进程确定,当变形超过有关标准或监测结果变形较大时,应加密观测次数。当有事故征兆时,应连续监测。

(8) 基坑开挖监测进程中,应根据设计要求提交阶段性监测结果报告。工程结束时应提交完整的监测报告。

三、电工作业安全技术资料

1. 施工现场变配电及维修安全技术交底

施工现场变配电及维修安全技术交底记录见表3-63。

2. 施工现场线路敷设安全技术交底

施工现场线路敷设安全技术交底记录见表3-64。

四、设备安装安全资料

塔式起重机安全技术交底记录见表3-65。

五、施工现场用火审批

1. 审批程序

电工、焊工从事电气设备安装和电、气焊切割作业,要有操作证和用火证。动火前,要清除附近易燃物,配备看火人员和灭火用具。用火证当日有效。动火地点交换,要重新办理用火证手续。凡是进行电、气焊作业的,必须先填用火申请表,工长签字后,方可生效,否则不准进行作业。

表 3 - 63　　　　　　　施工现场变配电及维修安全技术交底记录　　　　编号：

工程名称	××××工程		
施工单位	××建筑工程公司		
交底项目（部位）	变配电及维修安全技术交底	交底日期	××年×月×日

交底内容（安全措施与注意事项）：

(1) 现场变配电高压设备，不论带电与否，单人值班严禁跨越遮拦和从事修理工作。

(2) 高压带电区域内部分停电工作时，人体与带电部分必须保持安全距离，并应有人监护。

(3) 在变配电室内、外高压部分及线路工作时，应按顺序进行。停电、验电悬挂地线，操作手柄应上锁或挂标示牌。

(4) 验电时必须戴绝缘手套，按电压等级使用验电器。在设备两侧各相或线路各相分别验电。验明设备或线路确实无电后，即将检修设备或线路做短路接地。

(5) 装设接地线应由两人进行。先接接地端，后接导电端，拆除时顺序相反。拆接时均应穿戴绝缘防护用品。设备或线路检修完毕，必须全面检查无误后，方可拆除接地线。

(6) 接地线应使用截面不小于 2mm 的多股软裸铜线和专用线夹。严禁使用缠绕的方法进行接地和短路。

(7) 用绝缘棒或传统机械拉、合高压开关，应戴绝缘手套。雨天室外操作时，除穿戴绝缘防护用品外，绝缘棒应有防雨罩，应有专人监护。严禁带负荷拉、合开关。

(8) 电气设备的金属外壳必须接地或接零。同一设备可做接地和接零。同一供电系统不允许一部分设备采用接零，另一部分采用接地保护。

(9) 电气设备所用的保险丝的额定电流应与其负荷相适应。严禁用其他金属线代替保险丝。

交底人	×××	交底班组长	×××	交底人数	××人

注　本表由施工单位填写并保存（一式三份。班组一份、安全员一份、交底人一份）。

表 3 - 64　　　　　　　施工现场线路敷设安全技术交底记录　　　　编号：

工程名称	×××工程		
施工单位	×××建筑工程公司		
交底项目（部位）	施工现场线路敷设安全技术交底	交底日期	××年×月×日

交底内容（安全措施与注意事项）：

电缆干线应采用埋地或架空敷设，严禁沿地面明敷设，并应避免机械损伤和介质腐蚀。

(1) 电缆在室外直接埋地敷设时，必须按电缆埋设图敷设，并应砌砖槽防护，埋设深度不得小于 0.6m。

(2) 电缆的上下各均匀铺设不小于 5cm 厚的细砂，上盖电缆盖板作为电缆的保护层。

(3) 地面上应有埋设电缆的标志，并应有专人负责管理。不得将物料堆放在电缆埋设的上方。

(4) 有接头的电缆不准埋在地下，接头处应露出地面，并配有电缆接线盒（箱）。电缆接线盒（箱）应防雨、防尘、防机械损伤，并远离易燃、易爆、易腐蚀场所。

(5) 电缆穿越建筑物、构筑物、道路、易受机械损伤的场所及引出地面从 2m 高度至地下 0.2m 处，必须加设防护套管。

(6) 电缆线路与其附近热力管道的平行间距不得小于 2m，交叉间距不得小于 1m。

(7) 橡套电缆架空敷设时，应沿着墙壁或电杆设置，并用绝缘子固定，严禁使用金属裸线做绑线。电缆与地面的间距大于 10m 时，必须采用铅丝或钢丝绳吊绑，以减轻电缆自重。最大弧垂距地面不小于 2.5m。电缆接头处应牢固可靠，做好绝缘包扎，保证绝缘强度，不得承受外力。

(8) 在施工建筑的临时电缆配电。必须采用电缆埋地引入。电缆垂直敷设时，位置应充分利用竖井、垂直孔洞。其固定点每楼层不得少于一处。水平敷设应沿墙或门口固定。最大弧垂距离地面不得小于 1.8m。

交底人	×××	交底班组长	×××	交底人数	××人

注　本表由施工单位填写并保存（一式三份。班组一份、安全员一份、交底人一份）。

表 3-65　　　　　　　　　　塔式起重机安全技术交底记录　　　　　编号：

工程名称	×××工程		
施工单位	×××建筑工程公司		
交底项目（部位）	塔式起重机	交底日期	××年×月×日
交底内容（安全措施与注意事项）： （1）持证上岗与信号指挥：塔式起重机操作人员、信号工须持有效特种作业证上岗；作业时信号工指挥信号应清晰准确，操作人员严格依信号操作，严禁擅自行动。 （2）作业前全面检查：作业前仔细检查机械部件、电气系统、安全装置、钢丝绳与滑轮，确保金属结构无变形开裂、电气线路绝缘良好、安全装置灵敏可靠、钢丝绳磨损断丝符合标准。 （3）规范起吊操作：起吊重物先吊离地面20～30cm检查制动器与绑扎情况；严禁超载、斜拉、猛起猛落，起吊物不得长时间悬停空中。 （4）特殊情况应对：风速超六级（含六级）时，停止作业，将吊钩升起，起重臂转至顺风方向，锁紧夹轨器或锚固装置。 （5）作业后设备处理：作业完毕切断电源，将吊钩升起，小车收回至起重臂根部，起重臂转至顺风方向，锁好驾驶室门窗，并定期做好设备维护保养。			
交底人	×××	交底班组长	×××	交底人数	××人

注　本表由施工单位填写并保存（一式三份。班组一份、安全员一份、交底人一份）。

2．审批内容

用火审批证明中必须注明施工单位、工程名称、用途、用火部位、用火人、看火人和灭火器材等内容。

3．用火审批证

用火审批证的表格样式见表3-66。

表 3-66　　　　　　　　　　用火审批证（看火人收执）

施工单位		工程名称	
用途		用火部位	
用火人		看火人	
灭火器材			
用火时间	××年×月×日×时起　　××年×月×日×时止		

申请人：　　　　　　　　　　　　　　　　签发人：

六、事故隐患整改通知单

为确保施工可以在安全的情况下正常进行，应及时清除安全隐患，对检查中发现的违章、事故隐患应按实际认真记录，对重大事故隐患列项实行定人、定时、定措施的"三定"整改方案，并将整改记录填入事故隐患整改通知单（表3-67）中。

表 3-67　　　　　　　　　　　　事故隐患整改通知单

工程名称：　　　　　　　　　　　　　　　　　　　　　　　　　　　编号：

检查日期	××年×月×日（星期×）	检查部位、项目内容		
检查人员签名	×××	现场临电、工人佩戴安全帽情况		
检查发现的违章、事故隐患实况记录	施工现场发现2名工人未戴安全帽			
整改通知	对重大事故隐患列项实行"三定"的整改方案	整改措施	完成整改的最后日期	整改责任人	复查日期
		（1）加强职工安全教育，制定相应的奖罚措施。 （2）要求并检查全体人员进入施工现场必须正确佩戴安全帽	××年×月×日（当日）	×××	××年×月×日
	项目负责人签名：×××　安全员签名：×××　整改负责人签名：×××				
	整改复查记录	整改记录	遗留问题的处理	整改责任人：××× 复查责任人：××× 安全生产责任人：××× ××年×月×日	
		已按整改措施落实	无		

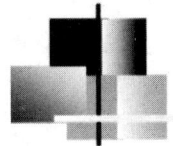

项目四

水利工程监理资料整编

【知识目标】 熟悉水利工程监理资料的各种表格。
【能力目标】 掌握水利工程监理资料的收集范围、整编要求、编制方法等基本知识；能利用计算机软件进行水利工程监理资料的编制。

在水利工程监理工作中，会涉及并产生大量的信息与档案资料，这些信息或档案资料中，有些是监理工作的依据，有些是反映工程质量的文件，也有一些是在监理工作中形成的文件，因此应加强对这些文件资料的管理。

任务一 工程监理资料相关要求

一、监理资料编制要求

工程监理资料是监理单位在项目设计、施工等监理过程中形成的资料，它是监理工作中各项控制与管理的依据和凭证，其编制要求如下：

(1) 监理资料的编制工作应及时。各类资料的编写应使用黑色墨水笔或黑色签字笔，复写时，须用单面黑色复写纸。

(2) 各类监理用表应符合相关规定，用词准确，内容真实、全面、清楚，不得有涂改或模糊不清之处。

(3) 项目总监理工程师为监理资料编制工作的总负责人，对监理资料的编制负有检查、指导和监督的职责，对施工单位报送的不符合格式或不规范的资料应责令其改正或重做，拒不执行的，可不予签认。

(4) 监理工程师在编制监理资料时，应使用规范用语和通用符号、公式等。如采用其他单位、符号，应予以注明。

(5) 监理资料应随着工程项目的进展不断进行编制、收集与整理。监理工程师应认真审核承包单位报送的资料，不得接受经涂改的报验资料。审核整理后，交资料管理人员存放。

二、监理资料管理流程

1. 水利工程建设项目监理资料管理流程如图 4-1 所示。
2. 监理资料管理时，除应按照合同约定审核勘察、设计文件外，还应对施工单位报送的施工资料进行审查。报送的施工资料应完整、准确，合格后应予以签认。

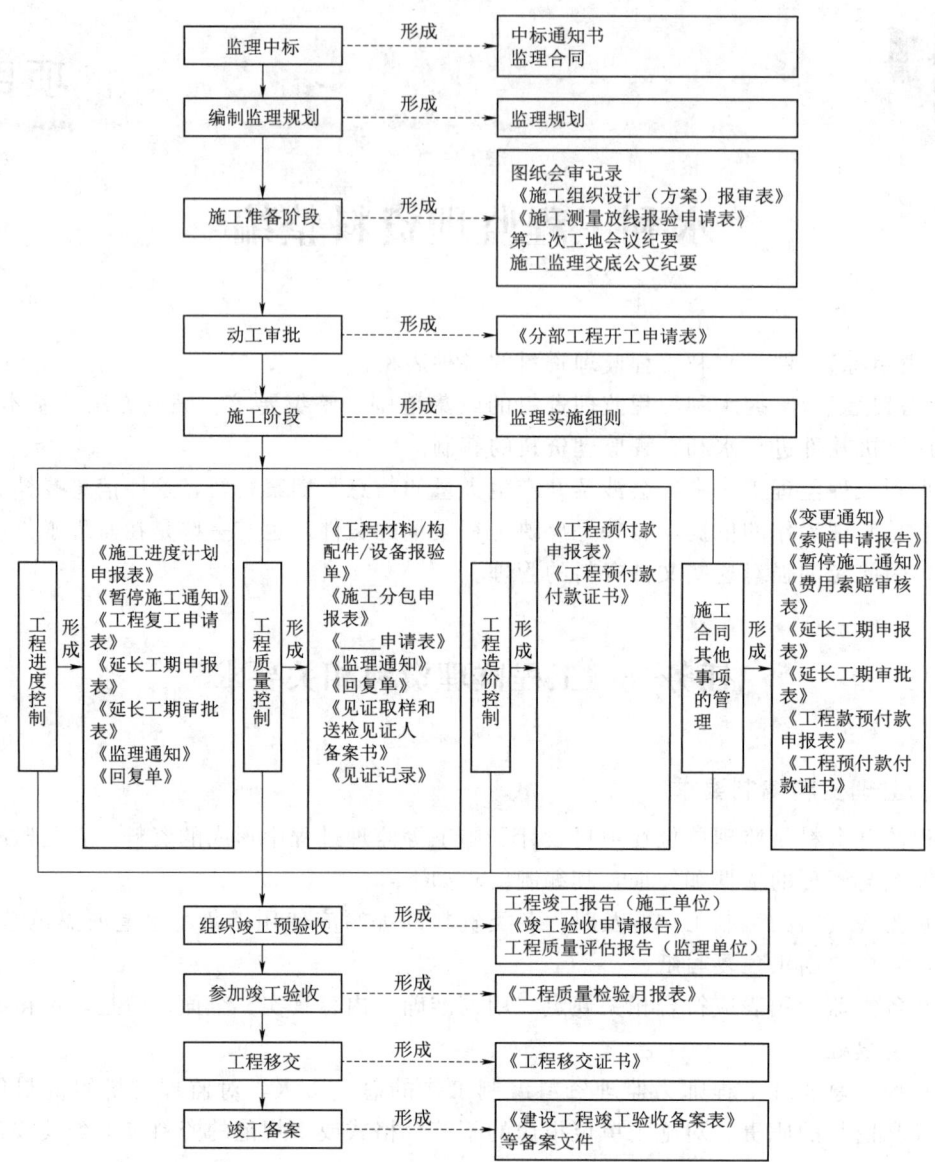

图 4-1 水利工程建设项目监理资料管理流程图

三、监理资料分类与组成

(一) 监理资料分类

水利工程建设项目监理资料大致可分为以下三类：

(1) 监理工作依据，如招标投标文件、合同文件、业主针对该项目制定的有关工作制度或规定、监理规划与监理实施细则。

(2) 监理工作文件，表明工程项目建设情况的文件资料，如监理通知、专项监理工作报告、会议纪要，施工方案审查意见等。

(3) 反映工程质量的监理文件，如验收记录、竣工移交证书等。

(二) 监理资料的组成

水利水电工程建设项目监理资料主要由以下几种文件组成：

(1) 合同文件。工程项目建设过程中，涉及合同的有关信息及文件资料，主要包括施工监理招投标文件，建设工程委托监理合同，施工招投标文件以及建设工程施工合同、分包合同、各类订货合同等。

(2) 设计文件。工程项目设计阶段形成的相关文件资料，如施工图纸，岩土工程勘察报告，测量基础资料等。

(3) 工程项目监理规划及监理实施细则。项目监理工作人员在实施监理工作前，应根据工程特点、施工设计要求编制具体监理规划和实施细则，一般包括：工程项目监理规划、监理实施细则以及工程项目监理部编制的总控制计划等。

(4) 工程变更文件。在工程项目施工过程中，难免会因意想不到的情况出现而发生变更，在此过程中往往会形成一定的工程变更文件，如图纸会审资料，设计交底记录、纪要，设计变更文件，工程变更记录等。

(5) 监理月报。

(6) 会议纪要。

(7) 施工组织设计（施工方案）。这是一种重要的项目监理资料，主要包括项目施工组织设计（总体设计或分阶段设计）、分部施工方案、季节施工方案、其他专项施工方案等。项目监理人员应加强对这部分资料的整理与管理。

(8) 工程分包资质资料。为保证工程质量，工程分包单位应出具其资质等级证明材料。项目监理工程师应认真审查分包单位的资质。工程分包资质资料一般包括：分包单位资质资料、供货单位资质资料及分包单位试验室等单位的资质资料等。

(9) 工程进度控制资料。工程进度控制资料应包括：工程动工报审表（含必要的附件），年、季、月进度计划资料，月工、料、机动态表，工程停、复工资料等。

(10) 工程质量控制资料。工程质量控制资料主要包括：各类工程材料、构配件、设备报验资料，施工测量放线报验资料，施工试验报验资料，单项、单位、分部、单元工程施工报验与认可资料，不合格项处置记录，工程质量问题和事故报告及处理等资料。

(11) 工程投资控制资料。工程投资控制资料包括：工程概预算或工程量清单，工程量报审与核认，预付款申报与支付证书，月工程进度款报审与签认，工程变更费用报审与签认，工程款支付申请与支付证书，工程竣工结算等。

(12) 监理通知及回复。

(13) 合同其他事项管理资料。工程项目施工合同管理过程中形成的文件资料，如工程延期报告、审批等资料，工程费用索赔报告、审批等资料，施工合同争议和违约处理资料以及施工合同变更资料等。

(14) 工程竣工验收资料。工程竣工验收资料一般包括：工程基础、主体结构等中间验收资料，设备安装专项验收资料，竣工验收资料，工程质量评估报告，工程移交证书等。监理人员应对工程竣工验收资料认真整理和归档，以便于将来查阅和参考。

(15) 其他往来函件。

(16) 监理日志、日记。

(17) 监理工作总结（专题、阶段和竣工总结等）。

四、监理机构常用表格及填写规定

（一）填表基本规定

工程用表是检验与评定施工质量的基础资料，也是工程维修和事故处理的重要参考，因此对表格填写作如下规定：

(1) 应使用蓝色或黑色墨水钢笔填写，不得使用圆珠笔、铅笔填写。

(2) 文字。应按国务院颁布的简化汉字书写，字迹应工整、清晰。

(3) 数字和单位。数字使用阿拉伯数字（1、2、3、…、9、0）。单位使用国家法定计量单位，并以规定的符号表示（如：MPa、m、m^2、m^3、t…）。

(4) 合格率。用百分数表示，小数点后保留一位。如果恰为整数，则小数点后以0表示，例如：95.0%。

(5) 改错。将错误用斜线划掉，再在其右上方填写正确的文字（或数字），禁止使用改正液、贴纸重写，橡皮擦、刀片刮或用墨水涂黑等方法。

(6) 表头填写。

①单位工程、单元工程名称，按项目划分确定的名称填写。②单元工程名称、部位：填写该单元工程名称（中文名称或编号），部位可用桩号、高程等表示。③施工单位：填写与项目法人（建设单位）签订承包合同的施工单位全称。④单元工程量：填写本单元主要工程量。⑤检验（评定）日期：年—填写实际年份后2位数字，月—填写实际月份（1—12月），日—填写实际日期（1—31日）。

(7) 质量标准中，凡有"符合设计要求"者，应注明设计具体要求（如内容较多，可附页说明），凡有"符合规范要求"者，应标出所执行的规范名称及编号。

(8) 检验记录。文字记录应真实、准确、简练；数字记录应准确、可靠，小数点后保留位数应符合有关规定。

（二）施工监理工作常用表格说明

(1) 表格可分为以下两种类型。

①承包人用表。以CB××表示。

②监理机构用表。以JL××表示。

(2) 表头应采用如下格式。

"CB11　施工放样报检单

（承包〔　〕放样　号）"

注：1. "CB11"：表格类型及序号；

2. "施工放样报验单"：表格名称；

3. "承包〔　〕放样　号"：表格编号。其中：①"承包"：指该表以承包人为填表人，当填表人为监理机构时，即以"监理"代之。②当监理工程范围包括两个以上承包人时，为区分不同承包人的用表，"承包"可用其简称表示。③〔　〕：年份。〔2009〕、〔2010〕表示2009年、2010年的表格。④"放样"：表格的使用性质，即用于"放样"工作。⑤"　号"：一般为3位数的流水号。

(3) 监理机构可根据施工项目的规模和复杂程度，采用其中的部分或全部表格；如果表格种类不能满足工程实际需要时，可按照表格的设计原则另行增加。

（4）各表格脚注中所列单位和份数为基本单位和最少份数，工作中应根据具体情况和要求具体指定各类表格的报送单位和份数。

（5）相关单位都应明确文件的签收人。

（6）"CB01施工技术方案申报表"可用于承包人向监理机构申报关于施工组织设计、施工措施计划、工程测量施测计划和方案、施工工法、工程放样计划、专项试验计划和方案等。

（7）承包人的施工质量检验月汇总表、工程事故月报表除作为施工月报附表外，还应按有关要求另行单独填报。

（8）每一表格均应根据工程具体要求确定该表格原件的份数，并在表格底部注明；"设代机构"是代表工程设计单位在施工现场的机构，如设计代表、设代组、设代处等。

任务二　工程监理机构职能要求

一、项目监理机构的设置

（一）设置要求

（1）项目监理机构的组织形式和规模，应根据委托监理合同规定的服务内容、服务期限、工程类别、规模、技术复杂程度、工程环境等因素确定。

（2）项目监理机构的监理人员应专业配套、数量满足工程项目监理工作的需要。

（3）监理人员应包括总监理工程师、专业监理工作师和监理员，必要时可配备总监理工程师代表。

1）总监理工程师应由具有三年以上同类工程监理工作经验的人员担任；

2）总监理工程师代表应由具有二年以上同类工程监理工作经验的人员担任；

3）专业监理工程师应由具有一年以上同类工程监理工作经验的人员担任。

（4）监理单位应于委托监理合同签订后10天内将项目监理机构的组织形式、人员构成及对总监理工程师的任命书面通知建设单位。

（5）当总监理工程师需要调整时，监理单位应征得建设单位同意并书面通知建设单位；当专业监理工程师需要调整时，总监理工程师应书面通知建设单位和承包单位。

（二）人员组织结构

大型项目监理机构应在小、中型项目监理机构的基础上再进一步充实，如测量检测工程师、材料设备及施工半成品检测试验室、文书档案管理室等。

（三）办公设施配置

（1）建设单位应提供委托监理合同约定的满足监理工作需要的办公、交通、通信、生活设施。项目监理机构应妥善保管和使用建设单位提供的设施，并应在完成监理工作后移交建设单位。

（2）项目监理机构应根据工程项目类别、规模、技术复杂程度、工程项目所在地的环境条件，按委托监理合同的约定，配备满足监理工作需要的常规检测设备和工具。

（3）在大中型项目的监理工作中，项目监理机构应实施监理工作的计算机辅助管理。

二、项目监理人员的职责

(一) 总监理工程师职责

水利工程建设中,一名总监理工程师只宜担任一项委托监理合同的项目总监理工程师工作。当需要同时担任多项委托监理合同的项目总监理工程师工作时,须经建设单位同意,但最多不得超过三项。

总监理工程师应履行以下职责:

(1) 确定项目监理机构人员的分工和岗位职责。

(2) 主持编写项目监理规划、审批项目监理实施细则,并负责管理项目监理机构的日常工作。

(3) 审查分包单位的资质,并提出审查意见。

(4) 检查和监督监理人员的工作,根据工程项目的进展情况可进行监理人员调配,对不称职的监理人员应调换其工作。

(5) 主持监理工作会议,签发项目监理机构的文件和指令。

(6) 审定承包单位提交的开工报告、施工组织设计、技术方案、进度计划。

(7) 审核签署承包单位的申请、支付证书和竣工结算。

(8) 审查和处理工程变更。

(9) 主持或参与工程质量事故的调查。

(10) 调解建设单位与承包单位的合同争议、处理索赔、审批工程延期。

(11) 组织编写并签发监理月报、监理工作阶段报告、专题报告和项目监理工作总结。

(12) 审核签认单元工程和单位工程的质量检验评定资料,审查承包单位的竣工申请,组织监理人员对待验收的工程项目进行质量检查,参与工程项目的竣工验收。

(13) 主持整理工程项目的监理资料。

(二) 总监理工程师代表职责

(1) 总监理工程师代表应履行以下职责。

1) 负责总监理工程师指定或交办的监理工作。

2) 按总监理工程师的授权,行使总监理工程师的部分职责和权力。

(2) 总监理工程师不得将下列工作委托总监理工程师代表。

1) 主持编写项目监理规划、审批项目监理实施细则。

2) 签发工程开工/复工申请表、工程暂停令、工程预付款付款证书、竣工验收申请报告。

3) 审核签认竣工结算。

4) 调解建设单位与承包单位的合同争议、处理索赔、审批工程延期。

5) 根据工程项目的进展情况进行监理人员的调配,调换不称职的监理人员。

(三) 专业监理工程师职责

(1) 负责编制本专业的监理实施细则。

(2) 负责本专业监理工作的具体实施。

(3) 组织、指导、检查和监督本专业监理员的工作,当人员需要调整时,向总监理工程师提出建议。

（4）审查承包单位提交的涉及本专业的计划、方案、申请、变更，并向总监理工程师提出报告。

（5）负责本专业单元工程验收及隐蔽工程验收。

（6）定期向总监理工程师提交本专业监理工作实施情况报告，对重大问题及时向总监理工程师汇报和请示。

（7）根据本专业监理工作实施情况做好监理日记。

（8）负责本专业监理资料的收集、汇总及整理，参与编写监理月报。

（9）核查进场材料、设备、构配件的原始凭证、检测报告等质量证明文件及其质量情况，根据实际情况认为有必要时对进场材料、设备、构配件进行平行检验，合格时予以签认。

（10）负责本专业的工程计量工作，审核工程计量的数据和原始凭证。

（四）监理员职责

（1）在专业监理工程师的指导下开展现场监理工作。

（2）检查承包单位投入工程项目的人力、材料、主要设备及其使用、运行状况，并做好检查记录。

（3）复核或从施工现场直接获取工程计量的有关数据并签署原始凭证。

（4）按设计图及有关标准，对承包单位的工艺过程或施工工序进行检查和记录，对加工制作及工序施工质量检查结果进行记录。

（5）担任旁站工作，发现问题及时指出并向专业监理工程师报告。

（6）做好监理日记和有关的监理记录。

任务三　工程监理管理文件资料

水利工程监理管理过程中形成的资料主要有监理规划、监理实施细则、监理月报、监理会议纪要、监理工作日志和监理工作总结等。其中，监理规划及监理实施细则是指导监理工作的纲领性文件。

一、监理规划

水利工程监理规划是依据监理大纲和委托监理合同编制的，在指导项目监理部工作方面起到重要作用。监理规划是编制监理实施细则的重要依据。

（1）监理规划的编制，应针对项目的实际情况，明确项目监理工作的目标，确定具体的监理工作制度、程序、方法和措施，并应具有可操作性。

（2）监理规划应在签订委托监理合同及收到设计文件后开始编制，完成后必须经监理单位技术负责人审核批准，并应在召开第一次工地会议前报送建设单位。

（3）监理规划应由总监理工程师主持、专业监理工程师参加编制。其编制依据如下。

1）建设工程的相关法律、法规及项目审批文件。

2）与建设工程项目有关的标准、设计文件、技术资料。

3）监理大纲、委托监理合同文件以及与建设工程项目相关的合同文件。

（4）监理规划应包括以下主要内容。

1) 工程项目概况。
2) 监理工作范围。
3) 监理工作内容。
4) 监理工作目标。
5) 监理工作依据。
6) 项目监理机构的组织形式。
7) 项目监理机构的人员配备计划。
8) 项目监理机构的人员岗位职责。
9) 监理工作程序。
10) 监理工作方法及措施。
11) 监理工作制度。
12) 监理设施。

（5）在监理工作实施过程中，如实际情况或条件发生重大变化而需要调整监理规划时，应由总监理工程师组织专业监理工程师研究修改，按原报审程序经过批准后报建设单位。

二、监理实施细则

对中型及以上或专业性较强的工程项目，项目监理机构应编制监理实施细则。监理实施细则应符合监理规划的要求，并应结合工程项目的专业特点，做到详细具体、具有可操作性。

（一）编制要求

（1）监理实施细则应在相应工程施工开始前编制完成，并必须经总监理工程师批准。

（2）监理实施细则应由专业监理工程师编制。编制监理实施细则的依据如下。

1) 已批准的监理规划。
2) 与专业工程相关的标准、设计文件和技术资料。
3) 施工组织设计。

（3）监理实施细则应包括下列主要内容。

1) 专业工程的特点。
2) 监理工作的流程。
3) 监理工作的控制要点及目标值。
4) 监理工作的方法及措施。

（4）在监理工作实施过程中，监理实施细则应根据实际情况进行补充、修改和完善。

（二）监理实施细则的编制

水利工程施工阶段监理实施细则，应由专业监理工程师围绕以下几方面进行编制。

1. 投资控制

（1）按承包合同中规定的价款控制工程投资，并尽量减少增加工程费用。

（2）按合同支付工程款等，保证合同方全面履约，以减少对方提出索赔的机会。

2. 进度控制

（1）由业主负责供应的材料和设备应按计划及时到位。同时检查施工单位落实劳动力、机具设备、周转材料、原材料的情况。

(2) 严格审查施工单位编制的施工组织设计，要求编制网络计划，并切实按计划组织施工。

(3) 要求施工单位编制月施工作业计划，将进度按日分解，以保证月计划的落实。

(4) 检查施工单位的进度落实情况，按网络计划控制，做好计划统计工作；制定工程形象进度图表，每月检查一次上月的进度和下月的进度计划。

(5) 协调各施工单位间的关系，使它们相互配合、相互支持和搞好衔接。必要时，可利用工程付款签证权，督促施工单位按计划完成任务。

3. 质量控制

(1) 对主要工程材料、半成品、设备制定预控措施。对一些重要工程部位及容易出现质量问题的单元工程也应制定质量预控措施。

(2) 要求施工单位建立健全质量保证体系，推行全面质量管理，做到开工有报告，施工有措施，技术有交底，定位有复查，材料、设备有试验，隐蔽工程有记录，质量有自检、专检，交工有资料。

(3) 要求施工单位严格执行国家和地方有关施工安装的质量检验报表制度；对施工单位交验的有关施工质量报表，监理工程师应及时核查或认定。对于隐蔽工程未经监理工程师核查签字不能继续施工。

4. 工程验收

(1) 监理工程师根据施工单位有关阶段的、单元工程的以及单位工程的竣工验收申请报告，负责组织初验。

(2) 经初验全部合格后，由项目总监理工程师在相应的工程竣工验收报告单上签明认可的正式竣工日期，然后向业主提交竣工报告，并要求业主组织有关部门和人员参加进行相应阶段的正式验收工作。

三、监理月报

监理月报（表 4-1）是总监理工程师定期向业主提交的反映工程在本报告期末总体执行情况的书面报告，也是业主了解、确认、监督监理工作的重要依据。监理月报还应上报监理单位。水利工程项目监理机构每月以《监理月报》的形式向业主报告本月的监理工作情况。

监理月报的内容一般应包括以下方面：

(1) 合同履行情况，主要说明合同的履行概况、主要工程项目的变化情况。

(2) 工程进度情况，主要说明实际进度与计划进度、合同规定进度的比较。

(3) 工程财务情况，主要说明计量情况、合同金额和支付金额等。

(4) 施工现场情况，主要说明工程延误情况、工程质量情况及问题、工程进展中的主要问题与困难，如施工中重大质量事故，重大索赔事件，材料、设备的使用情况及困难，组织协调方面的困难，异常天气的影响等。

(5) 监理的情况，主要说明监理人员的配备、监理工作的实施及效果、承包商对监理程序的执行等。

表 4-1　　　　　　　　　　监理月报（××年×月）
　　　　　　　　　　　　　（监理［××］月报××号）

合同名称：××水利工程施工监理合同　　　　　　　　　　　　合同编号：××-×

致：××水利水电开发总公司 　　现呈报我方编写的××年×月监理月报，请贵方审阅。 　　随本监理月报一同上报以下附表： 　　（1）完成工程量月统计表。 　　（2）监理抽检情况月汇总表。 　　（3）工程变更月报表。 　　（4）其他。 　　　　　　　　　　　　　　　　　　　　　　监理机构：××监理公司××监理部 　　　　　　　　　　　　　　　　　　　　　　总监理工程师：××× 　　　　　　　　　　　　　　　　　　　　　　日　　　期：××年×月×日
今已收到××监理公司××监理部（监理机构全称）所报 ××年×月 的监理月报及附件共×份。 　　　　　　　　　　　　　　　　　　　　　　发包人：××水利水电开发总公司（盖章） 　　　　　　　　　　　　　　　　　　　　　　签收人：××× 　　　　　　　　　　　　　　　　　　　　　　日　　　期：××年×月×日

注　监理月报一式×份，由监理机构填写，每月5日前报发包人。发包人签收后，监理机构、发包人各1份。

四、监理会议纪要

监理会议纪要应由项目监理机构根据会议记录整理而成，经总监理工程师审阅，与会各方代表会签。会议记录要真实、准确，同时必须得到监理工程师及承包商的同意。同意的方式可以是在会议记录上签字，也可以在下次会议上对记录取得口头认可。

1. 第一次工地会议

第一次工地会议是在中标通知书发出后，监理工程师准备发出开工通知前召开，其目的是检查工程的准备情况，以确定开工日期，发出开工令。第一次工地会议由总监理工程师主持，业主、承包商、指定分包商、专业监理工程师等参加。各方准备工作的内容如下：

（1）监理单位准备工作的内容包括：现场监理组织的机构框图及各专业监理工程师、监理人员名单及职责范围；监理工作的例行程序及有关表格说明。

（2）业主准备工作的内容包括：派驻工地的代表名单以及业主的组织机构；工程占地、临时用地、临时道路、拆迁以及其他与工程开工有关的条件；施工许可证、执照的办理情况；资金筹集情况；施工图纸及其交底情况。

（3）承包商准备工作的内容包括：工地组织机构图表，参与工程的主要人员名单以及各种技术工人和劳动力进场计划表；用于工程的材料、机械的来源及落实情况；供材计划清单；各种临时设施的准备情况，临时工程建设计划；试验室的建立或委托试验室的资质、地点等情况；工程保险的办理情况，有关已办手续的副本；现场的自然条件、图纸、水准基点及主要控制点的测量复核情况；为监理工程师提供的设备准备情况；施工组织总设计及施工进度计划；与开工有关的其他事项。

2. 工地例会

工地例会也称经常性工地会议，是在开工后由监理工程师按照协商的时间定期组织召开的会议,其目的是分析、讨论工程建设中的实际问题,并作出决定。

参加工地例会的监理工程师和承包商应准备好会议资料。具体规定如下:

(1) 监理工程师应准备以下资料:上次工地会议的记录;承包商对监理程序执行情况分析资料;施工进度的分析资料;工程质量情况及有关技术问题的资料;合同履行情况分析资料;其他相关资料。

(2) 承包商应准备以下主要资料:工程进度图表;气象观测资料;实验数据资料;观测数据资料;人员及设备清单;现场材料的种类、数量及质量;有关事项说明资料,如进度和质量分析、安全问题分析、技术方案问题、财务支付问题、其他需要说明的问题。

(3) 工地例会应由专人做会议记录。会议记录的内容一般应包括:会议时间、地点及会议程序;出席会议人员的姓名、职务及单位;会议提交的资料;会议中发言者的姓名及发言内容;会议的有关决定。

3. 专题会议

总监理工程师或专业监理工程师应根据需要及时组织专题会议,解决施工过程中的各种专项问题。

五、监理工作日志

监理工作日志(表4-2)是监理资料中重要的组成部分,是监理服务工作量和价值的体现,是工程实施过程中最真实的工作依据。监理日志以项目监理机构的监理工作为记载对象,从监理工作开始起至监理工作结束止,应由专人负责逐日记载。记载内容应保持连续和完整。监理日志应使用统一格式的《监理日志》,每册封面应标明工程名称、册号、记录时间段及建设、设计、施工、监理单位名称,并由总监理工程师签字。监理日志必须及时记录、整理,应做到记录内容齐全、详细、准确,真实反映当天的工程具体情况,技术用语规范,文字简练明了。

表4-2　　　　　　　　　　监　理　工　作　日　志

填写人:×××　　　　　　　　　　　　　　　　　　　　　日期:××年×月×日

天　气	白天	晴	夜晚	多云
施工部位、施工内容、施工形象				
施工质量检验、安全作业情况				
施工作业中存在的问题及处理情况				
承包人的管理人员及主要技术人员到位情况				
施工机械投入运行和设备完好情况				
其他				

注　本表由监理机构指定专人填写,按月装订成册。

1. 监理员工作日志

监理员工作日志一般应按固定格式填写,并送交驻地监理工程师审阅,驻地监理工程师如果对监理员的处理决定有不同意见,可以及时纠正。其主要内容应包括:工程施工部位及施工内容;现场施工人员、管理人员及设备的使用情况;完成的工作量及工程进度;工程质量情况;施工中存在的问题及处理经过;材料进场情况;当天的综合评价;其他方面有关情况。

2. 驻地监理工程师工作日志

驻地监理工程师工作日志一般不采用固定格式，其内容一般应包括以下内容：总监理工程师的指示以及与总监理工程师的口头协议；对承包商的主要指示；与承包商达成的协议；对监理员的指示；工程中发生的重大事件及处理过程；现场发生纠纷的解决办法；与工程有关的其他方面问题。

六、监理工作总结

监理工作的最后环节是进行监理工作总结。总监理工程师应带领全体项目监理人员对监理工作进行全面、认真的总结。监理工作总结应由总监理工程师主持编写并审批，它包括两部分：一是向业主提交的监理工作总结；二是向监理单位提交的监理工作总结。

任务四 工程进度控制文件资料

一、工程进度控制内容

(1) 总监理工程师审批承包单位报送的施工总进度计划。

(2) 总监理工程师审批承包单位编制的年、季、月度施工进度计划。

(3) 专业监理工程师对进度计划实施情况检查、分析。

(4) 当实际进度符合计划进度时，应要求承包单位编制下一期进度计划；当实际进度滞后于计划进度时，专业监理工程师应书面通知承包单位采取纠偏措施并监督实施。

二、工程进度控制监理工作程序

水利工程施工进度控制监理工作程序框图如图 4-2 所示。

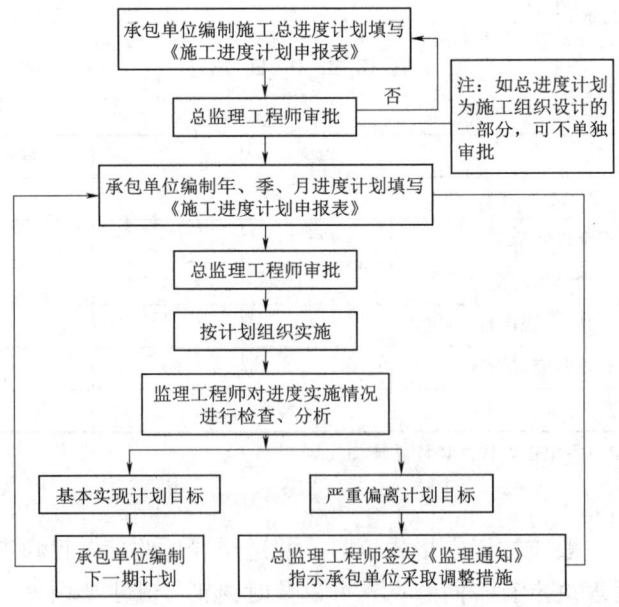

图 4-2 水利工程施工进度控制监理工作程序框图

三、工程进度计划审批

承包单位应根据建设工程施工合同的约定，按时编制施工总进度计划、年进度计划、季进度计划、月进度计划，并按时填写《施工进度计划报审表》，报项目监理部审批。监理工程师应根据本工程的条件（工程的规模、质量标准、复杂程度、施工的现场条件等）及施工队伍的条件，全面分析承包单位编制的施工总进度计划的合理性、可行性。

四、进度调整与工程延期

（1）发现工程进度严重偏离计划时，总监理工程师应组织监理工程师进行原因分析，召开各方协调会议，研究应采取的措施，并应指令承包单位采取相应调整措施，保证合同约定目标的实现。

（2）总监理工程师应在监理月报中向建设单位报告工程进度和所采取的控制措施的执行情况，提出合理预防由建设单位原因导致的工程延期及相关费用索赔的建议。必须延长工期时，应要求承包单位填报《延长工期申报表》，报项目监理部。

（3）总监理工程师指定专业监理工程师收集与延期有关的资料，初步审查《延长工期申报表》是否符合有关规定。在初步确定延期时间后，与承包单位及建设单位进行协商。

（4）工程延期审批的依据。承包单位延期申请成立并获得总监理工程师批准的依据如下。

1) 工期拖延事件是否属实，强调实事求是。

2) 是否符合本工程施工合同规定。

3) 延期事件是否发生在工期网络计划图的关键线路上，即延期是否有效合理。

4) 延期天数的计算是否正确，证据资料是否充足。

上述四条中，只有同时满足前三条，延期申请才能成立。至于时间的计算，监理工程师可根据自己的记录，做出公正合理的计算。

（5）在影响工期事件结束，承包单位提出最后一个《延长工期申报表》批准后，项目监理部应详细研究评审影响工期事件全过程对工程总工期的影响后，批准承包单位的有效延期时间，并签发《延长工期审批表》。工程最终延期时间应是承包单位最后一个延期批准后的累计时间，但并不是每一项延期时间的累加。如果后批准的延期内容包含前一个批准延期内容，则前一项延期的时间不能予以累计。

（6）总监理工程对承包单位提出的延期申请进行审批时，应注意以下问题。

1) 关键线路并不是固定的，随着工程进展，它是动态变化的。

2) 关键线路的确定，必须是依据最新批准的工程进度计划。

（7）总监理工程师在签认《延长工期审批表》前，应与建设单位、承包单位协商，并与费用索赔一并考虑处理。

五、工程进度控制资料用表

工程进度控制资料主要有《施工进度计划申报表》（表4-3）、《合同项目开工申请表》（表4-4）、《分部工程开工申请表》（表4-5）、《合同项目开工令》（表4-6）、《分部工程开工通知》（表4-7）等。

表 4-3　　　　　　　　　　　**施工进度计划申报表**

（承包〔××〕进度×号）

合同名称：××水利施工合同　　　合同编号：×××　　承包人：××市第×水利水电工程局

致：　　　　　　　　　　　　　　　　　　　　　　　　　　　　　　（监理机构）

我方今提交 ＿＿××河道××水利（××-×）＿＿ 工程（名称及编码）的：

☑ 工程总进度计划

□ 工程年进度计划

□ 工程月进度计划

□ 请贵方审查。

附件：

(1) 施工进度计划。

(2) 图表、说明书共 ＿×＿ 页。

　　　　　　　　　　　　　　　　　　承 包 人：××市第×水利水电工程局（盖章）

　　　　　　　　　　　　　　　　　　项目经理：×××

　　　　　　　　　　　　　　　　　　日　　期：××年×月×日

监理机构将另行签发审批意见。

　　　　　　　　　　　　　　　　　　监理机构：××监理公司××监理部（盖章）

　　　　　　　　　　　　　　　　　　签 收 人：×××

　　　　　　　　　　　　　　　　　　日　　期：××年×月×日

注　本表一式×份，由承包人填写，监理机构审核后，随同审批意见承包人、监理机构、发包人、设代机构各1份。

表 4-4　　　　　　　　　　　**合同项目开工申请表**

（承包〔××〕合开工×号）

合同名称：××水利施工合同　　　合同编号：××-×　　承包人：××市第×水利水电工程局

致：　　　　　　　　　　　　　　　　　　　　　　　　　　　　　　（监理机构）

我方承担的××水利施工合同项目工程，已完成了各项准备工作，具备了开工条件，现申请开工，请审核。

附件：

(1) 开工申请报告。

(2) 已具备的开工条件证明文件。

　　　　　　　　　　　　　　　　　　承 包 人：××市第×水利水电工程局（盖章）

　　　　　　　　　　　　　　　　　　项目经理：×××

　　　　　　　　　　　　　　　　　　日　　期：××年×月×日

审核批准后另行签发开工令。

　　　　　　　　　　　　　　　　　　监理机构：××监理公司××监理部（盖章）

　　　　　　　　　　　　　　　　　　签 收 人：×××

　　　　　　　　　　　　　　　　　　日　　期：××年×月×日

注　本表一式×份，由承包人填写，监理机构审核后，随同审批意见承包人、监理机构、发包人、设代机构各1份。

表 4-5　　　　　　　　　　　　　分部工程开工申请表
（承包〔××〕分开工×号）

合同名称：××水利施工合同　　　　合同编号：××-×　　承包人：××市第×水利水电工程局

申请开工分部工程名称、编码		××水利工程2号堤防（××-×）	
申请开工日期	××年×月×日	计划工期	××年×月×日至××年×月×日

承包人施工准备工作自检记录	序号	检查内容	检查结果
	1	施工图纸、技术标准、施工技术交底情况	资料完整
	2	主要施工设备到位情况	设备到位
	3	施工安全和质量保证措施落实情况	具备安全保护措施
	4	建筑材料、成品、半成品、构配件质量及检验情况	进场材料已通过试验检测可以开始施工
	5	现场管理、劳动组织及人员组合安排情况	人员已经到位，资格证、上岗证齐全
	6	风、水、电等必需的辅助生产设施准备情况	具备开工条件
	7	场地平整、交通、临时设施准备情况	具备开工条件
	8	测量及试验情况	附施工放样报验单

附件： ☑分部工程施工工法 ☑分部工程进度计划 ☑施工放样报验单. 本分部工程已具备开工条件，施工准备已就绪，请审批。 　　　　　　　　　　　　　　　　　　　　　承 包 人：××市第×水利水电工程局（盖章） 　　　　　　　　　　　　　　　　　　　　　项目经理：××× 　　　　　　　　　　　　　　　　　　　　　日　　期：××年×月×日
开工申请通过审核后另行签发开工通知。 　　　　　　　　　　　　　　　　　　　　　监理机构：××监理公司××监理部（盖章） 　　　　　　　　　　　　　　　　　　　　　签 收 人：××× 　　　　　　　　　　　　　　　　　　　　　日　　期：××年×月×日

注　本表一式×份，由承包人填写，监理机构审核后，随同"分部工程开工通知"送承包人、监理机构、发包人、设代机构各1份。

表 4-6　　　　　　　　　　　　　合同项目开工令
（监理〔××〕合开工×号）

合同名称：××水利施工合同　　　　合同编号：××-×　　监理机构：××监理公司××监理部

致：　　　（承包人） 　　你方××年×月×日报送的××河道××水利工程项目开工申请（承包〔××〕合开工×号）已经通过审核。你方可从即日起，按施工计划安排开工。 　　本开工令确定此合同的实际开工日期为××年×月×日。 　　　　　　　　　　　　　　　　　　　　　监理机构：××监理公司××监理部（盖章） 　　　　　　　　　　　　　　　　　　　　　总监理工程师：××× 　　　　　　　　　　　　　　　　　　　　　日　　期：××年×月×日
今已收到合同项目的开工令。 　　　　　　　　　　　　　　　　　　　　　承 包 人：××市第×水利水电工程局（盖章） 　　　　　　　　　　　　　　　　　　　　　项目经理：××× 　　　　　　　　　　　　　　　　　　　　　日　　期：××年×月×日

注　本表一式×份，由监理机构填写，承包人、监理机构、发包人、设代机构各1份。

表 4-7　　　　　　　　　　　分 部 工 程 开 工 通 知
(监理〔××〕分开工×号)

合同名称：××水利施工合同　　合同编号：××-×　　监理机构：××监理公司××监理部

致：　　　　　　　　　　　　　　　　　　　　　　　　　　　　　　　　（承包人）	
你方××年×月×日报送的××水利工程2号堤防分部工程（编码为××-×）开工申请表（承包〔××〕分开工×号）已经通过审查。此开工通知确定该分部工程的开工日期为××年×月×日。 　　　　　　　　　　　　　　　　　　　　　监理机构：××监理公司××监理部（盖章） 　　　　　　　　　　　　　　　　　　　　　总监理工程师：××× 　　　　　　　　　　　　　　　　　　　　　日　　　期：××年×月×日	
今已收到××水利工程2号堤防分部工程（编码为：××-×）的开工通知。 　　　　　　　　　　　　　　　　　　　　　承　包　人：××市第×水利水电工程局（盖章） 　　　　　　　　　　　　　　　　　　　　　项目经理：××× 　　　　　　　　　　　　　　　　　　　　　日　　　期：××年×月×日	

注　本表一式×份，由监理机构填写，承包人、监理机构、发包人、设代机构各1份。

承包单位根据现场实际情况达到开工条件时，应向项目监理部申报《合同项目开工申请表》。监理工程师应审核承包单位报送的开工申请表及相关资料，具备开工条件时，由总监理工程师签署审批结论，并报建设单位。

任务五　工程质量控制文件资料

一、质量控制原则

(1) 对工程项目施工全过程全方位实施质量控制，以质量预控为重点。

(2) 对工程项目的人、机、料、法、环等因素进行全面的质量控制，监督承包单位的质量管理体系、技术管理体系和质量保证体系落实到位。

(3) 严格要求承包单位执行有关材料、施工试验制度和设备检验制度。

(4) 检验不合格的建筑材料、构配件和设备不准在工程上使用。

(5) 检验本工序质量不合格或未进行验收的不予签认，下一道工序不得施工。

二、工程质量控制程序

工程质量控制程序如图4-3、图4-4所示。

三、工程质量事前控制

(1) 工程施工质量控制应以事前控制为主，采用必要的检查、量测和试验手段，以验证施工质量。对工程的某些关键工序和重点部位进行旁站监理。

(2) 专业监理工程师应对承包单位报送的《工程材料/构配件/设备报验单》及其质量证明资料进

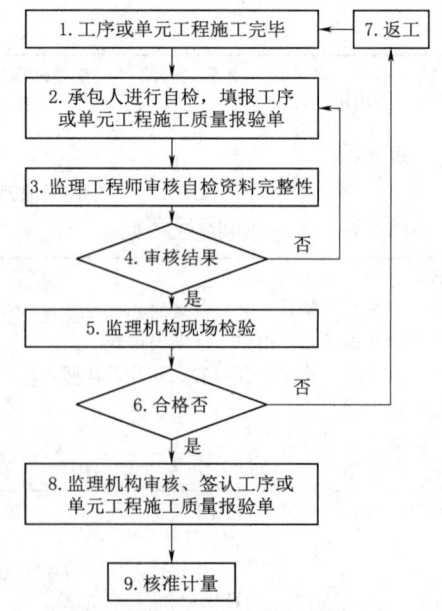

图 4-3　工程质量控制程序图 (1)

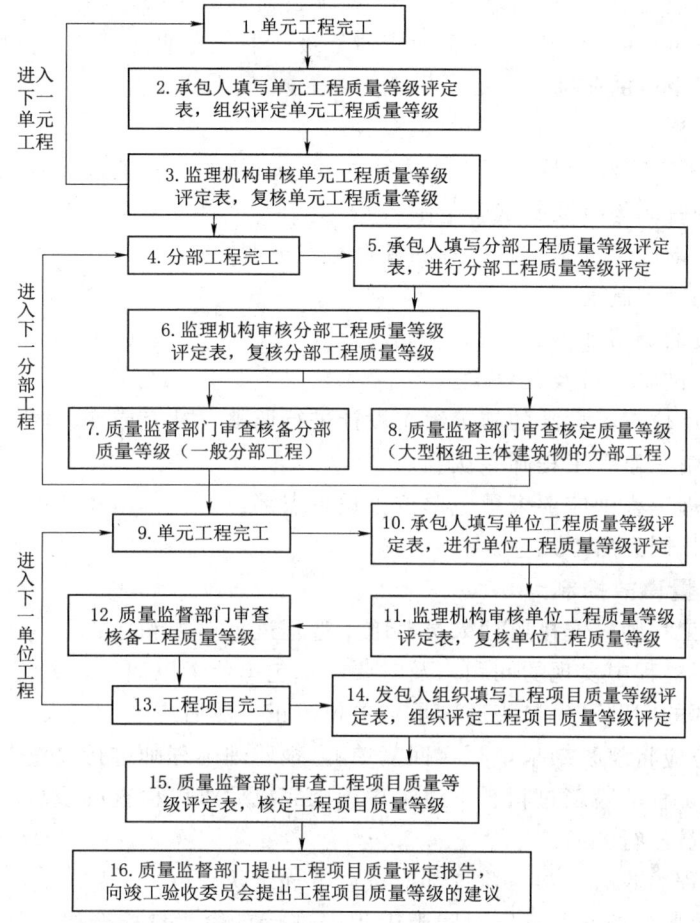

图 4-4 工程质量控制程序图（2）

行审核，并对进场的实物按照委托监理合同约定或有关工程质量管理文件规定的比例采用平行检验或见证取样方式进行抽检。未经监理人员验收或验收不合格的工程材料、构配件、设备，监理人员应拒绝签认，并应签发监理工程师通知单，书面通知承包单位限期将不合格的工程材料、构配件、设备撤出现场。

（3）当承包单位采用新材料、新工艺、新技术、新设备时，专业监理工程师应要求承包单位报送相应的施工工艺措施和证明材料，组织专题论证，经审定后予以签认。

（4）专业监理工程师应核查承包单位的质量管理体系，重点核查以下内容。

1）核查承包单位的机构设置、人员配备、职责与分工的落实情况。

2）督促各级专职质量检查人员的配备。

3）查验各级管理人员及专业操作人员的持证情况。

4）检查承包单位质量管理制度是否健全。

（5）分包工程开工前，专业监理工程师应审查承包单位报送的分包单位资质报审表和分包单位资质材料，符合有关规定后，由总监理工程师予以签认。专业监理工程师应审查分包单位的资质，其中包括以下内容。

1) 承包单位填写《施工分包申报表》，报项目监理部审查。
2) 核查分包单位的营业执照、企业资质等级证书、专业许可证、岗位证书等。
3) 核查分包单位的业绩。
4) 经审查合格，签批《施工分包申报表》。

(6) 专业监理工程师应从以下五个方面对承包单位的试验室进行考核。
1) 试验室的资质等级及其试验范围。
2) 法定计量部门对试验设备出具的计量检定证明。
3) 试验室的管理制度。
4) 试验人员的资格证书。
5) 本工程的试验项目及其要求。

(7) 当承包单位对已批准的施工组织设计进行调整、补充或变动时，应经专业监理工程师审查，并应由总监理工程师签认。

(8) 专业监理工程师应要求承包单位报送重点部位、关键工序的施工工艺和确保工程质量的措施，审核同意后予以签认。

四、工程质量事故控制

(1) 总监理工程师应安排监理人员对施工过程进行巡视和检查。
1) 应对巡视过程中发现的问题，及时要求承包单位予以纠正，并记入监理日志。
2) 对所发现的问题可先口头通知承包单位改正，然后应及时签发《监理通知单》。
3) 承包单位应将整改结果填写《回复单》，报监理工程师进行复查。

(2) 对隐蔽工程的隐蔽过程、下道工序施工完成后难以检查的重点部位，专业监理工程师应安排监理员进行旁站。

(3) 隐蔽工程验收时，项目监理部应按以下规定执行。
1) 要求承包单位按有关规定对隐蔽工程先进行自检，自检合格，将《隐蔽工程施工质量报验单》报送项目监理部。
2) 应对《隐蔽工程施工质量报验单》的内容到现场进行检测、核查。
3) 对隐检不合格的工程，应填写《整改通知》，要求承包单位整改，合格后再予以复查；对隐检合格的工程，应签认《隐蔽工程施工质量报验单》，并准予进行下一道工序。

(4) 分部工程验收时，项目监理部应要求承包单位在分部工程完成后，填写《单元工程施工质量报验单》，总监理工程师根据已签认的分部工程质量验收结果签署验收意见。

(5) 分项工程验收时，要求承包单位在一个检验批或分项工程完成并自检合格后，填写《单元工程施工质量报验单》报项目监理部。项目监理部应对报验的资料进行审查，并到施工现场进行抽检、核查。对符合要求的分项工程，应予以签认；对不符合要求的，填写《整改通知》，要求承包单位整改。经返工或返修的分项工程应重新进行验收。

五、工程质量事故处理

(1) 对施工过程中出现的质量缺陷，专业监理工程师应及时下达《监理通知单》，要求承包单位整改，并检查整改结果。

(2) 监理人员发现施工存在重大质量隐患，可能造成质量事故或已经造成质量事故，应通过总监理工程师及时下达《暂停施工通知》，要求承包单位停工整改。整改完毕并经监理人员复查，符合规定要求后，总监理工程师应及时签署《复工申请表》。

（3）对需要返工处理或加固补强的质量事故，总监理工程师应责令承包单位报送质量事故调查报告和经设计单位等相关单位认可的处理方案，项目监理机构应对质量事故的处理过程和处理结果进行跟踪检查和验收。

（4）总监理工程师应及时向建设单位及本监理单位提交有关质量事故的书面报告，并应将完整的质量事故处理记录整理归档。

任务六　工程造价控制文件资料

一、工程造价控制原则

（1）应严格执行建设工程施工合同中所约定的合同价、单价、工程量计算规则和工程款支付方法。

（2）应坚持对报验资料不全、与合同文件的约定不符、未经监理工程师质量验收合格或有违约的工程量不予计量和审核，拒绝该部分工程款的支付。

（3）处理由于工程变更和违约索赔引起的费用增减应坚持合理、公正。

（4）对有争议的工程量计量和工程款支付，应采取协商的方法确定，在协商无效时，由总监理工程师作出决定。若仍有争议，可执行合同争议调解的基本程序。

（5）对工程量及工程款的审核应在建设工程施工合同所约定的时限内。

二、工程造价控制程序

工程造价控制程序框图如图4-5所示。

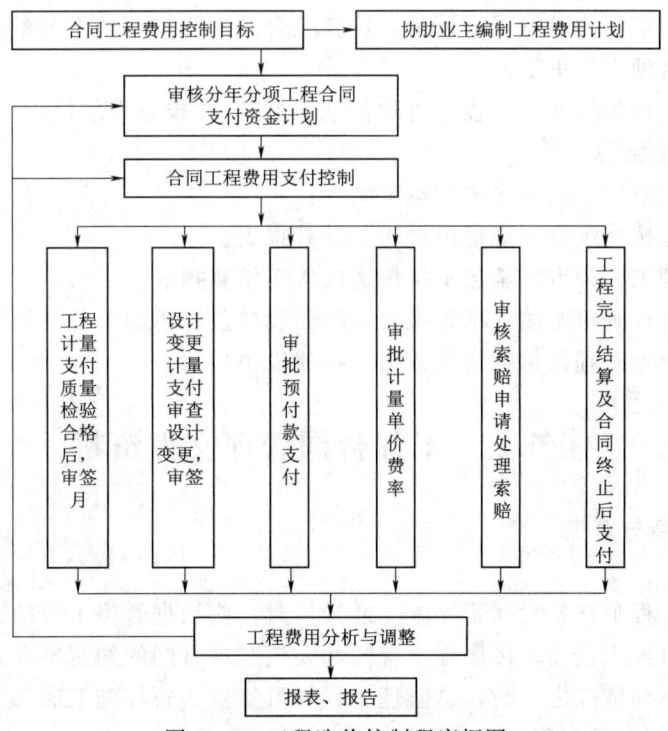

图4-5　工程造价控制程序框图

三、工程造价控制方法

（1）项目监理机构应依据施工合同有关条款、施工图，对工程项目造价目标进行风险分析，并应制定防范性对策。

（2）总监理工程师应从造价、项目的功能要求、质量和工期等方面审查工程变更的方案，并宜在工程变更实施前与建设单位、承包单位协商确定工程变更的价款。

（3）项目监理机构应按施工合同约定的工程量计算规则和支付条款进行工程量计量和工程款支付。

（4）专业监理工程师应及时建立月完成工程量和工程量统计表，对实际完成量与计划完成量进行比较、分析，制定调整措施，并应在监理月报中向建设单位报告。

（5）专业监理工程师应及时收集、整理有关的施工和监理资料，为处理费用索赔提供证据。

（6）项目监理机构应及时按施工合同的有关规定进行竣工结算，并应对竣工结算的价款总额与建设单位和承包单位进行协商。当无法协商一致时，应按相关规定进行处理。

（7）未经监理人员质量验收合格的工程量，或不符合施工合同规定的工程量，监理人员应拒绝计量和该部分的工程款支付申请。

四、工程款支付

项目监理机构应按下列程序进行工程计量和工程款支付工作：

（1）承包单位统计经专业监理工程师质量验收合格的工程量，按施工合同的约定填报工程量清单和《工程预付款申报表》。

（2）专业监理工程师进行现场计量，按施工合同的约定审核工程量清单和工程款支付申请表，并报总监理工程审定。

（3）总监理工程师签署《工程预付款付款证书》，并报建设单位。

五、工程竣工结算

项目监理机构应按下列程序进行竣工结算：

（1）承包单位按施工合同规定填报竣工结算报表。

（2）专业监理工程师审核承包单位报送的竣工结算报表。

（3）总监理工程师审定竣工结算报表，与建设单位、承包单位协商一致后，签发竣工结算文件和最终的《工程预付款付款证书》报建设单位。

任务七　工程合同管理文件资料

一、工程暂停与复工

1. 管理规定

（1）总监理工程师在签发《暂停施工通知》时，应根据暂停工程的影响范围和影响程度，确定工程项目停工范围，按照施工合同和委托监理合同的约定签发。

（2）在发生下列情况之一时，总监理工程师可签发《暂停施工通知》。

1）建设单位要求且工程需要暂停施工。

2）由于出现了工程质量问题，必须进行停工处理。
3）施工出现了质量或安全隐患，总监理工程师认为有必要停工以消除隐患。
4）发生了必须暂停施工的紧急事件。
5）承包单位未经许可擅自施工，或拒绝项目监理机构管理。

（3）监理人员发现施工存在重大质量隐患，可能造成质量事故或已造成质量事故时，应通知总监理工程师及时下达工程暂停令，要求承包单位停工整改。整改完毕并经监理人员复查，符合规定要求后，总监理工程师应及时签署《工程复工报审表》。

（4）由于非承包单位且非上述第（2）条中2）～5）款原因时，总监理工程师在签发《暂停施工通知》之前，应就有关工期和费用等事宜与承包单位进行协商。

（5）由于建设单位原因，或其他非承包单位原因导致工程暂停时，项目监理机构应如实记录所发生的实际情况。总监理工程师应在施工暂停原因消失，具备复工条件时，及时签署《复工通知》，指令承包单位继续施工。

（6）由于承包单位原因导致工程暂停，在具备恢复施工条件时，项目监理机构应审查承包单位报送的复工申请及有关材料，同意后由总监理工程师签署《工程复工报审表》，指令承包单位继续施工。

（7）总监理工程师在签发《暂停施工通知》到签发《复工通知》之间的时间内，宜会同有关各方按照施工合同的约定，处理因工程暂停引起的与工期、费用等有关的问题。

（8）工程暂停期间，应要求承包单位保护该部分或全部工程免遭损失或损害。

2. 管理程序

工程暂停及复工管理程序框图如图4-6所示。

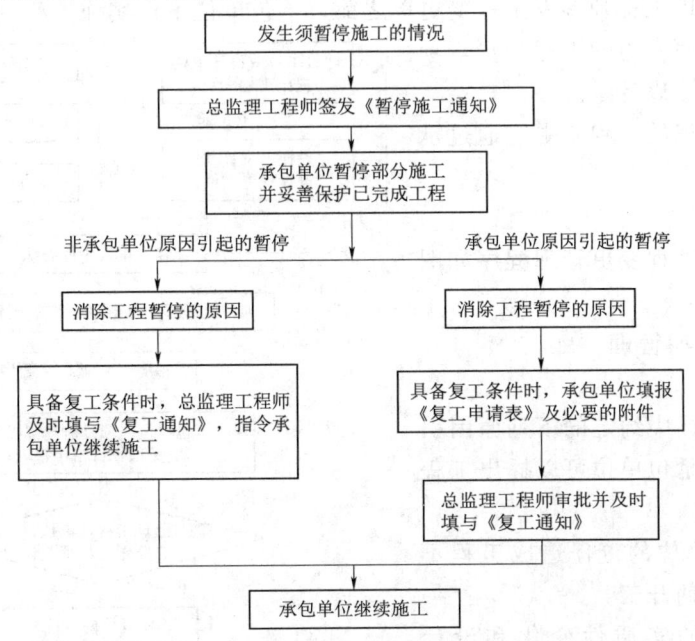

图4-6 工程暂停及复工管理程序框图

二、工程变更管理

1. 管理规定

（1）设计单位因原设计存在缺陷提出的工程变更，应编制设计变更文件。建设单位或承包单位提出的工程变更，应提交总监理工程师，由总监理工程师组织专业监理工程师审查同意后，应由建设单位转交原设计单位编制设计变更文件。

（2）项目监理机构应了解实际情况并收集与工程变更有关的资料。

（3）总监理工程师必须根据实际情况、设计变更文件和其他有关资料，按照施工合同的有关条款，对工程变更的费用和工期作出评估。

（4）总监理工程师应就工程变更费用及工期的评估情况与承包单位和建设单位进行协调。项目监理机构处理工程变更应符合下列要求。

1）项目监理机构在工程变更的质量、费用和工期方面取得建设单位授权后，应按施工合同规定与承包单位进行协商，协商一致后，总监理工程师应将协商结果向建设单位通报，并由建设单位与承包单位在变更文件上签字。

2）在项目监理机构未能就工程变更的质量、费用和工期方面取得建设单位授权时，总监理工程师应协助建设单位和承包单位进行协商，并达成一致。

3）在建设单位和承包单位未能就工程变更的费用等方面达到协议时，项目监理机构应提出一个暂定的价格，作为临时支付工程进度款的依据。该项工程款最终结算时，应以建设单位和承包单位达成的协议为依据。

（5）总监理工程师签发工程变更单。工程变更单的内容应包括工程变更要求、工程变更说明、工程变更费用和工期、必要的附件等内容，有设计变更文件的工程变更应附设计变更文件。

（6）在总监理工程师签发工程变更单之前，承包单位不得实施工程变更。未经总监理工程师审查同意而实施的工程变更，项目监理机构不得予以计量。

（7）分包工程的工程变更应通过承包单位办理。

2. 管理程序

监理机构对工程变更管理程序如图4-7所示。

三、工程延期管理

1. 管理规定

（1）由于合同中约定的下列原因引起的工期延长，承包单位可以提出工程延期申请。

1）非承包单位的责任造成工程不能按合同约定日期开工。

2）工程量的实质性变化和设计变更。

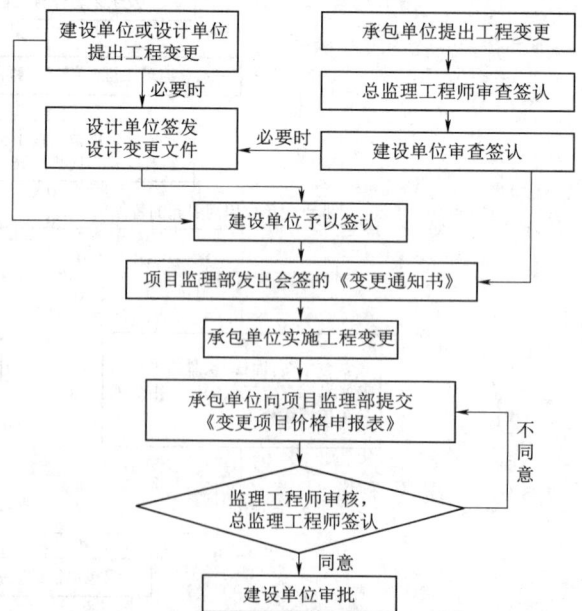

图4-7 监理机构对工程变更管理程序

3) 非承包单位原因停水、停电(地区限电除外)、停气造成停工时间超过合同的约定。

4) 国家或有关部门正式发布的不可抗力事件。

5) 异常不利的气候条件,建设单位同意工期相应顺延的其他情况。

(2) 当承包单位提出工程延期要求符合施工合同文件的规定条件时,项目监理机构应予以受理。承包单位提出工程延期申请必须同时满足以下三项条件。

1) 工程延期事件发生后,承包单位在合同约定的期限内向项目监理部提交了书面的工程延期意向报告。

2) 承包单位按合同约定,提交了有关工程延期事件的详细资料和证明材料。

3) 工程延期事件终止后,承包单位在合同约定的期限内,向项目监理部提交了《工程延期申请表》。

(3) 项目监理部评估工程延期的原则。

1) 工程延期事件属实。

2) 工程延期申请依据的合同条款准确。

3) 工程延期事件必须发生在被批准的网络进度计划的关键线路上。

(4) 项目监理机构在审查工程延期时,应依下列情况确定批准工程延期的时间。

1) 施工合同中有关工程延期的约定。

2) 工期拖延和影响工期事件的事实和程度。

3) 影响工期事件对工期影响的量化程度。

(5) 当影响工期事件具有持续性时,项目监理机构可在收到承包单位提交的阶段性工程延期申请表并经过审查后,先由总监理工程师签署《延长工期申报表》并通报建设单位。

(6) 当承包单位提交最终的工程延期申请表后,项目监理机构应复查工程延期及临时延期情况,并由总监理工程师签署《延长工期审批表》。

(7) 项目监理机构在作出临时工程延期批准或最终的工程延期批准之前,均应与建设单位和承包单位进行协商。

(8) 当承包单位未能按照施工合同要求的工期竣工交付造成工期延误时,项目监理机构应按施工合同规定从承包单位应得款项中扣除误期损害赔偿费。

(9) 总监理工程师应严格遵守施工合同中约定的处理工程延期的各种时限要求。

2. 管理程序

监理机构对工程延期管理程序框图如图 4-8 所示。

3. 相关资料编制

工程监理过程中,工程延期管理资料主要包括《延长工期申报表》(表 4-8)等。

四、费用索赔的处理

1. 管理规定

(1) 监理单位应参与索赔的处理过程,审核索赔报告,批准合理的索赔或驳回承包单位不合理的索赔要求或索赔要求中不合理的部分,使索赔得到圆满解决。

(2) 承包单位提出费用索赔要求时,应满足以下条件。

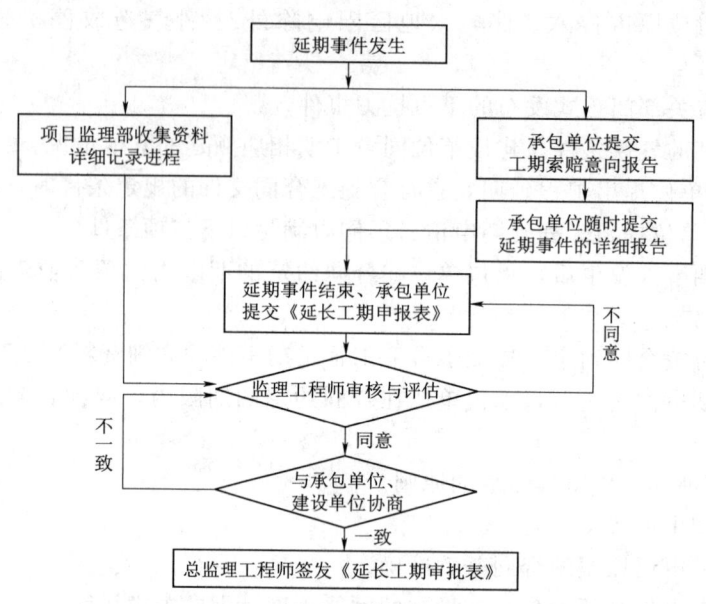

图 4-8 监理机构对工程延期管理程序框图

表 4-8　　　　　　　　　延 长 工 期 申 报 表

（承包〔××〕延期×号）

合同名称：××水利施工合同　　　　　　　　　　　　　　　　　合同编号：××-×

承包人：××市第×水利水电工程局

致：　　　　　　　　　　　　　　　　　　　　　　　　　　　　　　（监理机构） 　　根据施工合同约定及相关规定，由于本申报表附件所列原因，我方要求对所申报的××河堤工程项目工期延长<u>×</u>天，合同项目工期顺延<u>×</u>天，完工日期从<u>××</u>年<u>×</u>月<u>×</u>日延至<u>××</u>年<u>×</u>月<u>×</u>日，请审批。 　　附件： 　　(1) 延长工期申请报告（说明原因、依据、计算过程及结果等）。 　　(2) 证明材料。 　　　　　　　　　　　　　　　　　　　　　　承包人（盖章）：××市第×水利水电工程局 　　　　　　　　　　　　　　　　　　　　　　项 目 经 理：××× 　　　　　　　　　　　　　　　　　　　　　　日　　　　期：××年×月×日
监理机构将另行签发审核意见。 　　　　　　　　　　　　　　　　　　　　　　监理机构（盖章）：××监理公司××监理部 　　　　　　　　　　　　　　　　　　　　　　签 收 人：××× 　　　　　　　　　　　　　　　　　　　　　　日　　　　期：××年×月×日

注　本表一式<u>×</u>份，由承包人填写，监理机构审核后，随同审核意见承包人、监理机构、发包人、设代机构各1份。

　　1) 索赔事件是由于非承包单位的责任发生，且确实给承包单位造成了直接经济损失。
　　2) 承包单位已按施工合同规定期限和程序提出《索赔申请报告》，附有索赔凭证材料。
　　(3) 项目监理机构受理索赔申请后，应依据国家有关法律、法规、施工合同文件以及施工合同履行过程中与索赔事件相关的凭证进行处理。
　　(4) 项目监理机构收到承包单位在合理期限内提出的费用索赔意向通知书后，应指定专业监理工程师负责收集与索赔有关的资料。

（5）承包单位应在承包合同规定的期限内向项目监理机构提交对建设单位的《索赔申请报告》。总监理工程师应对其进行初步审查，符合受理条件的应予以受理。

（6）承包单位向建设单位提出费用索赔，项目监理机构应按下列程序处理。

1）监理机构在施工合同规定的期限内收到了承包单位向建设单位提交的费用索赔意向报告。总监理工程师指定专业监理工程师收集与索赔有关的资料。

2）承包单位在施工合同规定的期限内向项目监理机构提交对建设单位的《费用索赔申请表》。

3）总监理工程师初步审查《费用索赔申请表》，符合费用索赔条件时予以受理。

4）总监理工程师进行费用索赔审查，并在初步确定一个额度后，与承包单位和建设单位进行协商。

（7）进行费用索赔审查时，总监理工程师先初步确定一个额度，然后再与承包单位及建设单位进行协商。达成一致意见的，总监理工程师应在施工合同规定的期限内签署《费用索赔审核表》；如不能达成一致，总监理工程师可在施工合同规定的期限内，要求承包单位提交有关索赔报告的进一步详细资料。然后再与建设单位和承包单位协商解决。

（8）当承包单位的费用索赔要求与工程延期要求相关联时，总监理工程师在作出费用索赔的批准决定时，应与工程延期的批准联系起来，综合作出费用索赔和工程延期的决定。

（9）由于承包单位的原因造成建设单位的额外损失，建设单位向承包单位提出费用索赔时，总监理工程师在审查索赔报告后，应公正地与建设单位和承包单位进行协商，并及时作出签复。

2. 管理程序

监理机构对费用索赔管理的程序如图4-9所示。

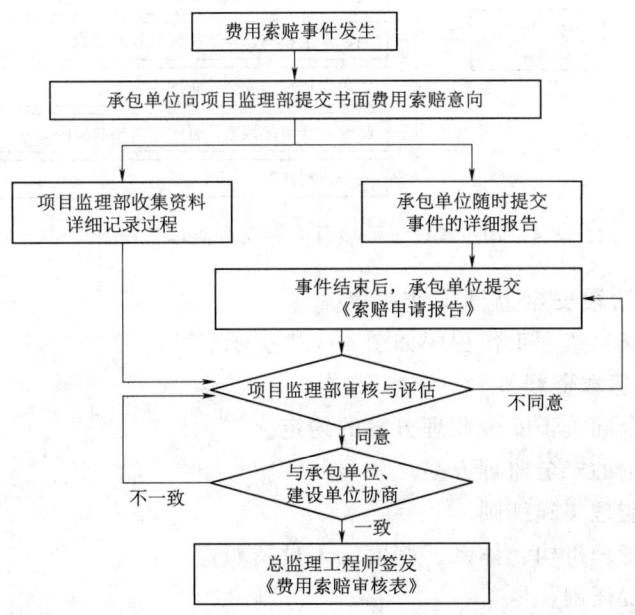

图4-9 监理机构对费用索赔管理程序

任务八　工程安全管理文件资料

一、建设工程项目施工安全监理工作要点图

建设工程项目施工安全监理工作要点图如图 4-10 所示。

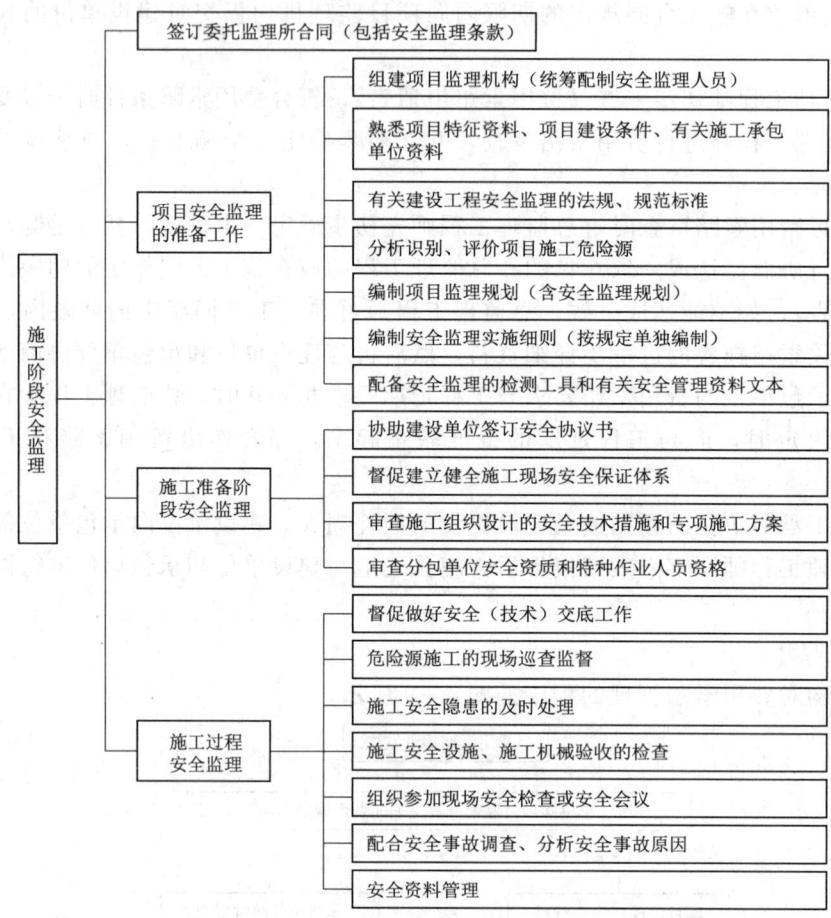

图 4-10　建设工程项目施工安全监理工作要点

二、施工准备阶段安全监理工作程序

施工准备阶段安全监理工作程序如图 4-11 所示。

三、安全监理基本资料

(1) 监理委托合同关于安全监理方案的约定。

(2) 监理规划中的安全监理方案。

(3) 专项安全监理实施细则。

(4) 安全监理管理机构、体系、制度、人员及职责。

(5) 安全生产责任制。

(6) 安全生产教育（培训、考核计划及执行记录）。

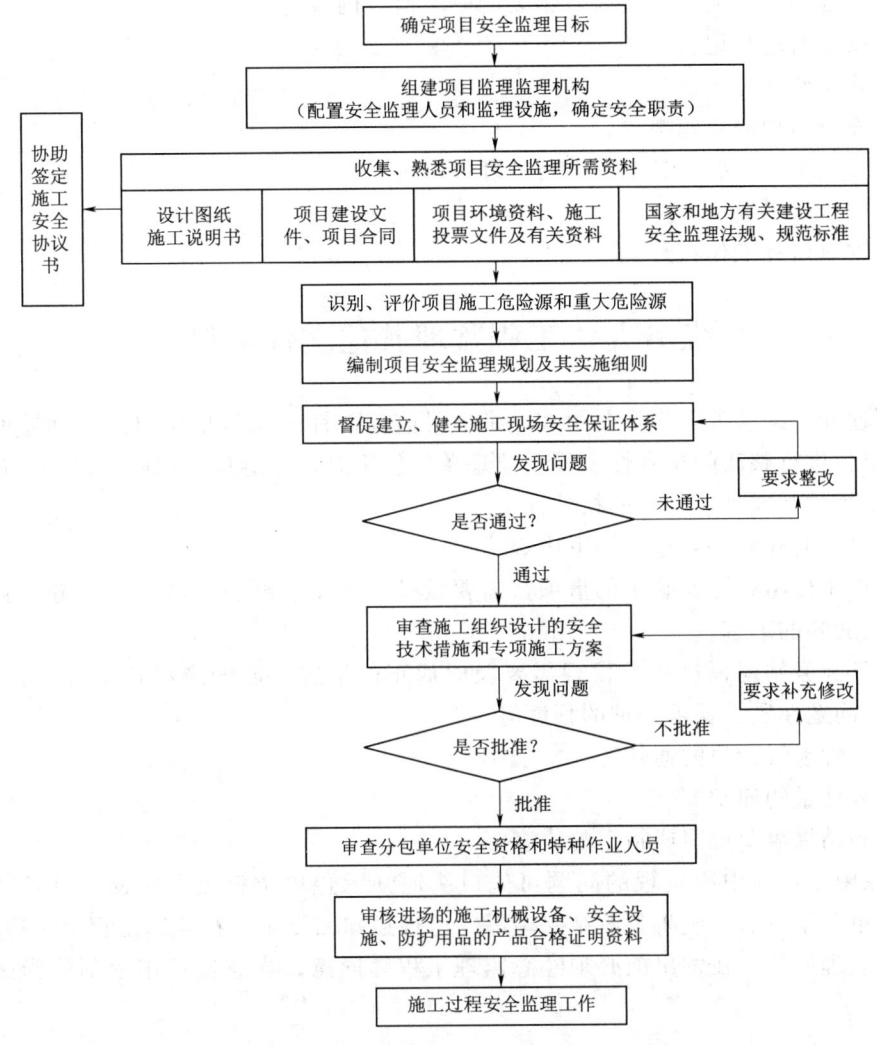

图 4-11 施工准备阶段安全监理工作程序

(7) 安全监理工作交底内容。
(8) 安全监理通知单。
(9) 安全监理通知回复单。
(10) 安全监理工作联系单。
(11) 有关安全生产的工程暂停令及复工令。
(12) 施工现场安全生产检查记录。
(13) 专项安全施工方案、施工机械、安全设施及安全交底检查情况。
(14) 专项安全施工方案，安全技术措施报审表。
(15) 施工机械、安全设施报验表。
(16) 施工单位的主要负责人、项目负责人、专职安全生产管理人员，特种作业人员资格报审表。

(17) 工地例会（或专项会议）纪要的安全监理内容。
(18) 安全监理日记。
(19) 安全监理月报。
(20) 安全监理的专题报告。
(21) 安全生产事故及其调查分析处理报告。
(22) 安全度汛资料。
(23) 安全监理工作总结。

任务九　工程监理其他文件资料

《监理通知》是监理工作重要用表，是项目监理部针对承包单位出现的问题而签发的要求承包单位进行整改的指令性文件。监理单位使用时，应避免出现两个极端：过滥或不发，并且要维护《监理通知》的权威性。

(1)《监理通知》一般包括如下内容。

1) 建设单位组织协调确定的事项，需要设计、施工、材料等各方面实施，且需由监理单位发出通知的事宜。

2) 监理在旁站巡视过程中发现需要及时纠正的事宜，通知应包括工程部位、地段、发现时间、问题性质、要求处理的程度等。

3) 季节性天气预报的通知。

4) 工程计量的通知。

5) 试验结果需要说明或指正的内容等。

(2) 在施工过程中所发现的问题可先口头通知承包单位整改，并及时签发《监理通知》。承包单位整改后，应将整改结果填写《监理通知回复单》报监理工程师进行审查。

(3)《监理通知》在发出前必须经总监理工程师同意，当总监理工程师认为必要时应签字确认。

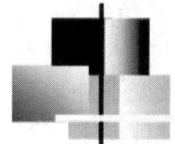

项目五

水利工程质量评定资料整编

【知识目标】 通过学习水利工程质量评定资料整编，能够了解水利工程施工质量评定统一标准；熟悉和理解各类评定表格格式与填写方法。

【能力目标】 能够根据实际施工项目，填写评定表格；具备完成工程质量评定资料整编的能力。

任务一　水利工程施工质量评定概述

水利工程质量，即是工程满足国家和水利行业相关标准及合同约定要求的程度，在安全、功能、适用、外观及环境保护等方面的特性总和。

质量检验是指通过检查、量测、试验等方法，对工程质量特性进行的符合性评价。质量评定是指将质量检验结果与国家和行业技术标准以及合同约定的质量标准所进行的比较活动。对于水利工程，要求按水利部 2025 年颁发的《水利水电建设工程验收规程》（SL/T 223—2025）进行质量评定。

水利工程质量评定应进行项目划分，项目按级划分为单位工程、分部工程、单元（工序）工程等三级。工程中永久性房屋（管理设施用房）、专用公路、专用铁路等工程项目，可按相关行业标准划分和确定项目名称。

一、施工质量标准

1. 合格标准

（1）合格标准是工程验收标准。不合格工程必须进行处理且达到合格标准后，才能进行后续工程施工或验收。水利工程施工质量等级评定主要依据有。

1）国家及相关行业技术标准。

2）《水利水电基本建设单元工程质量等级评定标准》。

3）经批准的设计文件、施工图纸、金属结构设计图样与技术条件、设计修改通知书、厂家提供的设备安装说明书及有关技术文件。

4）工程承发包合同中约定的技术标准。

5）工程施工期及试运行期的试验和观测分析成果。

（2）单元（工序）工程施工质量合格标准按照《水利水电基本建设单元工程质量等级评定标准》或合同约定的合格标准执行。当达不到合格标准时，应及时处理。处理后的质量等级应按下列规定重新确定。

1）全部返工重做的，可重新评定质量等级。

2) 经加固补强并经设计和监理单位鉴定能达到设计要求时，其质量评为合格。

3) 处理后的工程部分质量指标仍达不到设计要求时，经设计复核，项目法人及监理单位确认能满足安全和使用功能要求，可不再进行处理；或经加固补强后，改变了外形尺寸或造成工程永久性缺陷的，经项目法人、监理及设计单位确认能基本满足设计要求，其质量可认定为合格，但应按规定进行质量缺陷备案。

(3) 分部工程施工质量同时满足下列标准时，其质量评为合格。

1) 所含单元工程的质量全部合格，质量事故及质量缺陷已按要求处理，并经检验合格。

2) 原材料、中间产品及混凝土（砂浆）试件质量全部合格，金属结构及启闭机制造质量合格，机电产品质量合格。

(4) 单位工程施工质量同时满足下列标准时，其质量评为合格。

1) 所含分部工程质量全部合格。

2) 质量事故已按要求进行处理。

3) 工程外观质量得分率达到70%以上。

4) 单位工程施工质量检验与评定资料基本齐全。

5) 工程施工期及试运行期，单位工程观测资料分析结果均符合国家和行业技术标准以及合同约定的标准要求。

(5) 工程项目施工质量同时满足以下标准时，其质量评为合格。

1) 单位工程质量全部合格。

2) 工程施工期及试运行期，各单位工程观测资料分析结果均符合国家和行业技术标准以及合同约定的标准要求。

2. 优良标准

(1) 优良等级是为工程项目质量创优而设置。

(2) 单元工程施工质量优良标准按照《水利水电基本建设单元工程质量等级评定标准》以及合同约定的优良标准执行。全部返工重做的单元工程，经检验达到优良标准时，可评为优良。

(3) 分部工程施工质量同时满足下列标准时，其质量评为优良。

1) 所含单元工程质量全部合格，其中70%以上达到优良等级，重要隐蔽单元工程和关键部位单元工程质量优良率达90%以上，且未发生过质量事故。

2) 中间产品质量全部合格，混凝土（砂浆）试件质量达到优良等级（当试件组数小于30时，试件质量全部合格）。原材料质量、金属结构及启闭机制造质量合格，机电产品质量合格。

(4) 单位工程施工质量同时满足下列标准时，其质量评为优良。

1) 所含分部工程质量全部合格，其中70%以上达到优良等级，主要分部工程质量全部优良，且施工中未发生过较大质量事故。

2) 质量事故已按要求进行处理。

3) 外观质量得分率达到85%以上。

4) 单位工程施工质量检验与评定资料齐全。

5) 工程施工期及试运行期,单位工程观测资料分析结果均符合国家和行业技术标准以及合同约定的标准要求。

(5) 工程项目施工质量同时满足以下标准时,其质量评为优良。

1) 单位工程质量全部合格,其中70%以上单位工程质量达到优良等级,且主要单位工程质量全部优良。

2) 工程施工期及试运行期,各单位工程观测资料分析结果均符合国家和行业技术标准以及合同约定的标准要求。

二、施工质量评定

1. 单元工程

(1) 单元(工序)工程质量在施工单位自评合格后,由监理单位复核,监理工程师核定质量等级并签证认可。

(2) 重要隐蔽单元工程及关键部位单元工程质量经施工单位自评合格、监理单位抽检后,由项目法人(或委托监理)、监理、设计、施工、工程运行管理(施工阶段已经有时)等单位组成联合小组,共同检查核定其质量等级并填写签证表,报工程质量监督机构核备。重要隐蔽单元工程(关键部位单元工程)质量等级签证表见5-1。

表 5-1　　重要隐蔽单元工程(关键部位单元工程)质量等级签证

单位工程名称		单元工程量	
分部工程名称		施工单位	
单元工程名称、部位		自评日期	年　月　日
施工单位自评意见	1. 自评意见: 2. 自评质量等级: 　　　　　　　　　　　　　　　　　　　　终检人员　　(签名)		
监理单位抽查意见	抽查意见: 　　　　　　　　　　　　　　　　　　　　监理工程师　　(签名)		
联合小组核定意见	1. 核定意见: 2. 质量等级: 　　　　　　　　　　　　　　　　　　　　　　　　年　月　日		
保留意见	 　　　　　　　　　　　　　　　　　　　　　　　　(签名)		
备查资料清单	(1) 地质编录　　　　　　　　　　　　　　　　　　　　□ (2) 测量成果　　　　　　　　　　　　　　　　　　　　□ (3) 检验试验报告(岩心试验、软基承载力试验、结构强度等)□ (4) 影像资料　　　　　　　　　　　　　　　　　　　　□ (5) 其他(　　)		

续表

联合小组成员	单位名称		职务、职称	签名
	项目法人			
	监理单位			
	设计单位			
	施工单位			
	运行管理			

注　重要隐蔽单元工程验收时，设计单位应同时派地质工程师参加。备查资料清单中凡涉及的项目应在"　"中打"√"，如有其他资料应在括号内注明资料的名称。

2．分部工程

分部工程施工质量评定时应当填写水利水电工程分部工程施工质量评定表。

（1）分部工程施工质量评定表主要由施工单位质检部门填写，并自评质量等级。评定水轮发电机组安装分项工程质量等级时，应将水轮机、发电机及调速器的型号填写在备注栏内。评定完成后，应由项目技术负责人签字加盖公章。如分部工程是由分包单位完成的，也应由总包单位项目技术负责人签字盖章。

（2）监理单位复核意见栏由负责该分部工程质量控制的监理工程师填写，签字后交总监或总监代表审核、签字并加盖公章。

（3）项目法人认定意见栏由负责该分部工程质量控制的现场代表填写，签字后交技术负责人审核、签字并加盖公章。

（4）大型水利水电枢纽工程主体建筑物的分部工程质量在施工单位自评，监理单位复核，项目法人认定后，由项目法人报质量监督机构核定，质量监督机构核定栏应由质量监督机构核定人填写意见和签字，然后交质量监督负责人审查签字后，加盖公章。其余分部工程施工质量，在施工单位自评，监理单位复核，项目法人认定后由项目法人报质量监督机构核备。

（5）水利水电工程分部工程施工质量评定表填写内容及填写范例见表5-2。其他填表说明如下。

1）分部工程量，只填写本分部工程的主要工程量。

2）单元工程类别按《水利水电基本建设单元工程质量等级评定标准》的单元工程类型填写。

3）单元工程个数指一般单元工程、主要单元工程、重要隐蔽工程及关键部位的单元工程之和。

4）合格个数指单元工程质量达到合格及以上质量等级的个数。

3．单位工程

（1）水利水电工程单位工程质量评定表。

1）水利水电工程单位质量评定表为统一格式。单位工程量只填写本单位工程的主要工程量。

2）分部工程名称按项目划分时确定的名称填写，并在相应的质量等级栏内加"√"。主要分部工程是指对工程安全或效益起控制作用的分部工程，一般在项目划分时就已确定。主要分部工程名称前应加"△"符号。

表 5-2　　水利水电工程分部工程施工质量评定表填写内容及填写范例

单位工程名称			施工单位			
分部工程名称			施工日期	自　年　月　日 至　年　月　日		
分部工程量			评定日期	年　月　日		
项次	单元工程类别	工程量	单元工程个数	合格个数	其中优良个数	备注
1						
2						
3						
4						
5						
6						
合计						
重要隐蔽单元工程、关键部位单元工程						

施工单位自评意见	监理单位复核意见	项目法人认定意见
本分部工程的单元工程质量全部合格。优良率为　%，重要隐蔽单元工程及关键部位单元工程　个，优良率为　%。原材料质量　，中间产品质量　，金属结构及启闭机制造质量　。质量事故及质量缺陷处理情况： 分部工程质量等级： 评定人： 项目技术负责人： （盖公章） 年　月　日	复核意见： 分部工程质量等级： 监理工程师： 　　　　　年　月　日 总监或副总监： （盖公章） 年　月　日	认定意见： 分部工程质量等级： 现场代表： 　　　　　年　月　日 技术负责人： （盖公章） 年　月　日

工程质量监督机构	核定（备）意见： 核定等级： 核定（备）人：（签名）　　　　　负责人：（签名） 　　　　　　　　　　　　年　月　日　　　　　　　年　月　日

注　分部工程验收的质量结论，由项目法人报工程质量监督机构核备。大型枢纽工程主要建筑物的分部工程验收的质量结论，由项目法人报工程质量监督机构核定。

3）表身各项由施工单位按照经工程质量监督机构核定（备）的质量结论填写。

4）表尾由各单位填写：①施工单位评定人指施工单位质检处负责人，项目经理指该项目质量责任人。若本单位工程是分包单位施工,本表应由分包单位上述人员填写和自评,总包施工单位质检处负责人和项目经理审查、签字、加盖公章;②监理单位复核人指负责该单位工程的监理工程师;③质量监督机构核定人指负责本单位工程的质量监督员;项目监督负责人指项目站长或该项目监督责任人;④工程量较大工程,关于原材料、中间产品、金属结构与启闭机、机电产品质量应计入分部工程进行质量评定,评定单位工程质量时,不再重复评定。对工程量不大的工程则计入单位工程评定。

5) 水利水电工程单位工程施工质量评定表填写内容及填写范例见表 5-3。本例中有两个主要分部工程,属工程量较大的情况。

表 5-3 水利水电工程单位工程施工质量评定表

工程项目名称				施工单位			
单位工程名称				施工日期	自 年 月 日 至 年 月 日		
单位工程量				评定日期	年 月 日		
序号	分部工程名称	质量等级		序号	分部工程名称	质量等级	
		合格	优良			合格	优良
1				8			
2				9			
3				10			
4				11			
5				12			
6				13			
7				14			
分部工程共 个,全部合格,其中优良 个,优良率 %,主要分部工程优良率 %							
外观质量		应得 分,实得 分,得分率 %						
施工质量检验资料								
质量事故处理情况								
观测资料分析结论								
施工单位自评等级: 评定人: 项目经理: (盖公章) 年 月 日	监理单位复核等级: 复核人: 总监或副总监: (盖公章) 年 月 日			项目法人认定等级: 认定人: 单位负责人: (盖公章) 年 月 日		工程质量监督机构核定等级: 核定人: 机构负责人: (盖公章) 年 月 日	

（2）单位工程施工质量检验与评定资料核查表

1）本表供单位工程施工质量检验资料核查时使用。

2）本表由施工单位内业技术人员负责逐项填写，并在填表人栏签字。施工单位质检部门负责人签字加盖公章，若本单位工程由分包施工单位与总包单位共同完成，则各施工单位负责收集、整理、填写本单位所涉及到的质量检验资料，并在填表人栏签字，由总包单位质检部门负责人审查后签字、盖公章。再交该单位监理工程师复查，撰写审查意见并签字，加盖监理单位公章。

3）核查情况栏内，主要应记录核查中发现的问题，并对资料齐备情况进行描述。

4）核查应按照水利水电行业施工规范、《水利水电基本建设工程单元工程质量等级评定标准》和《水利水电建设工程验收规程》要求逐项进行。

5）核查意见填写尺度。齐全：指单位工程能按第4）点所述要求，具有数量和内容完整的技术资料。基本齐全：指单位工程的质量检验资料的类别或数量不够完善，但已有资料仍能反映其结构安全和使用功能符合设计要求者。对达不到"基本齐全"要求的单位工程，尚不具备评定单位工程质量等级的条件。

6）单位工程施工质量检验与评定资料核查表。本例因有3组混凝土试件龄期超过28天，未完全符合规范要求，且部分地面砖无出厂合格证，故施工质量检验资料核定为基本齐全。

4. 工程项目

1）工程项目名称按批准的初步设计报告的项目名称填写；工程等级填写本工程项目级别及主要建筑物级别；建设地点填写枢纽工程建设的具体地名。

2）主要工程量填写2~3项数量最大及次大的工程量。混凝土工程必须填写混凝土（包括钢筋混凝土）方量，土石方工程必须填土石方填筑方量，砌石工程必须填写砌石方量。

3）项目法人填写全称；设计、施工、监理等单位填写与项目法人签订合同时所用的名称（全称）。

4）开工日期填写主体工程开工的年（4位数）及月份；竣工日期填写批准设计规定的内容全部完工的年（4位数）及月份；评定日期填写工程项目质量等级评定的实际日期。

5）主要建筑物单位工程：主要建筑物指失事后将造成下游灾害或严重影响工程效益的建筑物。凡主要建筑物所属的单位工程均称为主要建筑物单位工程或主要单位工程，并在评定表单位工程名称栏中加"△"标明。

6）本表在工程项目按批准设计规定的各单位工程已全部完工，并已进行质量等级评定后，由监理单位质检机构负责人填写，并进行工程项目质量评定，总监理工程师签字加盖公章，再交项目法人评定，项目法人的法定代表人签字，并盖公章，报质量监督机构核定质量等级，质量监督机构委派的该项目负责人签字，并加盖公章。

7）工程项目施工质量评定表范例见表5-4，如本例中的1、2、3、8、11、13序号单位工程，它们的设计级别均为2级，一旦失事将对下游造成灾害或严重影响工程效益，这些单位工程是本例中的主要建筑物。

表 5-4　　　　　　　　　　　　　工程项目施工质量评定表

工程项目名称								
工程等级					设计单位			
建设地点					监理单位			
主要工程量					施工单位			
开工、竣工日期	自　　年　　月　　日 至　　年　　月　　日				评定日期	年　　月　　日		
序号	单位工程名称	单元工程质量统计			分部工程质量统计			单位工程质量等级	备注
		个数/个	其中优良/个	优良率/%	个数/个	其中优良/个	优良率/%		
1									加△者为主要单位工程
2									
3									
4									
5									
6									
7									
8									
9									
10									
单元工程、分部工程合计									
评定结果	本项目单位工程　　个，质量全部合格。其中优良单位工程　　个，优良率　　%，主要单位工程优良率　　%，观测资料分析结论　　。								
监理意见			项目法人意见			工程质量监督机构核定意见			
工程项目质量等级： 总监理工程师： 监理单位：　　（盖公章） 　　　　年　　月　　日			工程项目质量等级： 法定代表人： 项目法人：　　（盖公章） 　　　　年　　月　　日			工程项目质量等级： 负责人： 质量监督机构：　　（盖公章） 　　　　年　　月　　日			

任务二　水工建筑物工程施工质量评定

本节主要根据《水利水电基本建设工程单元工程质量等级评定标准　第1部分：土建工程》（DL/T 5113.1—2019）讲述除混凝土工程以外的水工建筑物单元工程（工序）施工质量评定范例，共17个项目评定，主包括基础开挖、地基及基础、河道疏浚工程。混凝土工程相关单元工程质量评定将在第三节中讲述。

水利工程施工质量评定表（以下简称《评定表》）是检验与评定施工质量的基础资料。《水利水电建设工程验收规程》（SL/T 223—2025）规定，《评定表》是水利工程验收的备查资料。根据《水利基本建设项目（工程）档案资料管理规定》，工程竣工验收后，《评定表》归档长期保存。因此《评定表》的填写，一般应遵循以下规则：

（1）单元（工序）工程完工后，应及时评定其质量等级，并按现场检验结果，如实填写单元工程质量等级评定表（以下简称评定表）。现场检验应遵守随机取样原则。

（2）《评定表》应使用蓝色或黑色墨水钢笔填写，不得使用圆珠笔、铅笔填写。

（3）文字。应按国务院颁布的简化汉字书写。字迹应工整、清晰。

（4）数字和单位。数字使用阿拉伯数字（1、2、…、9、0）。单位使用国家法定计量单位，并以规定的符号表示（如：MPa、m、m³、t、…）。

（5）合格率。用百分数表示，小数点后保留一位。如果恰为整数，则小数点后以 0 表示。例如：95.0%。

（6）改错。将错误用斜线划掉，再在其右上方填写正确的文字（或数字），禁止使用改正液、贴纸重写、橡皮擦、刀片刮或用墨水涂黑等方法。

例如：……表面有裂纹，抗压强度 23.3MPa。

（7）表头填写。①单位工程、分部工程名称，按项目划分确定的名称填写。②单元工程名称、部位：填写该单元工程名称（中文名称或编号），部位可用号、高程等表示。③施工单位：填写与项目法人（建设单位）签订承包合同的施工单位全称。④单元工程量：填写本单元主要工程量。⑤检验（评定）日期：年—填写4位数，月—填写实际月份（1—12 月），日—填写实际日期（1—31 日）。

（8）质量标准中，凡有"符合设计要求"者，应注明设计具体要求（如内容较多，可附页说明）、凡有"符合规范要求"者，应标出所执行的规范名称及编号。

（9）检查记录。文字记录应真实、准确、简练。数字记录应准确、可靠，小数点后保留位数应符合有关规定。

（10）设计值按施工图填写。实测值填写实际检测数据，而不是偏差值。当实测数据多时，可填写实测组数、实测值范围（最小值～最大值）、合格数，但实测值应作表格附件备查。

（11）《评定表》中列出的某些项目，如实际工程无该项内容，应在相应检验栏内用斜线"/"或"—"表示。

（12）《评定表》从表头至评定意见栏均由施工单位经"三检"合格后填写，"质量等级"栏由复核质量的监理人员填写。监理人员复核质量等级时，如对施工单位填写的质量检验资料有不同意见，可写入"质量等级"栏内或另附页说明，并在质量等级栏内填写出正确的等级。

（13）单元（工序）工程表尾填写。

1）施工单位由负责终验的人员签字。如果该工程由分包单位施工，则单元（工序）工程表尾由分包施工单位的终验人员填写分包单位全称，并签字。重要隐蔽工程、关键部位的单元工程，当分包单位自检合格后，总包单位应参加联合小组核定其质量等级。

2）建设、监理单位，实行了监理制的工程，由负责该项目的监理工程师复核质量等级并签字。未实行监理制的工程，由建设单位专职质检人员签字。

3）表尾所有签字人员，必须由本人按照身份证上的姓名签字，不得使用化名，也不得由其他人代为签名。签名时应填写填表日期。

（14）表尾填写：××单位是指具有法人资格单位的现场派出机构，若须加盖公章，则加盖该单位的现场派出机构的公章。

1. 岩石边坡开挖单元工程质量评定

1）单元工程划分按设计或施工检查验收的区、段划分，每区、段为一单元工程。单元工程量按本单元工程开挖工程量（m³）及开挖面积（m²）。

2）检查项目。项次 2 的质量标准栏须填写设计坡度。检验记录栏要将检验情况简要记录下来，以便与质量标准比较，不能只填"符合要求"或"合格"。

3）检测项目、坡面局部超欠挖分为两项。

4）总检测数量。200m² 及其以内，不少于 20 个；200m² 以上不少于 30 个；局部突出或凹陷部位（面积在 0.5m² 以上者）应增设检测点。

5）评定意见："一般检查项目"后面的空格填"符合质量标准"或"基本符合质量标准"，视一般检查项目的"检查记录"而定。

6）质量标准。在主要检查项目（有"△"号的）符合质量标准的前提下，一般检查项目（无"△"号的）基本符合质量标准，检测总点数中有 70％及其以上符合标准，即评为"合格"。若一般检查项目符合质量标准，并且检测总点数中有 90％及其以上符合质量标准的，则评为"优良"。

7）岩石边坡开挖单元工程质量评定范例见表 5-5。本例坡度为 1:0.5。本例斜坡长度<15m，故将实测值写在项次 2 相应的检测栏内。

表 5-5　　　　　　　　岩石边坡开挖单元工程质量评定表

单位工程名称	混凝土大坝	单元工程量	1117m³，423m²
分部工程名称	溢流坝段	施工单位	×××水利水电第二工程局
单元工程名称、部位	5号坝段边坡开挖	检验日期	××年×月×日

项次	检查项目	质量标准	检验记录
1	△保护层开挖	浅孔、密孔、少药量、火炮爆破	（见符图）
2	△平均坡度	小于或等于设计坡度（设计边坡 1:0.5）	抽查 6 个断面，坡度为 1:0.52～1:0.76
3	开挖坡面	稳定、无松动岩块	坡面稳定，无松动岩块

项次	检测项目	设计值	允许偏差/cm	实测值（单位：项次1m，项次2cm）	合格数/点	合格率/%
1	坡脚标高	-10m	+20 -10	-10.05，-9.95，-10.0，-10.11，-10.17，-9.90，-10.18，-10.01，-9.86，-10.12，-10.13，-9.93，	11	91.6

续表

项次	检测项目		设计值	允许偏差 /cm	实测值 (单位：项次 1m，项次 2cm)	合格数 /点	合格率 /%
2	坡面局部 超欠挖	斜长小于 等于 15m		+30 −20	+7，+16，+3，−15，−2，+8，−10，−23，+11，+5，−12，−5，−4，+21	13	92.9
3		斜长大于 15m		+50 −30			
检测结果			共检测 26 点，其中合格 24 点，合格率 92.3%				
评定意见						单元工程质量等级	
主要检查项目全部符合质量标准。一般检查项目符合质量标准。检测项目实测点合格率 92.3%。						优良	
施工单位		××× ××年×月×日		建设（监理） 单位		××× ××年×月×日	

注 "+"为超挖，"−"为欠挖。

2. 岩石地基开挖单元工程质量评定

（1）单元工程划分按相应混凝土浇筑仓块划分，每一块为一单元工程，两岸边坡地基开挖也可按施工检查验收的区划分，每一验收区为一个单元工程；单元工程量按本单元工程开挖的面积（m^2），本单元工程的工程量（m^3）。

（2）检查项目项次 3~7，如果按设计要求处理，应附上设计要求说明。

（3）检测项目分"无结构要求或无配筋"和"有结构要求或有配筋"两类，属于哪一类填相应的栏。除平整度项外，其余均应按施工图填设计值及其单位（m 或 cm）。复杂的地基开挖，宜附测量图。

（4）检测数量。200m^2 以内，总检测点数不少于 20 个；200m^2 以上，不少于 30 个；局部突出或凹陷部位（面积在 0.5m^2 以上者）应增设检测点（平整度用 2m 直尺检查）。

（5）评定意见。"一般检查项目"后面的空格填"符合质量标准"或"基本符合质量标准"，视一般检查项目的"检查记录"而定。

（6）质量标准。在主要检查项目符合质量标准的前提下，一般检查项目基本符合标准，检测总点数中有 70% 及其以上符合质量标准，即评为合格。一般检查项目符合质量标准，检测总点数中有 90% 及其以上符合质量标准，即评为优良。

（7）岩石地基开挖单元工程质量评定范例见表 5-6。

表 5-6　　　　　　　岩石地基开挖单元工程质量评定表

单位工程名称	混凝土大坝	单元工程量	542.5m^2，6130m^3
分部工程名称	溢流坝坝段	施工单位	×××水利水电第二工程局
单元工程名称、部位	5 号坝段，0+412.7~430.2 地基开挖	检验日期	××年×月×日

项次	检查项目	质量标准	检验记录
1	△保护层开挖	浅孔、密孔、少药量、火炮爆破	见附页
2	△建基面	无松动岩块、无爆破影响裂隙	基面无松动岩块、无爆破影响裂缝

续表

项次	检查项目		质量标准		检验记录		
3	△断层及裂隙密集带		按规定挖槽,槽深为宽度的1～1.5倍。规模较大时,按设计要求处理		小断层挖槽按 $b:h=1:1.5$ 开挖,已按规定处理,符合要求		
4	△多组切割的水稳定岩体		按设计要求处理		—		
5	岩溶洞穴		按设计要求处理		—		
6	软弱夹层		厚度大于5cm者,挖至新鲜岩层或设计规定的深度		—		
7	夹泥裂隙		挖1～1.5断面宽度,清除夹泥,或按设计要求处理		小部分裂缝挖深已按1.5倍宽度开挖,夹泥已清除干净		
项次	检测项目		设计值	允许偏差/cm	实测值(单位:项次4、5m,项次6cm)	合格数/点	合格率/%
1	无结构要求或无配筋	坑槽长宽 <5m		+20,-10	—		
2		坑槽长宽 5～10m		+30,-20	—		
3		坑槽长宽 10～15m		+40,-30	—		
4		坑槽长宽 >15m	31m	+50,-30	31.2, 30.9, 30.95, 31.16, 31.43, 31.41, 31.38, 31.05, 30.80, 30.7, 31.2, 31.61, 31.35, 31.2, 30.91, 30.85,	15	93.8
5		坑(槽)底部标高	-10m	+20,-10	-9.95, -10.12, -10.05, -10.16, -9.91, -10.0, -10.1, -10.15, -9.85, -9.98, -9.97, -10.13	11	91.7
6		垂直或斜面平整度	20		7, 12, 6, 7, 2, 15, 6, 8, 5, 3	10	100
7	有结构要求或有配筋	坑槽长宽 <5m		+10,-0	—		
8		坑槽长宽 5～10m		+20,-0	—		
9		坑槽长宽 10～15m		+30,-0	—		
10		坑槽长宽 >15m		+40,-0	—		
11		坑(槽)底部标高		+20,-0	—		
12		垂直或斜面平整度	15		—		
检测结果			共检测38点,其中合格36点,合格率97.4%				
评定意见						单元工程质量等级	
主要检查项目全部符合质量标准。一般检查项目 符合 质量标准。检测项目实测点合格率94.7%						优良	
施工单位		××× ××年×月×日		建设(监理)单位		××× ××年×月×日	

注 "+"为超挖,"-"为欠挖。

3. 岩石洞室开挖单元工程质量评定

(1)单元工程划分按施工检查验收的区、段或混凝土衬砌部位按设计分缝确定的块划分;每一个施工检查验收的区、段或一个浇筑块为一个单元工程。竖井(斜井)开挖工程按施工检查验收段每 5~15m 划分为一个单元工程。洞室开挖工程参照平洞或竖井划分单元。单元工程量填写本单元工程的开挖方量（m^3）。

（2）检查项目中的地质弱面处理，应附设计要求。洞室轴线项质量标准栏应标明规范名称及编号。检验记录栏应填写整个洞室长度、实测偏差值是否符合规范要求，而不能只填"符合设计或规范要求"。

（3）检测项目分"无结构要求或无配筋"和"有结构要求或有配筋"两类，属于哪一类填相应的栏。除平整度项外，其余均应按施工图填设计值及其单位（m或cm）。

（4）检测数量。按横断面或纵断面进行检测，一般应不少于两个断面，总检测点数不少于 20 个；局部凸出或凹陷部位（面积在 $0.5m^2$ 以上者）应增设检测点（平整度用 2m 直尺检查）。

（5）质量标准。在检查项目符合质量标准的前提下，检测总数中有 70% 及其以上符合质量标准，即评为合格；检测总数中有 90% 及其以上符合质量标准，即评为优良。

（6）岩石洞室开挖单元工程质量评定范例见表 5-7。本例采用规范为《水工建筑物地下开挖工程施工规范》（SL 378—2007）。表中 R 为设计开挖半径，h 为侧墙设计开挖高度。

表 5-7　　　　　　　　　　　岩石洞室开挖单元工程质量评定

单位工程名称		引水隧洞及压力管道		单元工程量		139m³	
分部工程名称		隧洞开挖与衬砌		施工单位		×××水利水电第二工程局	
单元工程名称、部位		0+110~0+120 段开挖		检验日期		××年×月×日	
项次	检查项目		质量标准		检验记录		
1	△开挖岩面		无松动岩块、小块悬挂体		洞壁无松动岩块、无悬挂体		
2	△地质弱面处理		符合设计要求		—		
3	△洞室轴线		符合设计要求及《水工建筑物地下开挖工程施工技术规范》（DL/T 5099—2011）		（见附页）		
项次	检测项目		设计值	允许偏差/cm	实测值（单位与设计值相同）	合格数/点	合格率/%
1	无结构要求或无配筋	底部标高		+20，-10			
2		径向		+20，-10			
3		侧墙		+20，-10			
4		开挖面平整度		15			
5	有结构要求或有配筋	底部标高	+7.15m	+20，-0	+7.01，+7.13，+6.98，+7.07，+7.11，+6.99	6	100
6		径向	R=210cm	+20，-0	215.5，231，214，217.5，215，213.5	5	83.3
7		侧墙	h=420cm	+20，-0	425，432，442，435，428，426	5	83.3
8		开挖面平整度		10	3，8，12，7，5，6，8，1，5，3	9	90.0
检测结果		共检测 28 点，其中合格 25 点，合格率 89.3%					
评定意见						单元工程质量等级	
主要检查项目全部符合质量标准。检测项目实测 28 点合格率 89.3%						合格	
施工单位	××× ××年×月×日			建设（监理）单位		××× ××年×月×日	

4. 软基和岸坡开挖单元工程质量评定

(1) 单元工程划分按施工检查验收的区、段划分，每区、段为一单元工程。单元工程量填写本单元工程开挖工程量（m³）及开挖面积（m²）。

(2) 检查项目。应附设计要求说明。填写不下时可另附页。检查数量：按 50～100m 正方形检查网进行取样，局部可加密至 15～25m。

(3) 检测项目分"无结构要求或无配筋"和"有结构要求或有配筋"两类，属于哪一类填相应的栏。除平整度项外，其余均应按施工图填设计值及其单位（m 或 cm）。

(4) 检测数量。总检测点在 200m² 以内，不少于 20 个；200m² 以上不少于 30 个。

(5) 评定意见。"一般检查项目"后面的空格填"符合质量标准"或"基本符合质量标准"，视一般检查项目的"检查记录"而定。

(6) 质量标准。在主要检查项目符合质量标准的前提下，一般检查项目基本符合质量标准，检测总数中有 70% 及其以上符合质量标准，即评为合格，检测总点数有 90% 及其以上符合质量标准，即评为优良。

(7) 软基和岸坡开挖单元工程质量评定范例见表 5-8。本例项次 2 设计要求为 $\gamma \geqslant 1.55 \text{g/cm}^3$。

表 5-8 软基和岸坡开挖单元工程质量评定

单位工程名称		水闸工程		单元工程量		30.95m²，65.12m³		
分部工程名称		地基开挖与处理		施工单位		×××水利水电第二工程局		
单元工程名称、部位		0-145～0-115段地基开挖		检验日期		××年×月×日		
项次	检查项目		质量标准			检验记录		
1	地基清理和处理		无树根、草皮、乱石、坟墓，水井泉眼已处理，地质符合设计要求			树根、草皮、乱石已清除，预留保护层已挖除，地质符合设计要求		
2	△取样检验		符合设计要求 $\gamma \geqslant 1.55 \text{g/cm}^3$			$\gamma = 1.58 \text{g/cm}^3$		
3	岸坡清理和处理		无树根、草皮、乱石。有害裂隙及洞穴已处理			岸坡树根、草皮已清除，保护层已清除		
4	岩石岸坡清理和处理		符合设计要求			—		
5	△黏土、湿陷性黄土清理坡度		符合设计要求			—		
6	截水槽地基处理		泉眼、渗水已处理，岩石冲洗洁净，无积水			—		
7	△截水槽（墙）基岩面坡度		符合设计要求			—		
项次	检测项目		设计值	允许偏差/cm	实测值/m		合格数/点	合格率/%
1	无结构要求或无配筋	坑槽长或宽	5m 以内	+20，-10				
2			5～10m	+30，-20	—			
3			10～15m	+40，-30	—			
4			≥15m	30m +50，-30	30.2, 29.8, 30.4, 30.4, 29.7, 29.9, 29.8, 30.1		8	100

续表

项次	检测项目		设计值	允许偏差/cm	实 测 值/m	合格数/点	合格率/%
5	无结构要求或无配筋	坑（槽）底部标高	−2.5m	+20，−10	−2.47，−2.55，−2.48，−2.75，−2.64，−2.35，−2.51，−2.70，−2.48，−2.45，	8	80.0
6		垂直或斜面平整度		20	15，8，2，23，5，9，3，1	7	87.5
1	有结构要求有配筋预埋件	坑槽长宽 5m以内		+20，−0	—		
2		5～10m		+30，−0	—		
3		10～15m		+40，−0	—		
4		>15m		+40，−0	—		
5		坑（槽）底部标高		+20，−0	—		
6		垂直或斜面平整度		15	—		
检测结果				共检测26点，其中合格23点，合格率88.5%			
评 定 意 见						单元工程质量等级	
主要检查项目全部符合质量标准。一般检查项目 符合 质量标准。检测项目实测点合格率88.5%						合格	
施工单位		××× ××年×月×日		建设（监理）单位		××× ××年×月×日	

5. 岩石地基帷幕灌浆单元工程质量评

1）单元工程划分以相邻10～20孔为一单元工程。单元工程量按灌浆孔总长度（m）。

2）填表依据。依据各孔施工记录填写，施工单位务必做好施工记录，监理要认真检查。

3）检查项目栏中项次1、3～9、12的质量标准：栏中均须填写"设计要求"或规范名称编号。

4）各孔检测结果。每个孔共有13个检查项目，每项检查结果用符号表示，用"√"标明符合质量标准，用"○"标明基本符合质量标准，用"×"标明不符合质量标准。

5）各孔质量评定。各孔质量等级用符号表示，用"√"标明符合质量标准，用"○"标明合格，用"×"标明不合格。质量标准：在主要检查项目全部符合质量标准前提下，一般检查项目也符合质量标准的孔评为优良孔；一般检查项目基本符合质量标准孔评为合格孔。

6）单元工程效果检查。帷幕灌浆检查孔的数量宜为灌浆孔总数的10%，一个单元工程内，至少应布置1个检查孔。压水试验在该部位灌浆结束14d后进行。检查孔采取岩芯，计算获得率并加以描述。压水试验标准：合格—坝体混凝土与基岩接触及其下一孔段的合格率为100%，再以下各孔段合格率≥90%，不合格段的透水率≤2.0$q_{设}$，且不集中（若个别孔段透水率超过2.0$q_{设}$，则应处理，处理后经检查合格，即认定为合格）；优良—坝体混凝土与基岩接触及其下一孔段合格率为100%，再以下各孔段合格率≥90%，不合格段的透水率≤1.5$q_{设}$，且不集中。

7）单元工程质量标准。在本单元灌浆孔全部合格的前提下，若优良孔占70%及以上，且单元效果检查优良，则评为"优良"；若优良孔数达不到70%，或单元效果检查只评为合格,则本单元评为"合格"。

8) 岩石地基帷幕灌浆单元工程质量评定范例见表 5-9。

表 5-9　　　　　　　　岩石地基帷幕灌浆单元工程质量评定

单位工程名称		混凝土大坝		单元工程量		灌浆总长度 250m							
分部工程名称		溢流坝段		施工单位		×××水利水电第二工程局							
单元工程名称、部位		5号坝段基础		检验日期		××年×月×日							
项次	检查项目		质量标准		各孔检测结果								
				1	2	3	4	5	6	7	8	9	10
1	钻孔	孔序	应符合设计要求(三序)	√	√	√	√	√	√	√	√	√	√
2		孔位	允许偏差±10cm	√	√	√	√	√	√	√	√	√	√
3		△孔深	不得小于设计孔深(25m)	√	√	√	√	√	√	√	√	√	√
4		偏斜率	应符合规范或设计要求(1%)	√	√	○	√	√	√	√	√	√	○
5	灌浆	灌浆段长	应符合设计要求(5m)	√	√	√	√	√	√	√	√	√	√
6		钻孔冲洗	应符合设计要求(见附图)	√	√	√	√	√	√	√	√	√	√
7		先导孔灌前压水试验。或灌浆孔灌前简易压水	应符合规范或设计要求 SL 62—94《水工建筑物水泥灌浆施工技术规范》	√	√	√	√	√	√	√	√	√	√
8		△灌浆压力	应符合设计要求(0.4~0.6)MPa	√	√	√	√	√	√	√	√	√	√
9		△浆液变换和结束标准	应符合规范或设计要求	√	√	√	√	√	√	√	√	√	√
10		灌浆管或射浆管管口距灌浆段底距离	≤50cm	√	√	√	√	√	√	√	√	√	√
11		有无中断及其影响质量程度	应无中断或虽有中断,但经"检查分析尚不影响灌浆质量"	√	√	√	√	√	√	√	√	√	√
12		封孔	应符合规范或设计要求	√	√	○	√	√	√	√	√	√	√
13		△灌浆记录	齐全、清晰、准确	√	√	√	√	√	√	√	√	√	√
	各孔质量评定			√	√	○	√	√	√	√	√	√	○
	本单元工程内共有10孔,其中优良8孔,优良率80.0%												
单元工程效果检查	检查孔压水试验			$Q=1.8\sim1.3Lu$(防渗标准为不大于2Lu)									
	检查孔单位水泥注入量			$C=1\sim3kg/m$									
	其他(检查孔芯样)			岩芯表面可见水泥结石,充填密实									
评定意见										单元工程质量等级			
单元工程效果检查符合压水试验要求,灌浆孔全部合格,其中优良孔占80.0%										优良			
施工单位	××× ××年×月×日		建设(监理)单位			××× ××年×月×日							

6. 岩石地基固结灌浆单元工程质量评定

1) 单元工程划分按混凝土浇筑块、段划分,每一块段的固结灌浆为一单元工程。单元工程量按灌浆孔总长度（m）。

2）填表依据。依据各孔施工记录填写，施工单位务必做好施工记录，监理要认真检查。

3）检查项目栏中项次 1～5、7、8、10、11 的质量标准有"设计要求"的，分别采取直接填写具体要求和另附页。

4）各孔检测结果。每个孔共有 12 个检查项目，每项检查结果用"√"标明符合质量标准，用"○"标明基本符合质量标准，用"×"标明不符合质量标准。

5）各孔质量评定。各孔质量等级用"√"标明优良，用"○"标明合格，用"×"标明不合格。质量标准：在主要检查项目全部符合质量标准前提下，一般检查项目也符合质量标准的孔评为优良孔；一般检查项目基本符合质量标准孔评为合格孔。

6）单元工程效果检查。①岩体波速或静弹性模量，分别在灌浆结束 14d、28d 后进行，岩体波速或静弹性模量应符合设计规定。②压水试验：检查孔数量不少于灌浆总孔数 5%，压水试验在灌浆结束 3～7d 后进行。检查孔段合格率大于等于 80%，不合格孔段透水率值小于等于 $1.5q_{设}$，为合格。检查孔段合格率为≥95%，不合格孔段的透水率≤ $1.5q_{设}$，为优良。

7）单元工程质量标准。在本单元灌浆孔全部合格的前提下，若优良孔占 70% 及以上，且单元效果检查优良，则评为"优良"；若优良孔数达不到 70%，或单元效果检查只评为合格，则本单元评为"合格"。

8）岩岩石地基固结灌浆单元工程质量评定范例见表 5-10。

表 5-10　　　　　　　岩石地基固结灌浆单元工程质量评定

单位工程名称	混凝土大坝				单元工程量			灌浆总长度 385m			
分部工程名称	溢流坝段				施工单位			×××水利水电第二工程局			
单元工程名称、部位	7号坝段基础				检验日期			××年×月×日			
项次	检查项目		质量标准		各孔检测结果						
				1	2	3	4	5	6	7	8	9	10
1	钻孔	孔序	应符合设计要求（二序孔）	√	√	√	√	√	√	√	√	√	√
2		孔位	应符合设计要求（允许偏差 ±10cm）	√	√	○	√	√	√	√	√	√	√
3		△孔深	不得小于设计孔深（5m）	√	√	√	√	√	√	√	√	√	√
4	灌浆	灌浆分段和段长	应符合设计要求（见附页）	√	√	√	√	√	√	√	√	√	√
5		钻孔冲洗	应符合设计要求（见附页）	√	√	√	√	√	√	√	√	√	√
6		灌前进行压水试验的孔数和压水试验	孔数不少于总孔数的 5%，压水试验应符合设计要求	√	√	√	√	√	√	√	√	√	√
7		△灌浆压力	应符合设计要求（0.4～0.5MPa）	√	√	√	√	√	√	√	√	√	√
8		△浆液变换和结束标准	应符合规范或设计要求（见附页）	√	√	√	√	√	√	√	√	√	√
9		有无中断及其影响质量程度	应无中断或虽有中断，但经检查分析，尚不影响灌浆质量	√	√	√	√	√	√	√	√	√	√

续表

项次	检查项目		质量标准	各孔检测结果									
				1	2	3	4	5	6	7	8	9	10
10	灌浆	△抬动变形	抬动值不应超过设计规定（见附页）	√	√	√	√	√	√	√	√	√	√
11		封孔	应符合设计要求（机械压浆封孔体）	√	√	√	√	√	√	√	√	√	√
12		△灌浆记录	齐全、清晰、准确	√	√	√	√	√	√	√	√	√	√
各孔质量评定				√	√	√	○	√	√	√	√	√	√
本单元工程内共有10孔，其中优良9孔，优良率90.0%													
单元工程效果检查		波速测试	$Vp=4300\sim5150\text{m/s}$（设计要求$\geqslant$4000m/s）										
		检查孔压水试验	$q=1.5\sim3.0\text{Lu}$（$q_设\leqslant5\text{Lu}$）										
		检查孔单位水泥注入量	$C=3.0\sim6.0\text{kg/m}$										
		其他	钻孔、检查孔可见水泥结石，充填密实										
评定意见				单元工程质量等级									
单元工程效果检查符合压水试验要求，灌浆孔全部合格，其中优良孔占90.0%				优良									
施工单位	××× ××年×月×日		建设（监理）单位	××× ××年×月×日									

7. 水工隧洞回填灌浆单元工程质量评定

1）单元工程划分以施工确定的区、段划分。单元工程量按灌浆孔总长度（m）。

2）填表依据。依据各孔施工记录填写，施工单位务必做好施工记录，监理要认真检查。

3）检查项目栏中项次1、2、5～8的质量标准有"设计要求"的，分别采取直接填写具体要求或另附页。

4）各孔检测结果。每个孔共有9个检查项目，每项检查结果用"√"标明符合质量标准，用"○"标明基本符合质量，用"×"标明不符合质量标准。

5）各孔质量评定。各孔质量等级用"√"标明质量优良，用"○"标明合格，用"×"标明不合格。质量标准：在主要检查项目全部符合质量标准前提下，一般检查项目也符合质量标准的孔评为优良孔；一般检查项目基本符合质量标准孔评为合格孔。

6）单元工程效果检查。水工隧洞回填灌浆质量检查在该部位灌浆结束7d后进行，检查孔应布置在拱顶中心线、脱空较大、串浆孔集中以及灌浆情况异常的部位，其数量为灌浆孔数的5%，检查方法可采用钻孔注浆法：向孔内注入水灰比2∶1的浆液，在规定压力下，初始10min内注入量不超过10L为合格。

7）单元工程质量标准。在本单元工程灌浆效果检查符合要求的前提下，灌浆孔全部合格，且优良孔占70%及以上，即评为优良；若优良孔数达不到70%，即本单元工程评为合格。

8）水工隧洞回填灌浆单元工程质量评定范例见表5-11。

表 5-11 水工隧洞回填灌浆单元工程质量评定

单位工程名称	混凝土大坝			单元工程量			132m²				
分部工程名称	灌浆分部			施工单位			×××水利水电第二工程局				
单元工程名称、部位	0+110～0+120段回填			检验日期			××年×月×日				
项次	检查项目		质量标准	各孔检测结果								
				1	2	3	4	5	6	7	8	9	10
1	钻孔	孔序	应符合设计要求（二序）	√	√	√	√	√	√	√	√	√	√
2		孔位	应符合设计要求（允许偏差±20cm）	√	√	√	√	○	√	√	√	√	√
3		孔径	≥38mm	√	√	√	√	√	√	√	√	√	√
4		孔深	进入岩石10cm	√	√	√	√	√	√	√	√	√	√
5	灌浆	△浆液变换和结束标准	应符合规范或设计要求	√	√	√	√	√	√	√	√	√	√
6		△灌浆压力	应符合设计要求（0.3～0.4MPa）	√	√	√	√	√	√	√	√	√	√
7		△抬动变形	应不超过设计规定值	—	—	—	—	—	—	—	—	—	—
8		封孔	应符合规范或设计要求	√	√	√	√	√	√	√	√	√	√
9		△灌浆记录	齐全、清晰、准确	√	√	√	√	√	√	√	√	√	√
各孔质量评定				√	√	√	√	○	√	√	√	√	√
本单元工程内共有10孔，其中优良9孔，优良率90.0%													
单元工程效果检查	钻孔注浆检查：初始10min内注入量为4.5L，钻孔取芯，芯样完整，胶结良好												
评定意见									单元工程质量等级				
单元工程效果检查符合要求，各灌浆孔质量全部合格，其中质量优良的灌浆孔占90.0%									优良				
施工单位	××× ××年×月×日			建设（监理）单位			××× ××年×月×日					

8. 高压喷射灌浆单元工程质量评定

1) 单元工程划分以相邻 5～10 孔为一单元工程。单元工程量按灌浆孔总长度（m，旋喷），或灌浆开线的防渗墙垂直投影面积（m²，定喷、摆喷）计。

2) 填表依据。依据各孔施工记录填写，施工单位务必做好施工记录，监理要认真检查。

3) 第 9 项定喷（或摆喷、旋喷）共列三类，属于哪一类，便在其上打"√"。

4) 各检查项目的质量标准均有"设计要求"，应将设计具体要求填入相应栏或另附页。

5) 各孔检测结果。每个孔共有 12 个检查项目，每项检查结果以"√"表示符合质量标准，以"○"表示基本符合质量标准，"×"表示不符合质量标准。

6) 各孔质量评定。各孔质量等级以"√"表示优良，以"○"表示合格，"×"表示不合格。质量标准：在主要检查项目全部符合质量标准前提下，一般检查项目也符合质量标准的孔评为优良孔；一般检查项目基本符合质量标准孔评为合格孔。

7) 单元工程效果检查。①物探检验结果符合设计要求；②抽水试验：渗透系数

$K \leqslant K_设$。

8) 单元工程质量标准。在本单元灌浆孔全部合格的前提下，若优良孔占70%及以上，且单元效果检查优良，则评为"优良"；若优良孔数达不到70%，或单元效果检查只评为合格，则本单元评为"合格"。

9) 高压喷射灌浆单元工程质量评定范例见表5-12。本例为摆喷、即在摆喷处打"√"。

表5-12　　　　　　　　　高压喷射灌浆单元工程质量评定

单位工程名称		防洪堤		单元工程量			430m²					
分部工程名称		堤基处理工程		施工单位			×××水利水电机械施工公司					
单元工程名称、部位		32+450～32+465		检验日期			××年×月×日					
项次	检查项目		质量标准	各孔检测结果								
				1	2	3	4	5	6	7	8	9	10
1	造孔	孔序	应符合设计要求（二序）	√	√	√	√	√	√	√	√	√	√
2		孔位	应符合设计要求允许偏差±20cm	√	√	√	√	√	√	√	√	○	√
3		△孔深	不得小于设计孔深（≥43m）	√	√	√	√	√	√	√	√	√	√
4		偏斜率	应符合规范或设计要求（≤1%）	√	√	○	√	√	√	√	√	√	√
5		△高压喷杆下入深度	符合设计要求（见附图）	√	√	√	√	√	√	√	√	√	√
6		水压/MPa；水量/(L/min)	符合设计要求（38～40MPa，80L/min）	√	√	√	√	√	√	√	√	√	√
7		气压/MPa；气量/(m³/h)	符合设计要求（0.7～0.8MPa，800～1000L/min）	√	√	√	√	√	√	√	√	√	√
8		△进浆密度浆量和浆压	符合设计要求（G=1.7，80mL/s）	√	√	√	√	√	√	√	√	√	√
9		喷嘴摆动角度（定喷、√摆喷、旋喷）	符合设计要求（θ=15°）	√	√	√	√	√	√	√	√	√	√
10		回转速度	符合设计要求（20°/s）	√	√	√	√	√	√	√	√	√	√
11		△提升速度/(cm/min)	符合设计要求（5cm/min）	√	√	√	√	√	√	√	√	√	√
12		△灌浆记录	齐全、清晰、准确	√	√	√	√	√	√	√	√	√	√
各孔质量评定				√	√	√	√	√	√	√	√	○	√
本单元工程内共有10孔，其中优良9孔，优良率90.0%													
评定意见								单元工程质量等级					
各灌浆质量全部合格，其中质量优良孔占90.0%								优良					
施工单位		××× ××年×月×日		建设（监理）单位			××× ××年×月×日					

9. 基础排水单元工程质量评定

1) 单元工程划分按施工质量考核要求划分，以每一排水区为一个单元工程。单元工程量按排水孔总长度（m）计。

2) 填表依据。依据各孔施工记录填写，施工单位务必做好施工记录，监理要认真检查。

3) 检查项目项次 3 的质量标准填写设计孔深及按±2%计算出的允许偏差值。

4) 各孔检测结果：每项检查结果以"√"表示符合质量标准，以"○"表示基本符合质量标准，"×"表示不符合质量标准。

5) 各孔质量评定。各孔质量等级用以"√"表示优良，以"○"表示合格，"×"表示不合格。质量标准：在主要检查项目全部符合质量标准前提下，一般检查项目也符合质量标准的孔评为优良孔；一般检查项目基本符合质量标准孔评为合格孔。

6) 单元工程质量标准。在本单元工程排水孔（槽）全部合格的前提下，若优良孔（槽）占 70%及其以上，即评为优良；若优良孔（槽）数达不到 70%，即本单元工程评为合格。

7) 基础排水单元工程质量评定范例见表 5-13。本例为孔深 15m，孔深允许偏差±0.3m。

表 5-13 基础排水单元工程质量评定

单位工程名称		混凝土大坝		单元工程量		排水孔总长 150m							
分部工程名称		坝基防渗与排水		施工单位		×××水利水电机械施工公司							
单元工程名称、部位		9号坝段基础排水		检验日期		××年×月×日							
项次	检查项目		质量标准		各孔检测结果								
				1	2	3	4	5	6	7	8	9	10
1	垂直排水孔	孔口平面位置偏差	不大于 10cm	√	√	√	√	√	√	○	√	○	√
2		倾斜度 深孔	不大于 1%	√	√	√	√	√	√				√
		浅孔	不大于 2%	—									
3		△孔深偏差	±2%（孔深 15m，允许±0.3m）	√	√	√	√	√	√				√
4	水平孔（槽）	平面位置偏差	不大于 10cm	—									
5		倾斜度	不大于 2%	—									
6	△管（槽板）接头，管（槽板）与岩石接触		密合不漏浆，管（槽）内干净	√	√	√	√	√	√	√	√	√	√
各孔质量评定				√	√	√	√	√	√	○	√	○	√
本单元共有 10 孔，其中优良 8 孔，优良率 80.0%													
评定意见									单元工程质量等级				
单元内各排水孔（槽）质量全部达合格标准，其中优良排水孔（槽）为 80.0%									优良				
施工单位		××× ××年×月×日		建设（监理）单位		××× ××年×月×日							

10. 锚喷支护单元工程（工序）质量评定

(1) 锚喷支护单元工程质量评定

1) 单元工程划分按一次锚喷支护施工区、段划分，每一区段为一单元工程。单元工程量以本单元工程衬护的面积（m²）。

2) 锚喷支护单元工程质量评定是在锚杆及钢筋网、△喷射混凝土工序质量评定后，由施工单位按照监理复核的工序质量等级填写（从表头至评定意见），单元工程质量等级由建设监理复核评定。

3) 单元工程质量标准。在两个工序都合格的前提下，其中有一个工序达到优良，即单元工程为优良。若两个工序均为合格，即单元工程质量为合格。

4) 锚喷支护单元工程质量评定范例见表 5-14。

表 5-14　　　　　　　　　　锚喷支护单元工程质量评定

单位工程名称		引水隧洞		单元工程量		$594m^2$，锚杆 264 根，总长 500m	
分部工程名称		隧洞开挖与衬砌		施工单位		×××水利水电第二工程局	
单元工程名称、部位		0+100～0+140 锚喷支护		检验日期		××年×月×日	
项次	检 查 项 目		质 量 标 准		检 验 记 录		
1	△锚杆材质和砂浆标号		符合设计要求（φ20 锚杆，100 号砂浆）		锚杆用 φ20，材质试验指标符合要求，水泥用 525 号硅酸盐水泥，砂浆标号符合设计（见试验资料）		
2	△锚孔清理		无岩粉、积水		锚孔清洗干净，无岩粉、积水		
3	△砂浆锚杆抗拔力		符合设计和规范要求（18t）		锚杆抽检 3 根，抗拔力为 24.5，29，33.5t		
4	△预应力锚杆张拉力		符合设计和规范要求		—		
5	钢筋材质、规格、尺寸		符合设计要求（纵 φ8，横 φ10，纵、横间距 250cm）		钢筋网材质、规格、尺寸均符合设计要求（见检验资料）		
项次	检测项目	设计值	质量标准允许偏差/cm	实测值（单位：项次 1、3、4、5，为 cm）		合格数/点	合格率/%
1	孔位偏差	150cm	小于 10	实测 30 点，实测值 145～156		30	100
2	孔轴方向		垂直岩壁或符合设计要求	孔轴方向均垂直岩壁（检查 30 孔）		30	100
3	孔深偏差	300cm	±5	实测 30 点，实测值 296～302		30	93.3
4	钢筋间距	纵、横 25cm	±2	实测 18 点，实测值 22.5～26		17	94.4
5	钢筋网与基岩面距离	4cm	±1	实测 20 点，实测值 3～5.5		18	90.0
6	钢筋绑扎		牢固	共检查 30 个绑扎点，28 个点合格，2 个点基本合格		28	93.3
检测结果		共检测 158 点，其中合格 153 点，合格率 96.8%					
评 定 意 见						工序质量等级	
主要检查项目全部符合质量标准。一般检查项目 符合 质量标准。检测项目实测点合格率 96.8%						优良	
施工单位	××× ××年×月×日			建设（监理）单位	××× ××年×月×日		

(2) 锚喷支护锚杆、钢筋网工序质量评定

1) 单位工程、分部工程及单元工程名称、部位填写与锚喷支护单元工程质量评定表相

同。单元工程量为本单元工程锚喷支护的钢筋网面积（m^2）和安装锚杆根数及长度（m）。

2）检查项目栏中项次 1、3～5 质量标准栏，要附设计或规范要求直接填写在相应栏中。

3）检查数量。锚杆的锚孔采用抽样检查，总抽样数量为 10%～15%，但不少于 20 根；锚杆总量少于 20 根时，全数检查项次 2～5。每批喷锚支护锚杆施工时，必须进行砂浆质量检查。锚杆的抗拔力、张拉力检查：每 300～400 根（或按设计要求）抽样不少于一组（3 根）。

4）单元工序质量标准。在主要检查项目符合质量标准的前提下，一般检查项目基本符合标准，检测总点数中有 70% 及其以上符合标准，即评为合格。若一般检查项目符合质量标准，并且检测总点数中有 90% 及以上符合标准，即评为优良。

5）锚喷支护锚杆、钢筋网工序质量评定范例。

（3）锚喷支护喷射混凝土质量工序评定

1）单位工程、分部工程及单元工程名称、部位填写与锚喷支护单元工程质量评定表相同。单元工程量以本单元工程锚喷支护面积（m^2）和喷射混凝土体积（m^3）。

2）检验日期。填本工序质量的评定日期。本工序质量评定必须在本工序施工完成且试验取得混凝土试块抗压强度后及时进行。

3）检查数量。喷混凝土沿洞轴线每 20～50m（水工隧洞为 20m）设置检查断面一个，每个断面的检测点数不少于 5 个。每 100m^3 喷混凝土的混合料试件数不少于二组（每组 3 块），作喷混凝土性能试验。检查方法。不过水隧洞可用针探、钻孔等方法。有压水工隧洞宜采用无损检测法。

4）单元工程质量标准。主要检查项目符合优良质量标准，其他检查项目符合优良或合格质量标准的，即评为优良。凡主要检查项目全部符合合格及以上质量标准，其他检查项目符合合格质量标准的，即评为合格。

5）锚喷支护喷射混凝土质量工序评定范例。检查项目项次 1 "抗压强度保证率"本例未填写，原因是一个单元工程只有几组混凝土试件，不具备计算保证率的条件。本例混凝土抗压强度保证率按分部工程统计，故未填入单元工程。

11. 混凝土防渗墙单元工程质量评定

1）单元工程划分以每一槽孔为一个单元工程。单元工程量为本单元工程混凝土体积（m^3）。

2）检验项目。项次 2、4、10、15 的质量标准栏中有设计要求，须填出设计具体要求。除项次 10 因内容多，另附页外，其余各项均填写设计具体要求。项次 17 需填写检查结果。混凝土芯结构、表面情况、混凝土抗压强度、抗渗标号、弹性模量必须符合设计标准，强度保证率在 80% 以上。

3）单元工程质量标准。在槽孔的主要检查（测）项目符合质量标准的前提下，凡其他检查项目基本符合质量标准，且其他检查项目有 70% 及其以上符合质量标准，即评为合格；凡其他检查项目全部符合质量标准，且其他检查项目有 90% 及其以上符合质量标准，即评为优良。

4）混凝土防渗墙单元工程质量评定范例见表 5-15。

表 5－15　　　　　　　　　　混凝土防渗墙单元工程质量评定

单位工程名称		土坝	单元工程量	混凝土 80m³
分部工程名称		土坝地基防渗	施工单位	×××水利水电机械施工公司
单元工程名称、部位		第 8 槽孔	检验日期	××年×月×日
项次	检查项目		质量标准	检验记录
1	槽孔	槽孔中心偏差	≤3cm	实测 4 孔，偏差超标 0 孔，最大±1.5cm
2		△槽孔孔深偏差	不得小于设计孔深（20m）	实测孔深为 20.4～20.8m
3		△孔斜率	≤0.4%	实测 4 孔，偏差超标 0 孔，最大 0.18%
4		槽孔宽	满足设计要求（包括接头搭接厚度）（80cm）	实测 4 孔，偏差超标 0 孔，最小宽度 82cm
5	清孔	△接头刷洗	刷子、钻头不带泥屑，孔底淤泥不再增加	—
6		△孔底淤积	≤10cm	实测 4 孔，偏差超标 0 孔，最大 2.5cm
7		孔内浆液密度	≤1.3g/cm³	实测 4 孔，偏差超标 1 孔，最大 1.35g/cm³
8		浆液黏度	≤30s	实测 4 次，超标 0 次，最大 25s
9		浆液含砂量	≤10%	实测 4 次，超标 1 次，最大 5%
10	混凝土浇筑	钢筋笼安放	符合设计要求（见附页）	钢筋笼刚度，安放位置及保护层均符合设计要求
11		导管间距与埋深	两导管距离＜3.5m；导管距孔端，一期槽孔宜为 1.0～1.5m；二期槽孔宜为 0.5～1.0m；埋深小于 6m，但大于 1.0m	导管距孔端：实测 2 次，超标 0 次，最大 1.2m 导管间距：实测 2 次，超标 0 次，最大间距 3m 导管埋深：实测 5 次，超标 0 次，最小埋深 1.5m
12		△混凝土上升速度	≥2m/h，或符合设计要求	平均上升速度 2.1m/h
13		混凝土塌落度	18～22cm	实测 5 次，超标 0 次，最大 21cm，最小 19cm
14		混凝土扩散度	34～40cm	实测 5 次，超标 0 次，最大 38cm，最小 35cm
15		浇筑最终高度	符合设计要求	混凝土浇筑最终高度高于设计顶面 50cm
16		△施工记录	齐全、准确、清晰	齐全、准确、清晰
17	1. 混凝土设计指标，包括抗压强度、抗渗号、弹性模量（$fa=14.5$MPa，W6，$Eh=2.85\times10^4$MPa） 2. 混凝土原材料、配合比等是否符合设计要求（符合设计要求） 3. 若在此单元（槽内）钻孔取芯，混凝土质量应符合设计要求			
评定意见				单元工程质量等级
主要检测项目全部符合质量标准。一般检查项目 符合 质量标准，一般检测项目实测点中有 94.9%符合质量标准				优良
施工单位	××× ××年×月×日		建设（监理）单位	××× ××年×月×日

5）各抽检孔质量评定。各孔质量等级用"√"标明优良，用"○"标明合格，用"×"标明不合格。质量标准：在主要检查项目符合质量标准的前提下，一般检查项目也全部符合质量标准的抽检孔评为优良孔；一般检查项目基本符合质量标准的孔评为合格孔。

6) 单元工程质量标准。在本单元工程抽测孔全部合格的前提下，若优良孔占 70% 及其以上，即评为优良；若优良孔数达不到 70%，即单元工程评为合格。

7) 振冲地基加固单元工程质量评定范例见表 5-16。

12. 造孔灌注桩基础单元工程质量评定

1) 单元工程划分按柱（墩）基础划分，每一柱（墩）下的灌注桩基础为一单元工程。单元工程量：以灌注桩孔总长度计（m）和混凝土总量（m³）表示，且必须为相同直径的桩（不同直径的桩应划分在不同的单元）。

2) 填表依据。依据各孔施工记录填写，施工单位务必做好施工记录，监理要认真检查。

3) 检查项目栏中项次 4、8、12 质量标准"符合设计要求"，采用将设计要求填入相应栏或另附页。

4) 各孔检查结果。每个孔共有 13 个检查项目，每项检查结果用"√"标明符合质量标准，用"○"标明基本符合质量标准，用"×"标明不符合质量标准。

表 5-16　　　　　　　振冲地基加固单元工程质量评定

单位工程名称		土坝	单元工程量	钻孔总长 300m，孔数 30 个，抽检孔 8 个								
分部工程名称		基础开挖及处理	施工单位	×××水利水电第三工程局								
单元工程名称、部位		基础振冲加固Ⅱ区	检验日期	××年×月×日								
项次	检 查 项 目		质 量 标 准	各抽检振冲孔检测结果								
				1	2	3	4	5	6	7	8	9	10
1	钻孔	孔位允许偏差	成孔中心与设计定位中心偏差小于 10cm，桩顶中心与定位中心偏差小于 20cm	√	√	○	√	√	√	√	√		
				√	√	√	√	√	√	√	√		
2		△孔深	不得小于设计孔深（设计孔深 10m）	√	√	√	√	√	√	√	√		
3		孔径	符合设计要求（见附页）	√	√	√	√	√	√	√	√		
4	填料	△振密电流	符合设计要求（见附页）	√	√	√	√	√	√	√	√		
5		填料质量（包括数量）	粒径小于 5cm，含泥量小于 10%，填料数量符合设计要求（见附页）	√	√	√	√	√	√	√	√		
6		填料水压	符合设计要求（见附页）	—	—	—	—	—	—	—	—		
7		提升高度	提升高度小于等于 0.5m	√	√	√	√	√	√	√	√		
8		△振冲记录	齐全、清晰、准确	√	√	√	√	√	√	√	√		
各振冲孔质量评定				√	√	○	√	√	√	√	√		
本单元工程内共有 8 孔，其中优良 7 孔，优良率 87.5%													
振冲桩或复合地基的贯入击数和载荷试验			说明情况和测试成果：采用标贯试验：设计 0~5m，6 击；5~8m，8 击；8~11m，11 击；10~14m，14 击；14~16m，15 击；16~18m，17 击；18~20m，19 击；检测全部符合要求										
评 定 意 见				单元工程质量等级									
本单元工程各抽检孔质量均达合格标准，其中优良孔占 87.5%				优良									
施工单位		××× ××年×月×日	建设（监理）单位	××× ××年×月×日									

5) 各孔质量评定。各孔质量等级用"√"标明优良,用"○"标明合格,用"×"标明不合格。质量标准:在主要检查项目全部符合质量标准前提下,一般检查项目也符合质量标准的孔评为优良孔;一般检查项目基本符合质量标准孔评为合格孔。

6) 单元工程质量标准。在混凝土抗村强度保证率达80%及其以上,以及各灌注桩全部达到合格标准前提下,若优良达70%及其以上,即评为优良;若优良桩不足70%,即评为合格。

7) 灌注桩质量评定意见,还应注意并说明的几个问题。①灌注桩造孔应分序,一序孔浇注后再进行二序孔的施工,避免串孔,塌孔等事故。②成孔后,应规定在一定时间内浇注混凝土,一般在4h之内,尤其是更换泥浆后懒不能停滞时间过长。③孔内应保持一定高度水头,尤其是有外水压力时更应注意孔内水头压力,一般孔内水头高于地下水位。④混凝土浇筑时间,每次导管提升高度。⑤黏土与亚黏土层泥浆密度可控制在1.1~1.2g/cm³,砂土和较厚夹层泥浆密度应控制在1.1~1.3g/cm³,砂夹卵石层泥浆密度应控制在1.3~1.5g/cm³。

8) 造孔灌注桩基础单元工程质量评定范例见表5-17。

表5-17　　　　　　造孔灌注桩基础单元工程质量评定

单位工程名称		抽水站		单元工程量		长度180m,混凝土141m³					
分部工程名称		进水口段排桩		施工单位		×××水利水电第三工程局					
单元工程名称、部位		90~881号		检验日期		××年×月×日					
项次	检查项目		质量标准	各抽检振冲孔检测结果							
				1	2	3	4	5	6	7	8	9	10
1	钻孔	孔位偏差	单桩、条形桩基沿垂直轴线方向和群形桩基础边桩的偏差小于1/6桩设计直径,其他部位桩的偏差小于1/4桩径	√	√	√	√	√	√	√	√	√	√
2		孔径偏差	+10cm -5cm	√	√	√	√	√	√	√	√	√	√
3		△孔斜率	<1%	√	√	√	√	√	√	√	√	√	√
4		△孔深	不得小于设计孔深(10m)	√	√	√	√	√	√	√	√	√	√
5	清孔	△孔底淤积厚度	端承桩小于等于10cm;摩擦桩小于等于30cm	√	√	√	√	√	√	√	√	√	√
6		孔内浆液密度	循环1.15~1.25g/cm³,原孔造浆1.1g/cm³左右	√	√	√	√	√	√	√	√	√	√
7	混凝土浇筑	导管埋深	埋深大于1m,小于等于6m	√	√	√	√	√	√	√	√	√	√
8		钢筋笼安放	符合设计要求(见附页)	√	√	√	√	√	√	√	○	√	√
9		△混凝土上升速度	≥2m/h或符合设计要求	√	√	√	√	√	√	√	√	√	√
10		混凝土塌落度	18~22	√	√	√	√	√	√	√	√	√	√
11		混凝土扩散度	34~38	√	√	√	√	√	√	√	√	√	√
12		浇筑最终高度	符合设计要求(见附页)	√	√	√	√	√	√	√	√	√	√
13		△施工记录、图表	齐全、清晰、准确	√	√	√	√	√	√	√	√	√	√

续表

项次	检查项目	质量标准	各抽检振冲孔检测结果									
			1	2	3	4	5	6	7	8	9	10
	各孔质量评定		√	√	○	√	√	√	√	○	√	√
	本单元工程内共有10孔，其中优良9孔，优良率90.0%											
混凝土质量指标和桩的载荷测试		说明情况和测试成果：混凝土设计标号C25，混凝土强度为27.1～32.6MPa，强度保证率96.3%，$C_v=0.126$										
评定意见									单元工程质量等级			
单元工程内，各灌注桩全部达合格标准，其中优良桩有90.0%，混凝土抗压强度保证率为96.3%									优良			
施工单位	××× ××年×月×日		建设（监理）单位						××× ××年×月×日			

13. 混凝土坝坝体接缝灌浆单元工程质量评定

1) 单元工程划分按设计、施工确定的灌浆区、段划分，每灌浆区、段为一个单元工程。单元工程量为本单元灌浆区域面积（m²）。

2) 填表依据。依据施工记录填写。施工中要认真做好记录，监理要认真检查。

3) 检查项目。项次1、2、3、4、7、9，将设计要求或规范名称编号直接填写在栏内。

4) 检查数量。逐项检查，总检查点数不少于30个。

5) 质量标准。在主要检查项目全部符合质量标准前提下，一般检查项目也全部符合质量标准，检测点总数中有90%及以上符合标准的，主要检查项目全部符合质量标准，一般检查项目基本符合质量标准，检测点总数中有70%及其以上符合质量标准的则评为合格。

6) 混凝土坝坝体接缝灌浆单元工程质量评定范例见表5-18。

表5-18 混凝土坝坝体接缝灌浆单元工程质量评定

单位工程名称	混凝土大坝		单元工程量	灌浆面积135m²
分部工程名称	非溢流坝段缝灌浆		施工单位	×××水利水电第三工程局
单元工程名称、部位	9～10号坝段接缝灌浆，▽100～▽110		检验日期	××年×月×日
项次	检查项目		质量标准	检验记录
1	灌浆前应具备的条件	△灌缝两侧及压重层混凝土温度	达到设计要求（测温14℃，压重温14℃）	检测8个点，温度为12.1～13.6℃，达到设计要求
2		△灌浆管路通畅，缝面通畅，以及灌区密封情况	应符合规范或设计要求（压水检查，管路畅通，无串漏）	进行预灌性的压水检查，无串跑，管路畅通
3		灌浆前、后接缝张开度	灌前张开度值大于0.5mm，灌浆过程中接缝张开度值不得大于设计规定（设计张开度5mm）	灌浆过程中实测张开度值：灌浆前2.4mm，灌浆中2.80～4.14mm
4		灌浆材料	应符合规范或设计要求［《水工建筑物水泥灌浆施工技术规范》（SL/T 62—2020）］	水泥采用525号，其质量符合《水工建筑物水泥灌浆施工技术规范》（SL/T 62—2020）要求

续表

项次	检查项目		质量标准	检验记录
5	灌浆	△排气管出浆密度	两个排气管均应出浆，且其密度均宜大于 1.5g/cm³	根据灌浆资料分析，两个排气管均有出浆，且其密度为 1.88g/cm³
6		△排气管管口压力	一排气管压力应达到设计值，另一排气管压力最低应达到设计压力的 50%以上	资料表明，一排气管压力已达到设计计值 5kg/cm²，另一排气管压力达到 3kg/cm²
7		△浆液变换和结束标准	应符合规范或设计要求［《水工建筑物水泥灌浆施工技术规范》（SL/T 62—2020）］	符合规范 SL/T 62—2020 第 5 条、第 6 条有关要求
8		施灌中有无串浆，及其影响质量程度	应基本无串漏，或虽稍有串漏，但处理后，不影响灌浆质量	灌浆过程中无串浆
9		有无中断，及其影响质量程度	应无中断，或虽有中断，但经检查分析尚不影响灌浆质量	灌浆过程中连续、无中断
10		缝面注水泥量	应符合设计要求（不大于 0.4L/min）	实测 0.30～0.35L/min
11		△灌浆记录	齐全、清晰、准确	灌浆过程的原始记录齐全、清晰、准确
灌区测试情况		钻孔取芯、缝面槽检、压水检查及孔内电视等	钻孔取芯，压水检查	灌缝的钻孔取芯，压水试验检查表明，灌缝水泥结合密实，压水试验 q 值多数为零，最大为 0.5Lu
评定意见				单元工程质量等级
主要检查项目全部符合质量标准；一般检查项目全部符合质量标准				优良
施工单位		××× ××年×月×日	建设（监理）单位	××× ××年×月×日

14．河道疏浚单元工程质量评定

1）单元工程划分按设计、施工控制质量要求的段划分，每一疏浚河段为一个单元工程。单元工程量以河段长度（m），土石方量（m³）计。

2）检查数量。以检查疏浚的横断面为主，横断面间距宜为 50m，检测点间距宜为 2～5m，必要时可检测河道纵断面，以便复核。

3）单元工程质量标准。检测点不欠挖，超宽超深值在允许范围内，即为合格点。凡单元工程范围内，检测合格点占总检测点数的 90%及以上的，即评为"合格"。检测合格点占总检测点数的 95 及以上的，即评为"优良"。

4）河道疏浚单元工程质量评定范例见表 5-19。

表 5-19　　　　　　　　　　　河道疏浚单元工程质量评定

单位工程名称		河道疏浚	单元工程量	河段长100m，土石砂4800m³
分部工程名称		第Ⅱ段	施工单位	×××水利水电第三工程局
单元工程名称、部位		2+100～2+200	检验日期	××年×月×日

检测项目			实 测 值 (单位与设计相同)	合格数 /点	合格率 /%
横断面部位	设计标准	允许误差			
河底	宽度80m	±50cm	80.3, 79.5, 80, 80.5, 80.7	4	800
河底	高程5.0m	±40cm ±20cm	4.85, 4.9, 5.1, 5, 4.9	5	100
内堤距	154m	±80cm	154.5, 154.3, 153.9, 154, 154.2	5	100

左岸部分	河坡		M=3.5	—		
	河滩		高程6.3m	±20cm	6.35, 6.4, 6.6, 6.25, 6.3	4	800
			宽度17m	±30cm	17.3, 17.5, 16.8, 17, 17.1	4	800
	标准堤	内坡	M=2.5		—		
		外坡	M=2		—		
		顶高程	12m	±5cm	12, 12.01, 12.03, 12.05, 12	5	100
		顶宽度	6m	±10cm	6.05, 6.10, 5.95, 6, 6	5	100
		干密度	1.55t/m³		1.56, 1.57, 1.65, 1.56, 1.56	5	100
	弃土	顶高程	m		—		
		外坡	M=		—		
		宽度	m		—		
右岸部分	河坡		M=3.3		—		
	河滩		高程6.0m	±20cm	6.0, 6.2, 6.0, 5.8, 5.9	5	100
			宽度22m	±30cm	22.2, 2.2, 22, 22.4, 22.3	4	80.0
	标准堤	内坡	M=2.5		—		
		外坡	M=2		—		
		顶高程	12m	±5cm	12, 12.01, 12.04, 12.03, 12.0	5	100
		顶宽度	6m	±10cm	6.05, 6.04, 5.95, 6.10, 6.08	5	100
		干密度	1.55t/m³		—		
	弃土	顶高程	m		—		
		外坡	M=		—		
		宽度	m		—		

检测结果	共检测60点，其中合格56点，合格率93.3%	
评定意见		单元工程质量等级
实测点合格率为93.3%		合格
施工单位	××× ××年×月×日	建设（监理）单位	××× ××年×月×日

任务三 混凝土工程施工质量评定

本节主要根据《水利水电基本建设工程单元工程质量等级评定标准—第1部分：土建工程》(DL/T 5113.1—2005)讲述有关混凝土工程单元（工序）施工质量评定范例，共7个项目评定，主要为混凝土单元工程（工序）质量评定和混凝土预制构件制作安装单元工程质量评定。

一、混凝土单元（工序）工程质量评定

（一）混凝土单元工程质量评定

(1) 单元工程划分按砼浇筑仓号划分，每一仓号为一单元工程，排架柱梁系按一次检查验收的范围，若干个柱梁为一个单元工程。单元工程量为本单元混凝土浇筑量（m^3）。

(2) 混凝土单元工程质量评定是在基础面或混凝土施工缝处理、模板、△钢筋、止水、伸缩缝和排水管安装、△混凝土浇筑等5个工序质量评定后，由施工单位按照监理复核的工序质量结果填写（从表头至评定意见）。单元工程质量等级由建设、监理复核评定。

(3) 单元工程质量标准。合格标准为工序质量全部合格。优良标准为工序质量全部合格，优良工序达50%及以上，且主要工序全部优良。

(4) 混凝土单元工程质量评定范例见表5-20。

表 5-20　　　　　　　　　混凝土单元工程质量评定

单位工程名称	混凝土大坝	单元工程量	混凝土788m^3
分部工程名称	溢流坝段	施工单位	×××水利水电第二工程局
单元工程名称、部位	5号坝段，▽2.5～▽4.0m	评定日期	××年×月×日
项次	工 序 名 称		工序质量等级
1	基础面或混凝土施工缝处理		优良
2	模板		合格
3	△钢筋		优良
4	止水、伸缩缝和排水管安装		合格
5	△混凝土浇筑		优良
评 定 意 见			单元工程质量等级
工序质量全部合格，主要工序—钢筋、混凝土浇筑，两工序质量优良，工序质量优良率为60.0%。			优良
施工单位	××× ××年×月×日	建设（监理）单位	××× ××年×月×日

（二）基础面或混凝土施工缝处理工序质量评定

(1) 单位工程、分部工程、单元工程名称、部位填写与混凝土单元工程质量评定表相同。单元工程量除填混凝土量（m^3）外，还要填基础岩面、施工缝或软基面处理的数量

（m^2）。

（2）本工序表分为基础岩面、混凝土施工缝和软基面等三种类型。各类检查项目与质量标准相同。所评定工序属于哪种类型，就按相应类型检查项目的质量标准进行质量检验，并记录检验结果。

（3）工序质量标准。在开仓前进行最后一次检查，主要检查项目（有"△"号的）基本符合质量标准，评为"合格"，全部符合质量标准，即评为"优良"。

（4）基础面或混凝土施工缝处理工序质量评定范例见表 5－21。本例为混凝土施工缝处理工序，故按表中 2 项的（1）、（2）项次检查处理质量，并记录。

表 5－21　　　　　　　基础面或混凝土施工缝处理工序质量评定

单位工程名称	混凝土大坝	单元工程量	混凝土 788m^3，施工缝 250m^2
分部工程名称	溢流坝段	施工单位	×××水利水电第二工程局
单元工程名称、部位	5 号坝段，▽2.5～▽4.0m	检验日期	××年×月×日
项次	检 查 项 目	质 量 标 准	检 验 记 录
1	基础岩面		
（1）	△建基面	无松动岩块	—
（2）	△地表水和地下水	妥善引排或封堵	—
（3）	岩面清洗	清洗洁净，无积水，无积渣杂物	—
2	混凝土施工缝		
（1）	△表面处理	无乳皮、成毛面	表面无乳皮、全部凿成毛面
（2）	混凝土表面清洗	清洗洁净，无积水，无积渣杂物	表面已清洗干净，积水已排除，无积渣杂物
3	软基面		
（1）	△建基面	预留保护层已挖除，地质符合设计要求	—
（2）	垫层铺填	符合设计要求	—
（3）	基础面清理	无乱石、杂物，坑洞分层回填夯实	—
	评 定 意 见		工序质量等级
	主要检查项目全部符合质量标准，一般检查项目符合质量标准		优良
施工单位	××× ××年×月×日	建设（监理）单位	××× ××年×月×日

（三）混凝土模板工序质量评定

（1）单位工程、分部工程、单元工程名称、部位填写与混凝土单元工程质量评定表相同。单元工程量除填本单位混凝土量（m^3）外，还要填模板安装量（m^2）。

（2）检查项目项次 1 质量标准栏须填写设计要求，如写不下可另附页。本例将设计要求（支撑牢固、稳定）直接填写在栏内。

（3）检测项目。①允许偏差栏，分为三种，应按模板性质及种类在相应栏内加"√"标明。本例模板是外露表面、钢模，故在钢模处加"√"。②第 4、5、6、7 项应按施工图填写设计值及其单位（m或cm）。实测值应对应于设计值，且一般同单位，而不应填偏差值。③检测数量。按水平线（或垂直线）布置检测点。总检测点数量：模板面积在100cm² 以内，不少于20个；100cm² 以上，不少于30个。

(4) 质量标准。在主要检查项目（有"△"号的）符合质量标准的前提下，一般检查项目（无"△"号的）基本符合质量标准，检测总点数中有70%及以上符合质量标准，即评为合格。一般检查项目符合质量标准，检测总点数中有90%及以上符合质量标准，即评为优良。

（四）混凝土钢筋工序质量评定

(1) 单位工程、分部工程、单元工程名称、部位填写与混凝土单元工程质量评定表相同。单元工程量除填本单元混凝土量（m³）外，还要填钢筋工程量（m）。

(2) 检查项目项次1质量标准栏为符合设计，填表时须在该栏中注明设计图号，本例为：水工08A。

(3) 检测数量。先进行宏观检查，没发现有明显不合格处，即可进行抽样检查，对梁、板、柱等小型构件，总检测点数不少于30个，其余总检测点数一般不少于50个。

(4) 质量标准。在主要检查、检测项目符合质量标准的前提下，一般检查项目基本符合质量标准，检测总点数中有70%及以上符合质量标准，即评为合格，一般检查项目符合质量标准，检测总点数中有90%及以上符合质量标准，即评为优良。

（五）混凝土止水、伸缩缝和排水管安装工序质量评定

(1) 单位工程、分部工程、单元工程名称、部位填写与混凝土单元工程质量评定表相同。单元工程量除填本单元砼量（m³），还要填本工序工程量（m）。

(2) 检查项目。项次5允许偏差为符合设计要求，填表时应将设计止水插入基岩部分的要求写出。

(3) 检测数量。一单元工程中若同时有止水、伸缩缝和坝体排水管三项，则每一单项检查（测）点不少于8个，总检查（测）点数一般不少于30个；若只有其中一项或两项总检查（测）点数一般不少于20个。

(4) 质量标准。在主要检查项目符合质量标准的前提下，一般检查项目基本符合质量标准，检测总点数中有70%及以上符合质量标准，即评为合格，一般检查项目符合质量标准，检测总点数中有90%及以符合质量标准，即评为优良。

(5) 混凝土止水、伸缩缝和排水管安装工序质量评定范例见表5-22。

表5-22　　　　　　混凝土止水、伸缩缝和排水管安装工序质量评定

单位工程名称		混凝土大坝	单元工程量	混凝土788m³，止水铜片长6m
分部工程名称		溢流坝段	施工单位	×××水利水电第二工程局
单元工程名称、部位		5号坝段，▽2.5～▽4.0m	检验日期	××年×月×日
项次	检查项目		质　量　标　准	检验记录
1	伸缩缝制作及安装	涂敷沥青料	混凝土表面洁净干燥，涂刷均匀平整，与混凝土粘接紧密，无气泡及隆起现象	—
2		粘贴沥青油毛毡	伸缩缝表面清洁干燥，蜂窝麻面已处理并填平，外露施工铁件割除，铺设厚度均匀平整，搭接紧密	伸缩缝表面清理符合质量标准要求，面贴三油二毡

续表

项次	检查项目		质 量 标 准		检验记录		
3	伸缩缝制作及安装	铺设预制油毛毡	混凝土表面清洁，蜂窝麻面已处理并填平，外露施工铁件割除，铺设厚度均匀平整、牢固，相邻块安装紧密平整无缝		—		
4		△沥青井、柱安装	电热原件及绝缘材料置放准确牢固，不短路，沥青填塞密实，安装位置准确、稳固，上下层衔接好		—		

项次	检 测 项 目		设计值/mm	允许偏差/mm	实测值/mm	合格数/点	合格率/%
1	金属塑料橡胶止水	宽	400	±5	400，400，405，405，400，400，408，408	6	75.0
2		高（牛鼻子）	40	±2	40，40，41，43，39，40，41，40	7	87.5
	金属止水片的几何尺寸	长	1500	±20	1500，1500，1500，1500	4	100
3		△金属止水片搭接长度	20	不小于20双面氧焊	25，23，25，28	4	100
4		安装偏差	大体积混凝土	±30			
			细部结构	20	15，10，8，12	4	100
5		△插入基岩部分		符合设计要求	—		
6	坝体排水管安装	拔管排水管	平面位置	≤100			
7			倾斜度	≤4%			
8		多孔性排水管	平面位置	≤100			
9			倾斜度	≤4%			
10		△排水管通畅性		通畅			
检测结果		共测28点，其中合格25点，合格率89.3%					
评 定 意 见						工序质量等级	
主要检查项目全部符合质量标准。一般检查项目符合质量标准。检测项目实测点合格率89.3%						合格	
施工单位	××× ××年×月×日			建设（监理）单位	××× ××年×月×日		

（六）混凝土浇筑工序质量评定

1）单位工程、分部工程、单元工程名称、部位填写与混凝土单元工程质量评定表相同。单元工程量填本单元混凝土量（m³）。

2）检验日期。砼浇筑时和拆模后分别进行检查，填写两个检查时间。

3）检查项目。项次9△有表面平整要求的部分，指过流表面及高速水流区。

4）质量标准。如果主要检查项目全部符合优良质量标准，一般检查项目符合优良或合格质量标准，评为优良；如果主要检查项目全部符合合格质量标准，一般检查项目基本符合合格质量标准评为合格。

混凝土浇筑工序质量评定范例见表5-23。

表 5-23　　　　　　　　　　　　混凝土浇筑工序质量评定

单位工程名称	混凝土大坝	单元工程量	混凝土 788m³
分部工程名称	溢流坝段	施工单位	×××水利水电第二工程局
单元工程名称、部位	5号坝段，▽2.5～▽4.0m	检验日期	××年×月×日

项次	检查项目	质量标准 优良	质量标准 合格	检验记录
1	砂浆铺筑	厚度不大于3cm，均匀平整、无漏铺	厚度不大于3cm	砂浆铺筑均匀，无漏铺，厚度为2～3cm。优良
2	△入仓混凝土料	无不合格料入仓	少量不合格料入仓，经处理尚能基本满足设计要求	入仓混凝土料合格。优良
3	△平仓分层	厚度不大于50cm，铺设均匀，分层清楚，无骨料集中现象	局部稍差	混凝土铺设均匀，分层清楚，厚度为40～50cm。优良
4	△混凝土振捣	垂直插入下层5cm，有次序，无漏振	无架空和漏振	振捣均匀，无漏振，控制入下层深度5cm。优良
5	△铺料间歇时间	符合要求，无初凝现象	上游15m以内无初凝现象，其他部位初凝累计面积不超过1%并经处理合格	铺料间歇时间符合要求，无初凝现象。优良
6	积水和泌水	无外部水流入，泌水排除及时	无外部水流入，有少量泌水，排除不够及时	泌水和积水及时排除。优良
7	插筋、管路等埋设件保护	保护好，符合要求	有少量位移，但不影响使用	有小量位移，但不影响使用。合格
8	混凝土养护	混凝土表面保持湿润，无时干时湿现象	混凝土表面保持湿润，但局部短时间有时干时湿现象	混凝土养护及时，表面保持湿润。优良
9	△有表面平整要求的部位	符合设计要求	局部稍超出规定，但累计面积不超过0.5%	—
10	麻面	无	少量麻面，但累计面积不超过0.5%	无麻现。优良
11	蜂窝狗洞	无	轻微、少量、不连续，单个面积不超过0.1m²，深度不超过骨料最大粒径，已按要求处理	无蜂窝狗洞。优良
12	△露筋	无	无主筋外露，箍、副筋个别微露，已按要求处理	无露筋。优良
13	碰损掉角	无	重要部位不允许，其他部位轻微少量，已按要求处理	无掉角。优良
14	表面裂缝	无	有短小，不跨层的表面裂缝，已按要求处理	未发现表面裂缝。优良
15	△深层及贯穿裂缝	无	无	无深层及贯穿裂缝。优良

评定意见		工序质量等级
主要检查项目符合优良质量标准，一般检查项目符合优良质量标准		优良
施工单位	×××　××年×月×日	建设（监理）单位　×××　××年×月×日

二、混凝土预制构件安装单元工程质量质量评定

1）单元工程划分按检查质量评定的根、套、组划分，每一根、套、组为一个单元工程。单元工程量以安装预制构件数量（t、m³、件）计。

2）检查项目。项次1、2、3的质量标准栏为"符合设计要求"，项次1填写图纸的图号。本例为桥09。项次2内容较多，采用另附页方式，填写见附页，项次3填写混凝土预制件的设计标号（或等级），本例为C_{30}。

3）检测数量。按要求逐项检查，总检测点数不少于20个。

4）质量标准。在主要检查项目全部符合质量标准的前提下，如果检测项目实测点合格率在70％及以上（90％），则评为合格。如果实测点合格率为90％及以上，则评为优良；或者，实测点合格率虽在70％～90％之间，但预制构件制造质量优良，则本单元工程仍可评为优良。

如果本单元中的预制构件制造质量优良，可在百分数后面加上"预制构件制造质量优良"（同时将制造质量评定表附在本表后面）。

5）混凝土预制构件安装单元工程质量评定范例见表5-24。

表5-24　　　　　混凝土预制构件安装单元工程质量评定

单位工程名称	溢洪道		单元工程量	混凝土预制梁9.3m³
分部工程名称	交通桥		施工单位	×××水利水电第三工程局
单元工程名称、部位	第四跨预制梁安装		检验日期	××年×月×日

项次	检查项目		质量标准	检验记录		
1	△构件型号和安装位置		符合设计要求（图纸桥09）	预制构件型号和安装位置符合设计图纸（见附页）		
2	△构件吊装时的混凝土强度		符合设计要求（见附页）	构件混凝土强度大于70％设计标号，符合设计要求		
3	△构件预制质量		符合设计要求（C30）	构件混凝土试块抗压强度均符合设计要求C30		

项次	检测项目		允许偏差/mm	实测值/mm	合格数/点	合格率/％
1	杯形基础	中心线和轴线的位移	±10	—		
2		杯形基础底标高	+0～-10	—		
3	柱	中心线和轴线的位移	±5	0，-3，0，1，-2，0，-3，-1	8	100
4		垂直度 柱高10m以下	10	—		
5		垂直度 柱高10m及其以上	20	5，7，10，2，8，4，0，1	8	100
6		牛腿上表面和柱顶标高	±8	+2，0，0，+1	4	100
7	吊车梁	中心线和轴线的位移	±5	+3，+2，-1，-2	4	100
8		梁顶面标高	+10～-5	+2，-1，-3，-6	3	75.0
9	屋架	下弦中心线和轴线的位移	±5			
10		垂直度 桁架、拱型屋架	1/250屋架高			
11		垂直度 薄腹梁	5			

续表

项次	检测项目		允许偏差/mm	实测值/mm	合格数/点	合格率/%
12	预制廊道、井筒板（埋入建筑物）	中心线和轴线的位移	±20			
13		相邻两构件的表面平整	10			
14	建筑物外表面模板	相邻两板面高差	3（局部）5	2,0,4,1	4	100
15		外边线与结构物边线	±10	+8,+11,+2,0	3	75.0
检测结果	共检测36点，其中合格34点，合格率94.4%					
评定意见					单元工程质量等级	
主要检查项目全部符合质量标准，检测项目实测点合格率94.4%					优良	
施工单位	××× ××年×月×日		建设（监理）单位		××× ××年×月×日	

任务四 碾压土石坝工程质量评定

本节主要根据《碾压式土石坝施工规范》(DL/T 5129—2001) 讲述有关碾压土石坝工程单元（工序）施工质量评定范例，共30个项目评定，主要有土石坝坝基、土质防渗体填筑、混凝土面板、坝体填筑、细部工程等单元工程（工序）质量评定。

一、土石坝坝基及岸坡处理单元工程（工序）质量评定

（一）土石坝坝基及岸坡处理单元工程质量评定

(1) 单元工程划分按设计或施工检查验收的区段划分，每一区段为一个单元工程。

(2) 土石坝坝基及岸坡处理单元工程质量评定是在△坝基及岸坡清理、防渗体岩基及岸坡开挖、△坝基及岸坡地质构造处理及△坝基及岸坡渗水处理等工序质量评定之后，由施工单位按照监理复核的工序质量结果填写（从表头至评定意见）和自评。单元工程质量等级由监理复核评定。

(3) 单元工程质量标准。合格标准为4个工序的质量评定均达到合格质量标准。优良标准为4个工序的质量全部合格，其中主要工序质量必须全部达到优良标准。

（二）坝基及岸坡清理工序质量评定

(1) 单位工程、分部工程、单元工程及施工单位按照土石坝坝基及岸坡处理单元工程质量评定表填写。单元工程量应填写单元工程质量评定表中的单元工程量及本工序工程量，如单元工程量：石方开挖250m³，工序工程量：清理面积120m²。

(2) 保证项目栏中项次3质量标准为符合设计要求，本例因设计具体要求较多，采取另附页说明。

(3) 允许偏差项目。允许偏差分人工施工与机械施工两类。填写时应用"√"标明，如采用机械施工，用笔在机械施工栏用"√"标明。

(4) 检验方法及检测数量。①保证项目，现场全面检查并作施工记录。②允许偏差项目，长、宽检验；用经纬仪与拉尺检查，所有边线均需量测。每边线测量不少于5点。

③清理边坡顺坝轴线每 10 延米用坡度尺量测一个点；高边坡需测定断面，垂直坝轴线每 20 延米测一个断面。

(5) 工序质量标准。合格：保证项目符合相应的质量检验评定标准；允许偏差项目检测每项应有大于等于 70% 测点在允许偏差质量标准的范围内。优良：保证项目符合相应的质量评定标准；允许偏差项目每项必须有大于等于 90% 的测次在允许偏差质量标准的范围。

(三) 防渗体岩基及岸坡开挖工序质量评定

(1) 单位工程、分部工程、单元工程及施工单位按照土石坝坝基及岸坡处理单元工程质量评定表填写。本工序工程量与单元工程量相同。

(2) 保证项目栏中项次 1 和项次 3 质量标准中，有"符合设计要求"的规定，将设计要求填写在栏内，内容较多，需附页说明，在栏中注明（见附页）。

(3) 检验方法及数量。①保证项目及基本项目，采用现场检查并查看施工记录。②允许偏差项目。总检测点数量，采用横断面控制，防渗体坝基部位间距不小于 20m，岸坡部位间距不大于 10m，各横断面点数不小于 6 点，局部突出或凹陷部位（面积在 $0.5m^2$ 以上者）应增设检测点。标高用水准仪测量，坡面局部超欠挖拉线与水准仪测量检查，长、宽边线范围用经纬仪和拉线检查。

(4) 工序质量标准。合格：保证项目符合相应的质量评定标准；基本项目符合相应的合格质量标准；允许偏差项目每项应有大于等于 70% 的测点在相应的允许偏差质量标准范围内。质量标准的范围内。优良：保证项目符合相应的质量评定标准；基本项目除符合相应的合格质量标准；其中必须有大于等于 50% 项目符合优良质量标准；允许偏差项目每项须有大于等于 90% 的测次在相应的允许偏差质量标准的范围内。

(四) 坝基及岸坡地质构造处理工序质量评定

(1) 单位工程、分部工程、单元工程及施工单位按照土石坝坝基及岸坡处理单元工程质量评定表填写。单元工程量中首先填单元工程量，如石方开挖 $250m^3$，再填工序量如地质构造处理中混凝土回填 $43m^3$。

(2) 保证项目栏中的质量标准中"按设计要求处理"，由于内容多，故应注明"设计要求见附页"。

(3) 检验方法及数量。现场检查及查看施工记录。

(4) 工序质量标准。合格：保证项目符合相应的质量评定标准；基本项目符合相应的合格质量标准。优良：保证项目符合相应的质量评定标准；基本项目符合相应的合格质量标准；其中必须有一项目符合优良质量标准。

(五) 坝基及岸坡渗水处理工序质量评定

(1) 单位工程、分部工程、单元工程及施工单位按照土石坝坝基及岸坡处理单元工程质量评定表填写。单元工程量，先填单元工程量，然后填本工序渗水处理量（处）。

(2) 检验方法。以观察检查、查看施工记录为主。

(3) 工序质量标准。合格：保证项目符合相应的质量评定标准；基本项目符合相应的合格质量标准。优良：保证项目符合相应的质量评定标准；基本项目符合相应的优良质量标准。

二、土质防渗体填筑单元工程（工序）质量评定

（一）土质防渗体填筑单元工程质量评定

(1) 单元工程划分按设计或施工检查验收区、段、层划分，常以每一区、段的每一层为一个单元工程。单元工程量填本单元工程量土方填筑量。

(2) 土质防渗体填筑单元工程质量评定是在△结合面处理、卸料及铺填、△压实、接缝处理等工序质量评定后，由施工单位按照监理复核的工序质量结果填写（从表头至评定意见）。单元工程质量等级由监理复核评定。

(3) 单元工程质量标准。合格：各工序的质量评定均应符合相应的合格质量标准。优良：各工序的质量评定全部符合相应的合格质量标准；其中结合面处理与压实两项质量必须优良。

（二）土石坝土质防渗体结合面处理工序质量评定

(1) 单位工程、分部工程、单元工程及施工单位按照土质防渗体填筑单元工程质量评定表填写。单元工程量，先填单元工程量，再填写单元结合层面处理面积。

(2) 检验方法。保证项目、基本项目以观察检查和检查施工记录为主。

(3) 保证项目栏中项次 2 质量标准为按"设计要求处理"，由于设计要求内容较多，故注明（见附页）。

(4) 工序质量标准。合格：保证项目符合相应的质量评定标准；基本项目符合相应的合格质量标准。优良：保证项目符合相应的质量评定标准；基本项目符合相应的质量评定合格标准。其中必须有一项符合优良质量标准。

（三）石坝土质防渗体卸料及铺填工序质量评定

(1) 单位工程、分部工程、单元工程及施工单位按照土质防渗体填筑单元工程质量评定填写。本工序工程量与单元工程量相同。

(2) 保证项目栏中项次 1 的质量标准有"符合设计和《施工规范》要求"。写出规范名称及编号，并用"（ ）"标明。检验方法是观察检查并查阅试验记录。

(3) 检测数量及方法。铺土厚度（平整度，压实前），采用网格控制，每 $100m^2$ 一个测点。铺填边线，用仪器测量及拉线，每 10 延长米一个测点。

(4) 允许偏差项目栏中允许偏差项次 2 分为人工施工、机械施工两类。本例是机械施工，在其栏下用"√"标明。实测栏因测量数量较多，故填写总测点数、实测值范围（最小值～最大值），合格点数。详细测量数据附近。

(5) 工序质量标准。合格：保证项目符合相应的质量评定标准；基本项目符合相应的合格质量标准；允许偏差项目每项应有大于等于 70% 测点在允许偏差质量标准范围内。优良：保证项目符合相应的质量评定标准；基本项目符合优良质量标准；允许偏差项目每项须有大于等于 90% 测点在相应的允许偏差质量标准范围内。

（四）土石坝土质防渗体压实工序质量评定

(1) 表头单位工程、分部工程、单元工程及施工单位按照土质防渗体填筑单元工程质量评定填写。本工序工程量与单元工程量相同。

(2) 基本项目栏中项次 1 "防渗体碾压后的干密度（干容量）"须填写设计值，如 $1.65g/cm^3$。

(3) 检验数量及方法。干密度试验黏性土 1 次/（100～200m³），砾质土 1 次/（200～400m³），如单元工程量较少，每层（单元）取样少于 20 次时，可多层累计统计，但每层不少于 5 次。

用查阅碾压试验记录及报告、观察检查施工记录等方法。

(4) 工序质量标准。合格：保证项目符合相应的质量评定标准；基本项目符合相应的合格质量标准。优良：保证项目符合相应的质量评定标准；基本项目中的项次 1 必须符合优良质量标准另一项符合优良或合格质量标准。

(5) 土石坝土质防渗体压实工序质量评定范例见表 5-25。

表 5-25 土石坝土质防渗体填筑单元工程质量评定表

单位工程名称	××水库大坝	单元工程量	土方填筑 338m³
分部工程名称	防渗心墙	施工单位	×××工程局
单元工程名称、部位	心-1	评定日期	××年×月×日
项次	工 序 名 称		工序质量等级
1	△结合面处理		优良
2	卸料及铺填		合格
3	△压实		合格
4	接缝处理		优良
评 定 意 见			单元工程质量等级
全部工序质量符合合格标准。主要工序中结合面处理工序质量达优良标准，压实工序质量达到合格标准			合格
施工单位	××× ××年×月×日	建设（监理）单位	××× ××年×月×日

（五）土石坝土质防渗体接缝处理工序质量评定

(1) 单位工程、分部工程、单元工程及施工单位按照土质防渗体填筑单元工程质量评定填写。单元工程量先填单元工程量，再填本工序接缝处理工程量（m²）。

(2) 基本项目坡面结合栏的"检验记录"须填写规定的填土含水率及干密度设计值，并用"（ ）"标明。

(3) 填土含水率及干密度检测数量：每 10 延米取试样一个；如一层达不到 20 个试样，可多层累计统计合格率；但每层不得少于 3 个试样。

(4) 工序质量标准。合格：保证项目符合相应的质量评定标准；基本项目符合相应的合格质量标准。优良：保证项目符合相应的质量标准评定标准；基本项目符合优良的质量标准。

三、土石坝混凝土面板单元工程（工序）质量评定

（一）土石坝混凝土面板单元工程质量评定

(1) 单元工程划分。混凝土面板包括面板及趾板两类，以每块面板或每块趾板为一个单元工程。单元工程量填写本单元混凝土浇筑量（m³）。

(2) 土石坝混凝土面板单元工程质量评定是在基面清理、模板、△止水及伸缩缝、△

混凝土浇筑及钢筋等工序质量评定后,由施工单位按照建设监理复核的工序质量结果填写(从表头至评定意见)。单元工程质量等级由建设、监理复核评定。

(3) 单元工程质量标准。合格:各工序的质量评定均应符合相应的合格质量标准。优良:面板混凝土浇筑、止水及伸缩缝处理二工序质量评定必须达到优良质量标准,其他工序亦须达到合格(或优良)质量标准。

(4) 土石坝混凝土面板单元工程质量评定范例见表 5-26。

表 5-26　　　　　　　土石坝混凝土面板单元工程质量评定表

单位工程名称		××右坝段	单元工程量	混凝土 155m³
分部工程名称		混凝土防渗面板	施工单位	×××工程局
单元工程名称、部位		坝面板1	评定日期	××年×月×日
项次	工　序　名　称			工序质量等级
1	基面清理			优良
2	模板			合格
3	钢筋			优良
4	△止水及伸缩缝			合格
5	△混凝土浇筑			合格
评　定　意　见				单元工程质量等级
各工序质量检验评定均达到合格标准,其中面板混凝土浇筑、止水及伸缩缝两个主要工序未达到优良标准				合格
施工单位	××× ××年×月×日		建设(监理) 单位	××× ××年×月×日

(二) 土石坝混凝土面板基面清理工序质量评定

(1) 单位工程、分部工程、单元工程及施工单位按照土石坝混凝土面板单元工程质量评定表填写。单元工程量先填单元工程量,再填基面清理面积(m²)。

(2) 保证项目项次1中包括趾板基础与垫层防护层两类,实际单元工程中属于哪类,就在相应位置用"√"标明。

(3) 检验方法。保证项目对照施工图纸,查阅验收记录。基本项目观察检查,查验施工记录。

(4) 工序质量标准。合格:保证项目符合相应的质量评定标准;基本项目符合相应的合格质量标准。优良:保证项目符合相应的质量标准评定标准;基本项目趾板基础清理质量合格(或优良),垫层防护层清理质量必须优良。

(5) 土石坝混凝土面板基面清理工序质量评定范例见表 5-27。本例是垫层防护层,故填表时在垫层防护层用"√"标明。

(三) 土石坝混凝土面板模板制作与安装工序质量评定

1) 单位工程、分部工程、单元工程及施工单位按照土石坝混凝土面板单元工程质量评定表填写。单元工程量先填本单元工程量,再填模板安装量(m²)。

表5-27　　　　　　　　土石坝混凝土面板基面清理工序质量评定表

单位工程名称	××右坝段	单元工程量	混凝土155m³，基面清理28m²
分部工程名称	混凝土防渗面板	施工单位	×××工程局
单元工程名称、部位	坝面板1	检验日期	××年×月×日

项次	保证项目	质量标准	检验记录		
1	趾板基础、√垫层防护层	验收合格后，可进行基面清理	对照图纸，查阅施工记录，已按设计要求认真施工、验收合格后，才进行基面清理		

| 项次 | 基本项目 | 质量标准 | | 检验记录 | 质量等级 | |
		合格	优良		合格	优良
1	趾板基础清理	仓面无松动岩石、无浮渣、无杂物、无积水、岩面洁净	仓面无松动岩石、无浮渣、无杂物、无积水、岩体无爆破裂缝、岩面平整无陡坎、清洗干净	—		
2	垫层防护层清理	检验合格，表面较平整，浮渣、杂物清除干净，表面湿润	检验合格，表面较平整、稳定，浮渣、杂物清除干净，表面湿润、均匀	表面杂物、浮渣清除干净，保护表面湿润均匀，且表面平整、稳定，检验合格		√

评定意见		工序质量等级
保证项目符合质量评定标准，基本项目符合优良质量标准，垫层防护层清理达到优良标准		优良
施工单位	××× ××年×月×日	建设（监理）单位	××× ××年×月×日

2) 检测数量及方法：滑模轨道安装仪器测量，每10延长米各测点，总检测各不少于20点。其他项目用尺测量，具体数量见评定标准。

3) 工序质量标准。合格：保证项目符合相应质量标准；基本项目符合相应的合格质量标准；允许偏差项目每项应有大于等于70%的测点在相应的允许偏差质量标准范围内。优良：保证项目符合相应质量评定标准；基本项目符合优良质量标准；允许偏差项目每项须有大于等于90%的测点在相应的允许偏差质量标准范围内。

4) 土石坝混凝土面板模板制作与安装工序质量评定表范例见表5-28。

表5-28　　　　　　土石坝混凝土面板模板制作与安装工序质量评定表

单位工程名称	××右坝段	单元工程量	混凝土155m³，模板12.0m²
分部工程名称	混凝土防渗面板	施工单位	×××工程局
单元工程名称、部位	坝面板1	检验日期	××年×月×日

项次	保证项目	质量标准	检验记录
1	滑模结构及牵引系统，模板及支架	牢固可靠，有安全装置，有足够和稳定性、刚度和强度	施工前现场检查滑模安装牢固，有安全装置，稳定性、刚度及强度均满足需要

续表

项次	基本项目	质量标准 合格	质量标准 优良	检验记录	质量等级 合格	质量等级 优良
1	滑模的质量	表面清理比较干净，无附着物	表面清理干净，无任何附着物，表面光滑	滑模表面清理干净，无附着物，光滑（新模）		√

项次	允许偏差项目	设计值/m	允许偏差/mm	实测值/mm	合格数/点	合格率/%
1	外形尺寸	高1.5 宽8.0	±10	高：1500，1498，1500，1502，1507，1500 宽：8000，8005	8	100
2	对角线长度	8.139	±6	8140，8140	2	100
3	扭曲		4	3，2，5，4，1，3，2，1，1，2	9	90.0
4	表面局部不平度		3/m	2，2，1，3，2，4，2，1，1	9	90.0
5	滚轮或滑道间距	7.50	±10	7500，7504，7502，7501	4	100
6	轨道安装高程		±5	共测20点，实测值偏差−3～+7	16	80.0
7	轨道安装中心线		±10	共测20点，实测值偏差−5～+12	15	75.0
8	接头处轨面错位		2	1，0，3，1，2	4	80.0

评定意见	工序质量等级
保证项目符合质量标准；基本项目符合优良质量标准；允许偏差项目各项合格率为75.0%～100%	合格

施工单位	××× ××年×月×日	建设（监理）单位	××× ××年×月×日

（四）土石坝混凝土面板止水及伸缩缝制作及安装工序质量评定

（1）单位工程、分部工程、单元工程及施工单位按照土石坝混凝土面板单元工程质量评定表填写。单元工程量先填单元混凝土量，再填止水片（带）安装长度（m）。

（2）保证项目。项次1质量标准要求止水、伸缩缝的结构型式、使用原材料均需符合设计要求，由于本例设计要求内容多，采取另附页说明，填写见附页。

（3）检测：数量。允许偏差项目项次1、2、3、5、6每5延米检测1点，项次4搭接长度逐个接缝检查。

（4）工序质量标准。合格：保证项目符合相应的质量评定标准；基本项目符合相应合格质量标准；允许偏差项目每项应有大于等于70%的测点在相应的允许偏差质量标准范围内。优良：保证项目符合相应质量评定标准；基本项目必须大于等于50%达优良质量标准，其余达合格（或优良）；允许偏差项目每项须有大于等于90%的测点在相应的允许偏差质量标准范围内。

（5）土石坝混凝土面板止水片及伸缩缝制作及安装工序质量评定范例见表5-29。

表 5－29   土石坝混凝土面板止水片及伸缩缝制作及安装工序质量评定表

单位工程名称		××右坝段		单元工程量		混凝土155m³,止水58m²		
分部工程名称		混凝土防渗面板		施工单位		×××工程局		
单元工程名称、部位		坝面板1		检验日期		××年×月×日		
项次	保证项目	质 量 标 准			检 验 记 录			
1	止水、伸缩缝的结构形式、原材料	符合设计,未经鉴定的新材料不得用于主体工程			止水类型、规格尺寸符合设计要求;有产品材质说明书、出厂检验合格证,为合格产品。详见检查记录			
2	止水片(带)架设	位置准确、牢固可靠,无损坏			止水位置准确、牢固、可靠,无损坏			
项次	基本项目	质 量 标 准		检 验 记 录			质量等级	
		合格	优良				合格	优良
1	止水片(带)安装	位置准确、平直、表面洁净、金属止水片与塑胶垫片连接较好,填充沥青饱满	位置准确、平直、表面边角整齐洁净、金属止水片与塑胶垫片连接紧密,填充沥青饱满密实	橡胶止水安装位置准确,平直,表面边角整齐洁净				√
2	焊接及粘接长度	焊接及粘接符合设计,焊接或粘接紧密无空洞、无脱离	√焊接或粘接长度符合设计,接缝焊接或粘接紧密表面光滑、无裂纹、无空洞、无脱离外形美观	连接采用硫化热粘合,粘接长度符合设计要求;粘接紧密,无裂纹,无空洞,无脱离				√
3	伸缩缝处理(包括混凝面处理及表面嵌缝)	混凝土表面平整,无蜂窝麻面、起皮起砂;稀料涂刷均匀结合紧密;填料工艺符合设计	混凝土表面必须平整,无蜂窝麻面起皮、起砂;稀料涂刷均匀;嵌缝材料工艺合理,断面符合要求	混凝土表面平整,无蜂窝麻面、洁净、干燥,稀料涂刷均匀且结合紧密,嵌缝填料填充密实,施工工艺符合设计要求			√	
项次	允许偏差项目	设计值	允许偏差/mm		实 测 值(单位与设计值单位相同)		合格数/点	合格率/%
			金属止水	√塑料止水				
1	宽度	30cm	±5	±10	30.0,30.0,30.02,30.05,30.04 30.0,30.0,30.03,30.05,30.03		110	100
2	凸体及翼缘弯起高度			±2	—			
3	桥部圆孔直径	10mm		±2	10,10,9.9,10,10.1 10.2,9.9,9.8,10,10		10	100
4	搭接长度	20cm	0～+20	0～+50	20.5,20.1,20.2,20.3,20.5 20.2,20.5,20.4,20.3,20.6		9	90.0
5	中心线安装偏差	15cm	±5	±5	15.05,15.02,14.98,15.05,14.97 14.95,15.05,14.95,15.05,14.99		10	100
6	两翼缘倾斜		±5	±10	共测10点,范围－5～＋12		8	80.0
评定意见						工序质量等级		
保证项目符合质量标准;基本项目符合优良质量标准;允许偏差项目各项合格率为80.0%～100%						合格		
施工单位		××× ××年×月×日		建设(监理)单位		××× ××年×月×日		

（五）土石坝混凝土面板浇筑工序质量评定

(1) 单位工程、分部工程、单元工程及施工单位按照土石坝混凝土面板单元工程质量评定表填写。本工序工程量与单元工程量相同。

(2) 保证项目质量标准：项次1有"满足设计、符合设计要求"等规定，须在该栏中将设计要求数值写出，并用"（ ）"标明。如抗压C20，抗渗为W8，抗冻F150。

(3) 检测数量。保证项目第1项次强度，趾板每块至少一组，面板每班至少一组；抗冻、抗渗，趾板每500m³一组，面板每3000m²一组。基本项目项次1，坍落度检测每班不少于3次。允许偏差项目，每10延米测1点。

(4) 工序质量标准。合格：保证项目符合相应的质量评定标准；基本项目符合相应的合格质量标准；允许偏差项目每项应有大于等于70%的测点在相应的允许偏差质量标准范围内。优良：保证项目符合相应的质量评定标准；基本项目中，须有大于等于50%达到优良质量标准，其余达到合格（或优良）质量标准；允许偏差项目中每项须有大于等于90%测点在相应的允许偏差质量标准范围内。

(5) 土石坝混凝土面板浇筑工序质量评定范例见表5-30。

表5-30　　　　　　　　土石坝混凝土面板浇筑工序质量评定表

单位工程名称	××右坝段	单元工程量	混凝土155m³
分部工程名称	混凝土防渗面板	施工单位	×××工程局
单元工程名称、部位	坝面板1	检验日期	××年×月×日

项次	保证项目	质量标准	检验记录
1	混凝土配合比及施工质量	满足设计抗压、抗渗、抗冻、抗腐蚀要求（C20、W8、F150）	止水类型、规格尺寸符合设计要求；有产品材质说明书、出厂检验合格证，为合格产品。详见检查记录
2	特殊要求	采用滑模，混凝土连续浇筑，不允许仓面混凝土有初凝现象，否则按冷缝处理	用滑模，混凝土连续浇筑，仓面混凝土无初凝现象
3	混凝土表面	无蜂窝、麻面、孔洞及露筋	无蜂窝、麻面、孔洞及露筋
4	面板裂缝	无贯穿性裂缝	无贯穿性裂缝

项次	基本项目	质量标准		检验记录	质量等级	
		合格	优良		合格	优良
1	坍落度	混凝土稠度基本均匀，坍落度偏离设计中值不大于2cm	混凝土稠度均匀，坍落度偏离设计中值不大于1cm	混凝土稠度基本均匀，坍落度设计5~7cm，共测12次，实测值4.5~6.5cm	√	
2	入仓混凝土（每层铺厚不大于30cm）	铺料及时、均匀，层厚符合规定，仓面平整，无明显骨料集中现象	铺料及时、均匀，层厚符合规定，仓面平整，钢筋上无凝固水泥浆等附着物，无骨料集中现象	铺料及时、均匀，层厚基本符合规定，仓面基本平整，无明显骨料集中	√	

续表

项次	基本项目	质量标准 合格	质量标准 优良	检验记录	质量等级 合格	质量等级 优良
3	混凝土振捣	振捣基本均匀、密实	振捣均匀、密实、侧模、止水附近的混凝土捣实仔细	有次序，无漏振，振捣基本均匀、密实止水附近的混凝土捣实仔细	√	
4	混凝土脱模后	脱模混凝土基本不出现鼓胀、拉裂现象，局部不平整及时抹平	表面无鼓胀，拉裂现象，表面抹面及时，均匀、外观光滑平整	表面无鼓胀、拉裂现象，对局部不平整及时用砂浆抹平	√	
5	混凝土养护	养护及时，在90d内保持面板表面湿润	对新脱模的混凝土进行有较保护，连续养护至水库蓄水时为止，养护期面板表面保持湿润	专人洒水养护，在水库蓄水前一直保持面板表面湿润		√
6	表面裂缝	受压区有少量小于0.3mm发状缝；受拉区有少量小于0.2mm发状裂缝	无	无		√

项次	允许偏差项目	设计值/mm	允许偏差/mm	实测值/mm	合格数/点	合格率/%
1	面板厚度	300	−50～+100	310，325，330，240，250，280，300，350，410，360，355	9	81.8
2	表面平整度		30	10，12，15，18，12，15，20，32，31，28，25	9	81.8

评定意见		工序质量等级
保证项目符合质量标准；基本项目全部合格，其中优良率33.3%；允许偏差项目中每项有81.8%、81.8%的测点在允许偏差质量标准范围内		合格
施工单位	××× ××年×月×日	建设（监理）单位	××× ××年×月×日

四、沥青混凝心墙单元工程（工序）质量评定

（一）沥青混凝心墙单元工程质量评定

（1）单元工程划分按沥青混凝土心墙铺筑区、段、划分；每一个连续铺筑的区、段即为一个单元工程。单元工程量填写本单元混凝土浇筑量（m³）。

（2）沥青混凝心墙单元工程质量评定是在表基础面清理与沥青混凝土结合层面处理、模板、沥青混凝土制备、沥青混凝土的摊铺与碾压等工序质量评定后，由施工单位按照建设监理复核的工序质量结果填写（从表头至评定意见）。单元工程质量等级由建设、监理复核评定。

（3）单元工程质量标准。合格：基础面处理（或层面处理）、模板、沥青混凝土制备、

摊铺碾压等工序质量评定均应合格；跨心墙单元工程钻孔取样容量、渗透系数必须合格。

优良：基础面处理（或层面处理）、模板、沥青混凝土制备、摊铺碾压等工序质量评定均应合格质量标准，其中必须有大于等于50%工序质量评定符合优良质量标准，且心墙单元工程钻孔取样的容重、渗透系数必须优良。

(4) 钻孔取样测定的渗透系数和容重是控制工程质量的主要指标。沥青混凝土心墙每升高2～10m，沿心墙轴线布置2～4个取样断面（端面间距不大于50m）；每个断面钻一孔，每孔取样2～5个，进行密度、渗透和力学性能试验（有要求时，做三轴压缩试验）。沥青混凝土质量最终评定以密度、渗透系数为主要指标，其合格率分别大于等于90%为合格、大于等于95%为优良。

(5) 沥青混凝心墙单元工程质量评定范例见表5-31。

表5-31　　　　　　　　　沥青混凝心墙单元工程质量评定

单位工程名称	××主坝	单元工程量	沥青混凝土182m³
分部工程名称	沥青混凝土心墙	施工单位	×××工程局
单元工程名称、部位	心墙4号，▽101.28～▽104.30	评定日期	××年×月×日

项次	工　序　名　称	工　序　质　量　等　级
1	基础面处理与沥青混凝土结合层面处理	优良
2	模板	合格
3	沥青混凝土制备	合格
4	沥青混凝土的摊铺与碾压	优良

评　定　意　见	单元工程质量等级
全部工序质量达到合格标准，其中50.0%达到优良标准。跨心墙单元工程钻孔取样的容重合格率95.4%，渗透系数合格率98.5%	优良
施工单位	××× ××年×月×日	建设（监理）单位	××× ××年×月×日

（二）基础面处理与沥青混凝土结合层面处理工序质量评定

(1) 单位工程、分部工程、单元工程及施工单位按照沥青混凝心墙单元工程质量评定表填写。单元工程量先填写单元沥青混凝土浇筑量，再填处理面积（m²）。

(2) 基本项目栏中项次1分稀释沥青、乳化沥青、沥青胶、橡胶沥青等几类，填表时应在所属沥青处用"√"标明，如采用稀释沥青，用笔在"稀释沥青"处用"√"标明。

(3) 检验方法与数量：观察检查、尺量、温度测量、查看施工记录等。温度测量每区段温度测量点数不少于10点。

(4) 工序质量标准。合格：保证项目符合相应的质量评定标准；基本项目符合相应的合格质量标准。优良：保证项目符合相应的质量评定标准；基本项目中符合相应的合格质量标准，其中必须有一项优良。

(5) 基础面处理与沥青混凝土结合层面处理工序质量评定范例见表5-32。

表 5－32　　　　基础面处理与沥青混凝土结合层面处理工序质量评定表

单位工程名称	××主坝		单元工程量	沥青混凝土182m³，基础面处理102m²	
分部工程名称	沥青混凝土心墙		施工单位	×××工程局	
单元工程名称、部位	心墙4号，▽101.28～▽124.30		检验日期	××年×月×日	
项次	保证项目	质量标准		检验记录	
1	心墙与基础接合面	清扫干净，均匀喷涂一层稀释沥青（或乳化沥青）混凝土表面烘干燥		结合面清扫干净，沥青喷涂均匀	
2	上下层施工间歇时间	不超过48h		上下层施工间隙时间均未超过48h	

项次	基本项目	质量标准		检验记录	质量等级	
		合格	优良		合格	优良
1	√稀释沥青、乳化沥青、沥青胶、橡胶沥青的配料、涂抹厚度、贴服牢固程度	配料比例正确；稀释沥青、（乳化沥青）涂抹均匀、无空白；沥青胶（或橡胶沥青胶）涂抹厚度基本符合设计要求，无鼓包无流淌，贴服牢固	配料比例准确；稀释沥青、（乳化沥青）涂抹均匀、无空白、无团块、色泽一致，沥青胶（或橡胶沥青胶）涂抹厚度符合设计要求，贴服牢固，无鼓包、无流淌表面平整光顺	稀释沥青配料比例正确，涂洒均匀，无空白	√	
2	层面处理	层面清理干净，无杂物，无水珠，层面下1cm处温度不低于70℃	层面清理干净，无杂物，无水珠，且平整光顺，返油均匀，层面下1cm处温度不低于70℃，各点温差不大于20℃	层面干净，无杂物，无水珠，平整光顺，返油均匀，层面下温度实测为75～90℃		√

评定意见		工序质量等级
保证项目符合质量标准；基本项目符合合格质量标准，其中层面处理优良		优良
施工单位	××× ××年×月×日	建设（监理）单位	××× ××年×月×日

（三）沥青混凝土心墙模板工序质量评定

（1）单位工程、分部工程、单元工程及施工单位按照沥青混凝心墙单元工程质量评定表填写。单元工程量先填本单元工程沥青混凝土量，再填本单元工程模板安装面积（m²）。

（2）检测方法及数量：仪器测量、拉线和尺量检测，每10延米为一组测点，每一验收区、段检测不少于10组。

（3）工序质量标准。合格：保证项目符合相应的质量评定标准；基本项目符合相应的合格质量标准；允许偏差项目每项应有大于等于70%的测点在相应的允许偏差质量标准范围内。优良：保证项目符合相应的质量评定标准；基本项目必须符合相应的优良质量标准；允许偏差项目中每项须有大于等于90%测点在相应的允许偏差质量标准范围内。

（4）沥青混凝土心墙模板工序质量评定范例见表5－33。

表 5-33 沥青混凝土心墙模板工序质量评定表

单位工程名称		××主坝		单元工程量		沥青混凝土182m³，模板280m²	
分部工程名称		沥青混凝土心墙		施工单位		×××工程局	
单元工程名称、部位		心墙4号，▽101.2～▽104.30		检验日期		××年×月×日	
项次	保证项目	质量标准			检验记录		
1	模板架立	牢固，不变形，拼接严密			采用钢模，架设牢固，拼接严密		
项次	基本项目	质量标准		检验记录		质量等级	
		合格	优良			合格	优良
1	模板缝隙、平直度、表面处理	搭接缝隙不大于3mm，平直度差值不大于2cm，板面沥青混凝土残渣清除，涂抹脱模剂	搭接缝隙不大于1mm，平直度差值不大于1cm，板面沥青混凝土残渣清除干净，表面光滑，脱模剂涂抹均匀，无空白	模板缝隙1～3mm，平直度1～2mm，模板表面无混凝土残渣，已涂脱模剂		√	
项次	允许偏差项目	设计值	允许偏差/mm	实测值/mm		合格数/点	合格率/%
1	模板中心线与心墙轴线（立模后）	50cm	±10	502，506，504，503，502，505		6	100
2	内侧间距	2m	±20	2008，2016，2006，2024，2004 2009，2018，2020，2025，2020		8	80.0
评定意见						工序质量等级	
保证项目符合质量标准；基本项目符合合格标准；允许偏差项目合格率为100%、80.0%						合格	
施工单位		××× ××年×月×日		建设（监理）单位		××× ××年×月×日	

（四）沥青混凝土制备工序质量评定

（1）单位工程、分部工程、单元工程及施工单位按照沥青混凝心墙单元工程质量评定表填写。本工序工程量与单元工程量相同。

（2）基本项目栏中项次1、2质量标准中有"符合规范、设计要求"。如执行规范，应在相栏目填写《土石坝碾压式沥青混凝土防渗墙施工规范（试行）》（SD 220—87）。

（3）检验方法与数量。①保证项目采用现场检查、查看施工记录、检查出厂合格证和原材料试验报告。②允许偏差项目：A、温度测量，施工中监测各种原材料的加热温度以利调整，每班测试各种材料温度不少于5次。B、间断性配料设备，每班各种配料抽测不少于3次。连续性配料设备随时监测自动评称量误差。另外，每班不少于一次机口取样，做抽样试验，测定配料偏差，作为评定配料质量的主要依据。C、出机温度，应逐罐进行温度测验。

（4）工序质量标准。合格：保证项目符合相应的质量评定标准；允许偏差项目每项应有大于等于70%的测次在相应的允许偏差质量标准范围内。优良：保证项目符合相应的质量评定标准；允许偏差项目每项必须有大于等于90%的测次在相应的允许偏差质量标准的范围内。

(5) 沥青混凝土制备工序质量评定范例见表 5-34。

表 5-34　　　　　　　　　沥青混凝土制备工序质量评定表

单位工程名称	××主坝		单元工程量	沥青混凝土182m³		
分部工程名称	沥青心墙		施工单位	×××工程局		
单元工程名称、部位	心墙4号，▽101.2～▽104.30		检验日期	××年×月×日		
项次	保证项目	质量标准		检验记录		
1	沥青、骨料、填料、掺料	符合《土石坝碾压式沥青混凝土防渗墙施工规范（试行）》（SD 220—87）、设计要求和有关规定。		沥青：道路石油沥青60甲，质量符合SYB1661-77，骨料用卵石加工的碎石，以石类光粉为填料，以消石灰为掺料，其质量均符合要求		
2	配合比（施工）、投料顺序，拌和时间	配合比符合设计，拌和符合《土石坝碾压式沥青混凝土防渗墙施工规范（试行）》（SD 220-87）要求。		配合比用工地实验室提供资料确定，强制式拌和机拌和，其拌和时间和称量偏差都符合SD 220-87规范要求		
3	机口出料	色泽均匀，稀稠一致，无花白料、无黄烟及其他异常现象		机口出料色泽均匀，无花白料、黄烟及其他异常现象		
项次		允许偏差项目	设计值	允许偏差/mm	实测值（单位：1、3为℃，2为kg）	合格数/点	合格率/%
1	原材	沥青加热	160℃	±10℃	165，160，155，156，148，168，165，178，168，156	8	80.0
		矿料加热	170℃	±10℃	185，170，170，168，175，180，180，175，170，185	8	80.0
		填料掺料加热	80℃	±20℃	80，90，100，95，80，85，90，95，100，105	9	90.0
2	配料	粗骨料	810kg	±2.0%	810，820，805，810，810，817，830，815，802，800	9	90.0
		细骨料	990kg	±2.0%	990，998，980，997，102，990，970，990，989，990	9	90.0
		填料（掺料）	200kg	±1%	200，198，195，201，200，202，200，204，198，200	8	80.0
		沥青	160kg	±0.5%	160，159，160，160.5，160，160，160.6，160，160，160	9	90.0
3		出机温度，沥青混合料拌和后的出机温度	175～160℃	上限不大于185℃下限满足现场碾压	160，160，165，165，160，160，155，160，162，165，156，170，175，170，160，170，165，175	16	88.9
		评定意见				工序质量等级	
保证项目符合质量标准；允许偏差项目各项合格率分别为80.0%～90.0%					合格		
施工单位	×××　　××年×月×日			建设（监理）单位	×××　　××年×月×日		

（五）心墙沥青混凝土的摊铺与碾压工序质量评定

(1) 表头单位工程、分部工程、单元工程及施工单位按照沥青混凝心墙单元工程质量评定表填写。本工序工程量与单元工程量相同。

(2) 保证项目质量标准为符合设计要求。填具体设计要求和规范。如填写《土石坝碾压式沥青混凝土防渗墙施工规范（试行）》(SD 220—87)。

(3) 检验方法与数量：保证项目和基本项目观察检查及用尺量测。允许偏差项目用尺量测每 10 延米须检测一组，每一验收区段，检测不少于 10 组。

(4) 工序质量标准。合格：保证项目符合相应的质量评定标准；基本项目符合相应的合格质量标准；允许偏差项目每项应有大于等于 70% 的测组在相应的允许偏差质量标准范围内。优良：保证项目符合相应的质量评定标准；基本项目必须符合相应的优良质量标准；允许偏差项目每项必须有大于等于 90% 的测组在相应的允许偏差质量标准的范围内。

(5) 心墙沥青混凝土的摊铺与碾压工序质量评定范例见表 5-35。

表 5-35　　　　　心墙沥青混凝土的摊铺与碾压工序质量评定表

单位工程名称		××主坝		单元工程量		沥青混凝土 182m³	
分部工程名称		沥青混凝土心墙		施工单位		×××工程局	
单元工程名称、部位		心墙 4 号，▽101.2～▽104.30		检验日期		××年×月×日	
项次	保证项目	质量标准			检验记录		
1	虚铺厚度及碾压遍数	符合设计要求和《土石坝碾压式沥青混凝土防渗墙施工规范（试行）》(SD 220-87) 规定。			符合 SD 220-87 第 5.2.11 条～第 5.2.17 条规定。混凝土利用保温料罐运输入仓，人工摊铺整平厚 25～30cm，振动碾压实		
项次	基本项目	质量标准		检验记录		质量等级	
		合格	优良			合格	优良
1	碾压后沥青混凝土	表面平整，心墙宽度符合设计（无缺损）表面返油，无异常现象	表面平整，心墙边线平直，宽度符合设计，表面返油，色泽均匀光亮，无异常现象	表面平整，宽度符合设计，心墙边线平直，表面返油，色泽均匀光亮			√
项次	允许偏差项目	设计值/cm	允许偏差/cm	实测值/cm		合格数/点	合格率/%
1	心墙厚度	26	不大于 10% 的心墙厚度	25, 26, 26, 28, 28, 26, 27, 30, 26, 27, 26, 27, 27, 26, 27, 30, 26, 26, 26, 27, 28, 27		20	90.9
评 定 意 见						工序质量等级	
保证项目符合质量标准；基本项目符合优良标准；允许偏差项目合格率为 90.9%						优良	
施工单位	××× ××年×月×日			建设（监理）单位	××× ××年×月×日		

五、沥青混凝土面板整平层（含排水层）单元工程质量评定

(1) 单元工程划分按铺筑曾划分，每一施工分区的每一铺筑层为一个单元工程。面板与刚性建筑物连接部位，按其连续施工段（一般 30～50m）划分单元工程，如面板与坝基截水墙连接时，其中每一个施工段即为一个单元工程。单元工程量填写本单元工程沥青混凝土面板整平层面积（m²）。

(2) 保证项目。项次 1、2 的质量标准是"符合规范和设计规定"，填写具体规范和设计规定。如填写《土石坝碾压式沥青混凝土防渗墙施工规范（试行）》(SD 220—87)。

（3）检验方法与数量。①保证项目采用现场检查并查看施工记录。②基本项目检测数量：每一铺筑层的每500~1000m² 至少取一组（3个）试件，或用非破损性仪器，在仓面每30~50m² 选一测点；并每天机口取样一次作检验。③允许偏差项目栏中项次1采取机口或坝面取样。做抽样试验每天至少一次，检查试验报告。项次2采取机口每盘量测一次，检查检测记录，坝面每30~50m² 测1点；检查检测记录，项次3采取隔套取样量测，每100m² 测1点；检查检测记录。项次4采取用2m靠尺检测，检测点每天不少于10个；检查检测记录。

（4）工序质量标准。合格：保证项目符合相应的质量检测评定标准；基本项目符合相应的合格质量标准；允许偏差项目每项应有大于等于70%的测点在相应的允许偏差质量标准范围内。优良：保证项目符合相应的质量评定标准；基本项目应符合相应的合格质量标准，其中必须有大于等于50%项目符合优良质量标准，允许偏差项目每项必须有大于等于90%的测点在相应的允许偏差质量标准的范围内。

（5）沥青混凝土面板整平层（含排水层）单元工程质量评定范例见表5-36。

表5-36　　　　沥青混凝土面板整平层（含排水层）单元工程质量评定表

单位工程名称		××大坝		单元工程量		240m²	
分部工程名称		防渗面板		施工单位		×××水电工程局	
单元工程名称、部位		A3，0+009~0+012		评定日期		××年×月×日	
项次	保证项目	质量标准			检验记录		
1	沥青、矿料、乳化沥青	符合规范、设计规定。《土石坝碾压式沥青混凝土防渗墙施工规范（试行）》（SD 220—87）			沥青用道路沥青60甲，质量符合SYB1661-77，矿料（系灰岩碎石及砂）乳化沥青质量均符合规范		
2	原材料配合比、铺筑工艺	符合《规范》设计规定。《土石坝碾压式沥青混凝土防渗墙施工规范（试行）》（SD 220—87）			配合比由试验确定，铺料工艺符合规范要求		
3	铺筑时	垫层（含防渗底层）已质检合格。喷涂的乳化沥青或稀释沥青已干燥			符合质量标准		
项次	基本项目	质量标准		检验记录		质量等级	
		合格	优良			合格	优良
1	沥青混凝土的渗透系数设计W8	合格率大于等于80%	合格率大于等于85%	机口取样1组，试验抗渗标号＞W8			√
2	沥青混凝土的孔隙率	合格率大于等于80%	合格率大于等于85%	现场检测10次，合格率95%			√
项次	允许偏差项目	设计值/kg	允许偏差	实测值（单位与设计值同）		合格数/点	合格率/%
1	沥青用量	180	±0.5%	180，180.5，181，179，180，180.9，179.5，180，180		7	77.8
	粒径0.074mm以上各级骨料	1000	±2.0%	1000，1010，1005，990，985，1000，1020，1025，1000，1008		9	90.0
	粒径0.074mm以上各级填料	1000	±1.0%	1002，1000，985，980，1000，1010，1020，975，1030，1005		8	80.0

续表

项次	允许偏差项目		设计值/kg	允许偏差	实 测 值（单位与设计值同）	合格数/点	合格率/%
2	机口与摊铺碾压温度按现场试验确定一般控制范围	机口 160℃		±25℃	160, 150, 150, 155, 130, 110, 161, 165, 180, 160	8	80.0
		初碾 110℃		>0℃	110, 109, 112, 113, 110, 115, 110, 108, 110, 112	8	80.0
		终碾 80℃		>0℃	81, 81, 80, 79, 80, 82, 85, 80, 81, 82	9	90.0
3	铺筑层压实厚度，按设计厚度计		5cm	(−15～0)%	5, 5, 4.5, 4, 5, 5.2, 5, 5, 5, 4.7	8	80.0
4	铺筑层面平整度，在2m范围起伏差			不大于10mm	5, 8, 3, 4, 10, 12, 10, 8, 7, 10	9	90.0
评 定 意 见						单元工程质量等级	
保证项目符合质量标准；基本项目全部符合优良标准；允许偏差项目各项实测点合格率为 77.8%～90.0%						合格	
施工单位	××× ××年×月×日			建设（监理）单位		××× ××年×月×日	

六、沥青混凝土面板防渗层单元工程质量评定表

（1）单元工程划分按每一施工分区的每一铺筑层为一个单元工程。面板与刚性建筑物连接部位，按其连续施工段（一般 30～50m）划分单元工程，如面板与坝基截水墙连接时，其中每一个施工段即为一个单元工程。单元工程量填写防渗层面积（m^2）。

（2）保证项目。项次 1、2 的质量标准是符合规范和设计要求，项目 3 的质量标准是符合规范规定。填写具体规范和设计要求。如是执行规范，就填写《土石坝碾压式沥青混凝土防渗墙施工规范》（试行）（SD 220—87）。

（3）检验方法与数量。①保证项目：现场观察、检查施工记录，试验报告及放样记录。②基本项目检测数量：每一铺筑层的每 500～1000m^2 至少取一组（3 个）试件，或每 30～50m^2 用非破损性方法检测，在仓面及接缝处各选一测点；并每天机口取样一次作检验。③允许偏差项目栏中项次 1 采取机口或坝面取样做抽样试验，每天至少一次，检查试验报告（填料百分数、系指用量为矿料的百分数），项次 2 采取机口每盘量量测一次；检查检测记录，坝面每每 30～50m^2 测 1 点；检查检测记录。

（4）单元工程质量标准。合格：保证项目符合相应的质量评定标准；基本项目符合相应的合格质量标准；允许偏差项目每项须有大于等于 70% 的测点在相应的允许偏差质量标准范围内。优良：保证项目符合相应的质量评定标准；基本项目应符合相应的合格质量标准，其中必须有大于等于 50% 项目符合优良质量标准，允许偏差项目每项须有大于等于 90% 的测点在相应的允许偏差质量标准的范围内。

（5）沥青混凝土面板防渗层单元工程质量评定表范例见表 5-37。

表 5－37　　　　　　　　沥青混凝土面板防渗层单元工程质量评定表

单位工程名称	××大坝			单元工程量		240m²		
分部工程名称	防渗面板			施工单位		×××水电工程局		
单元工程名称、部位	B3,0+009～0+012			评定日期		××年×月×日		
项次	保证项目	质　量　标　准			检　验　记　录			
1	沥青、矿料、掺料及乳化沥青	符合规范、设计规定。《土石坝碾压式沥青混凝土防渗墙施工规范（试行）》（SD 220—87）			采用道路沥青60甲，质量符合SYB1661-77，以碎石及砂为矿料，消石灰为掺料，乳化沥青质量均符合规范			
2	原材料配合比出机口沥青混合料及温度	符合《土石坝碾压式沥青混凝土防渗墙施工规范（试行）》（SD 220—87）设计规定			配合比由试验确定，出机口温度符合SD 220-87规定			
3	防渗层层间处理	符合规范规定			层间处理符合SD 220-87第4.3.7条～第4.3.9条规定			
4	铺筑层间的坡向或表面	相互错开，无上下通缝			层间接缝相互错开，无上下通缝			
5	沥青混凝土防渗层表面	无裂缝、流淌与鼓包			无裂缝、流淌与鼓包			
项次	基本项目	质　量　标　准			检　验　记　录		质量等级	
		合格	优良				合格	优良
1	沥青混凝土的渗透系数 $k \leq 10^{-7}$ cm/s	合格率大于等于90%	合格率大于等于95%		机口取样1组，试验其渗透系数 $k=1.2\times10^{-8}$ cm/s			√
2	沥青混凝土的孔隙率	合格率大于等于90%	合格率大于等于95%		机口取样1组，孔隙率符合要求			√
项次	允许偏差项目		设计值	允许偏差	实　测　值（单位与设计值同）		合格数/点	合格率/%
1	沥青用量		200kg	±0.5%	200，199，200，199，200，201，199，200，200		9	90.0
	粒径0.074mm以上各级骨料		900kg	±2.0%	900，905，900，900，895，880，900，800，908，900		8	80.0
	粒径0.074mm以上各级填料		1100kg	±1.0%	1100，1100，1110，1090，1100，992，1105，1085，1090，1100		8	80.0
2	机口与摊铺碾压温度按现场试验确定一般控制范围	机口	160℃	±25℃	160，160，150，158，160，150，140，135，132，133		8	80.0
		初碾	110℃	>0℃	110，110，112，110，109，110，112，110，100，110		9	90.0
		终碾	80℃	>0℃	80，80，80，82，80，81，80，80，82，80		10	100.0

续表

项次	允许偏差项目		设计值	允许偏差	实 测 值（单位与设计值同）	合格数/点	合格率/%
3	铺筑层的施工接缝错距	上下层水平接缝错距1m	1m	0～20cm	1.2, 1.0, 1.1, 1.4, 1.0, 1.1, 1.0, 1.0, 1.2, 1.1	9	90.0
		上下层条幅坡向接缝错距（以1/n条幅宽计）	1.5m	0～20cm	1.5, 1.5, 1.6, 1.5, 1.6, 1.6, 1.7, 1.5, 1.5, 1.6	10	100.0
4	铺筑层压实厚度，按设计厚度计		20cm	(−10～0)%	20, 20, 21, 20, 19, 20, 20, 19, 18, 19	9	90.0
5	铺筑层面平整度，在2m范围起伏差			不大于10mm	10, 10, 7, 8, 5, 4, 5, 3, 9, 11	9	90.0
评 定 意 见						单元工程质量等级	
保证项目符合质量标准；基本项目全部符合合格标准，其中有50.0%项达到优良标准；允许偏差项目各项实测点合格率为80.8%～100.0%						合格	
施工单位		××× ××年×月×日		建设（监理）单位		××× ××年×月×日	

七、沥青混凝土面板封闭层单元工程质量评定

（1）单元工程划分按铺筑层划分，每一施工分区的每一铺筑层为一个单元工程。面板与刚性建筑物连接部位，按其连续施工段（一般30～50m）划分单元工程，如面板与坝基截水墙连接时，其中每一个施工段即为一个单元工程。单元工程量填写封闭层面积（m^2）。

（2）保证项目。项次1质量标准是符合规范和设计要求，应填写具体规范和设计要求。如《土石坝碾压式沥青混凝土防渗墙施工规范（试行）》(SD 220—87)。

（3）检验方法与数量。①保证项目：现场观察检查、检查施工记录，试验报告及防渗层检验报告。②基本项目：每500～1000m^2的铺抹层至少取一个试件，一天铺抹面积不足500m^2的也取一个试样；每天至少观察与计算铺抹量一次，铺抹过程随时检查，铺抹量应在2.5～3.5kg/m^2之间。③允许偏差项目：采取随出料时量测出料温度，铺抹温度每天至少施测两次。

（4）单元工程质量标准。合格：保证项目符合相应的质量评定标准；基本项目符合相应的合格质量标准；允许偏差项目应有大于等于70%的测点在允许偏差质量标准的范围内。优良：保证项目符合相应的质量评定标准；基本项目须达相应的合格质量标准，其中必须一项优良；允许偏差项目每项须有大于等于90%的测点在允许偏差质量标准范围内。

（5）沥青混凝土面板封闭层单元工程质量评定范例见表5-38。

表 5-38　　　　　　　　沥青混凝土面板封闭层单元工程质量评定表

单位工程名称		××大坝		单元工程量			240m²		
分部工程名称		防渗面板		施工单位			×××水电工程局		
单元工程名称、部位		C3，0+009~0+012		评定日期			××年×月×日		
项次	保证项目	质 量 标 准		检 验 记 录					
1	原材料配合比，施工工艺	符合规范、设计规定。《土石坝碾压式沥青混凝土防渗墙施工规范（试行）》(SD 220—87)		用道路沥青60甲，质量符合SYB1661-77，现场配制沥青胶，其配合比经试验确定，配制工艺符合SD 220-87规定					
2	封闭层铺抹	在防渗层质检合格后，表面洁净、干燥		防渗层已合格，表面洁净干净，才进行封闭层铺抹					
3	封闭层	无鼓泡、脱层、流淌		无鼓泡、脱层、流淌现象					
项次	基本项目	质 量 标 准		检 验 记 录				质量等级	
		合格	优良					合格	优良
1	沥青胶软化点	合格率大于等于80%，最低软化点不低于85℃	合格率大于等于85%，最低软化点不低于85℃	取试样2个，软化点为90℃、89℃					√
2	沥青胶的铺抹	合格率大于等于80%	合格率大于等于85%	沥青胶铺抹均匀，铺抹量抽查3次，为3.1、2.8、3.0kg/m²					√
项次	允许偏差项目	设计值	允许偏差	实 测 值 /℃				合格数/点	合格率/%
1	沥青胶的施工温度	190℃	±10℃	190，192，192，190，190，189，190，192				8	100.0
		铺抹温度 170℃	≥0℃	171，170，175，172，170				5	100.0
评 定 意 见								单元工程质量等级	
保证项目全部符合质量标准；基本项目全部符合合格标准，其中有100.0%项达到优良标准；允许偏差项目各项实测点合格率为100.0%								优良	
施工单位		××× ××年×月×日		建设（监理）单位			××× ××年×月×日		

八、沥青混凝土面板与刚性建筑物连接单元工程质量评定

（1）单元工程划分按面板与刚性建筑物连接部位，按其连续施工段（一般30~50m）划分单元工程，如面板与坝基截水墙连接时，其中每一个施工段即为一个单元工程。单元工程量填写面板与刚性建筑物连接的面积（m²）。

（2）保证项目。项次1、2质量标准有"符合规范或设计要求"的规定，应填写具体规范和设计要求。如《土石坝碾压式沥青混凝土防渗墙施工规范（试行）》（SD 220—87）。

（3）检验方法与数量。①保证项目：现场观察、检查试验报告、施工记录。②允许偏差项目：项次1、2采取检验施工记录或现场量测，每盘1次。项次3采取检查施工记录和现场检测，测点不少于10个。

（4）单元工程质量标准。合格：保证项目符合相应的质量评定标准；允许偏差项目每

项应有大于等于70%的测点在允许偏差质量标准的范围内。优良：保证项目符合相应的质量评定标准；允许偏差项目每项须有大于等于90%的测点在允许偏差质量标准范围内。

（5）沥青混凝土面板与刚性建筑物连接单元工程质量评定范例见表5-39。

表5-39 沥青混凝土面板与刚性建筑物连接单元工程质量评定表

单位工程名称		××大坝		单元工程量		180m²	
分部工程名称		防渗面板		施工单位		×××水电工程局	
单元工程名称、部位		D1面板与坝基截心墙第一施工段		评定日期		××年×月×日	
项次	保证项目		质量标准		检验记录		
1	沥青砂浆（或细粒沥青混凝土）、橡胶沥青胶（或沥青胶）、玻璃丝等原材料，配合比，配制工艺		必须经过试验，性能必须满足《土石坝碾压式沥青混凝土防渗墙施工规范（试行）》（SD 220—87）与设计要求。		沥青砂浆现场配制，其配量比经检验确定，其余材料从厂家购买，质量合格		
2	刚性建筑物连接面的处理，楔形体的浇筑，滑动层与加强层的敷设		符合规范与设计要求，并进行现场铺筑试验。施工中，接头部位无熔化、流淌及滑移现象		连接面处理，楔形体浇筑，滑动层与加强层的敷设均符合SD 220-87规定，接头部位无熔化、流淌及滑移现象		
3	敷设刚性建筑物表面的橡胶沥青滑动层；铺筑沥青混凝土防渗层		待喷涂的乳化沥青完全干燥后进行；待滑动层与楔形体冷凝、质量合格后进行		滑动层、防渗层和铺筑工艺均按SD 220-87执行		
项次	允许偏差项目		设计值	允许偏差	实测值（单位与设计值同）	合格数/点	合格率/%
1	沥青砂浆楔形体浇筑温度		150℃	±10℃	150，150，145，150，155，160，150，160，162，157	9	90.0
2	橡胶沥青胶滑动层拌制温度		190℃	±5℃	190，190，193，192，191，186，190，196，190，189	9	90.0
3	铺筑层的施工接缝错距	上下层接缝的错距以布幅宽计	1/3条幅宽1m	0～10cm	1.0，1.0，1.1，1.0，1.08，1.1，1.0，1.05，1.0，1.2	9	90.0
		搭接宽度	10cm	0～5cm	10，11，10，10，12，10，9，10，17，15，8，80	8	80.0
评定意见						单元工程质量等级	
保证项目全部符合质量标准；允许偏差项目各项实测点合格率为80.8%～90.0%						合格	
施工单位	××× ××年×月×日			建设（监理）单位		××× ××年×月×日	

九、砂砾坝体填筑单元工程质量评定

（1）单元工程划分按设计或施工确定的填筑区、段划分，每一区、段的每一填筑层为一个单元工程。单元工程量填写本单元工程砂砾料工程量（m³）。

（2）项次1、4质量标准有"符合施工规范或设计要求"的规定，应填写具体规范和设计要求。如填写《碾压式土石坝施工规范》（DL/T 5129—2001）。基本项目压实控制指标干密度（干容重）栏须填设计值，如 2.15g/cm³。

（3）检验方法及数量：保证项目现场观察、试验记录、验收合格证、施工记录等。干密度按填筑 400～2000m³ 取一个试样，但每层测点不少于 10 个，坝顶处每层（单元工程）不宜少于 5 个，测点中应至少于有 1～2 个点分布在设计边坡线以内 30cm 或与岸坡接合处附近。允许的偏差项目项次 1 铺料厚度按 20m×20m 布置测点，每单元工程不少于 10 点。

（4）单元工程质量标准。合格：保证项目符合相应的质量评定标准；基本项目符合相应合格质量标准；允许偏差项目每项应有大于等于 70% 的测点在允许偏差质量标准的范围内。优良：保证项目符合相应的质量评定标准；基本项目必须达到优良质量标准；允许偏差项目每项须有大于等于 90% 的测点在允许偏差质量标准范围内。

（5）砂砾坝体填筑单元工程质量评定范例见表 5-40。

表 5-40　　　　　　　　砂砾坝体填筑单元工程质量评定表

单位工程名称		××坝		单元工程量		砂砾料填筑 2540m³		
分部工程名称		砂砾石坝体第一分部		施工单位		×××工程局		
单元工程名称、部位		2号单元，▽504.5～▽505.3		评定日期		××年×月×日		
项次	保证项目	质 量 标 准			检 验 记 录			
1	颗粒级配、砾石含量、含泥量	符合《碾压式土石坝施工规范（试行）》（SDJ 213-83）和设计规定。			颗粒级配、砾石含量、含泥量符合设计要求			
2	坝体每层填筑时	前一填筑层已验收合格			每一填筑层填筑后验收合格			
3	铺料、碾压	均匀不得超厚；无漏压、欠压和出现弹簧土			铺料基本均匀，局部略超厚，无漏压和欠压，局部地方出现黄土，已作处理			
4	纵横向接合部位；与岸坡接合处的填料	符合施工规范和设计要求；无分离、架空现象，对边角加强压实			接合部位填料符合设计要求，砂砾料未出现分离、架空现象，对边角处加强压实			
5	设计断面边缘压实质量；填筑时每层上下游边线	按规定留足余量			填筑过程中每层上下游边线均按规定留足余量 1.0m			
项次	基本项目	质 量 标 准		检 验 记 录			质量等级	
		合格	优良				合格	优良
1	压实控制指标干密度（干容重）	干密度合格率大于等于 90%，不合格干密度不得低于设计值的 0.98 不合格试样不得集中	干密度合格率大于等于 95%，不合格干密度不得低于设计值的 0.98 不合格试样不得集中	设计干密度 2.15g/cm³，实测干密度 10 组，其值为 2.15～2.30g/cm³，10 组全部合格，合格率 100%				√
项次	允许偏差项目	设计值	允许偏差 /cm	实测值 /cm			合格数 /点	合格率 /%
1	铺料厚度	60cm	0～10	65, 68, 66, 70, 72, 70, 69, 65, 68, 69, 70			10	91.0

续表

项次	允许偏差项目		设计值	允许偏差 /cm	实 测 值 /cm	合格数 /点	合格率 /%
2	断面尺寸	上、下游设计边坡超填值	上游1m 下游0.8m	±20	上游：110，120，125，120，100，110，115，100，90，105，100，105 下游：80，85，90，100，95，85，90，75，70，80，85	11 11	91.7 100
		坝轴线与相邻填料接合面尺寸	5.0m	±30	480，485，480，490，500，505，501，503，504，510，525，530，510，525，530，530，536	17	94.4
评 定 意 见						单元工程质量等级	
保证项目全部符合质量标准；基本项目达到优良质量标准；允许偏差项目各项实测点合格率均大于90.0%						优良	
施工单位	××× ××年×月×日			建设（监理）单位		××× ××年×月×日	

十、堆石坝体填筑单元工程质量评定

（1）单元工程划分按设计或施工确定的填筑区、段划分，每一区、段的每一填筑层为一个单元工程。单元工程量填写本单元工程堆石工程量（m^3）。

（2）项次1、4质量标准有"符合《施工规范》或设计要求"的规定，填表时应写出执行的规范编号及名称、设计的具体要求。如标准中的《施工规范》指SD 49—94《混凝土面伴堆石坝施工规范》。如内容较多，可另附页，在栏中填写（见附页）。基本项目项次4应注明设计干密度。允许偏差项目断面尺寸分为护坡要求和无护坡要求两类，如有护坡要求，在该处用"√"标明。

（3）检验方法及数量。保证项目现场观察、试验记录、验收合格证、施工记录等。基本项目项次1、2按20m×20m方格网的角点为测点。每一填筑层的有效检测总点数不少于20点。项次4主堆区每5000～50000m^3取样一次，过渡层区每1000～5000m^3取样一次。允许偏差项目断面尺寸不少于10点。

（4）单元工程质量标准。合格：保证项目符合相应质量评定标准；基本项目符合相应合格质量标准；允许偏差项目每项应有大于等于70%的测点在允许偏差质量标准的范围内。优良：保证项目符合相应质量评定标准；基本项目中的各项必须符合合格质量标准，且其中必须有大于等于50%的项目符合优良质量标准，同时，项次4分层压实干密度合格率必须达到优良标准；允许偏差项目每项须有大于等于90%的测点在允许偏差质量标准范围内。

（5）堆石坝体填筑单元工程质量评定范例见表5-41。

十一、反滤工程单元工程质量评定

（1）单元工程划分按反滤工程的施工区、段划分，每一区、段为一个单元工程。单元工程量填写本单元工程反滤过渡料填筑量（m^3）。

（2）保证项目。项次1、5、6质量标准有"符合《碾压式土石坝施工规范》（DL/T 5129—2001）"的规定，填表时应写出执行的规范编号及名称。如填写《碾压式土石坝施

工规范》(DL/T 5129—2001)。项次 2、3 有"符合设计要求",如内容多,另附 1 页,写明设计具体要求,在相应栏中填写(见附页)。

(3) 基本项目项次 1 须填出干密度值设计值,如 2.17g/cm³。

(4) 检验方法及数量。保证项目现场观察、试验记录、验收合格证、施工记录等。基本项目干密度检测按 500~1000m³ 检测 1 次,每个取样断面每层所取的样品不得少于 4 次(应均匀分布于断面不同部位)。各层间的取样位置应彼此相对应。单元工程取样次数少于 20 次时,应以数个单元工程累计评定。粒径检测每 200~400m³ 取样一组。允许偏差项目每个 100~200m³ 检测一组或每 10 延米取一组试样。

表 5-41 堆石坝体填筑单元工程质量评定表

单位工程名称		××水库		单元工程量		堆石填筑 3700m³		
分部工程名称		堆石料填筑,▽496.5~▽497.3		施工单位		×××工程局		
单元工程名称、部位		主堆区Ⅰ—(3)		评定日期		××年×月×日		
项次	保证项目	质 量 标 准			检 验 记 录			
1	填坝材料	必须符合施工规范和设计要求。(见附页)			填坝材料满足设计要求(见附页)			
2	坝体每层填筑	在前一填筑层(含坝基岸坡处理)验收合格后进行			每填筑层完成后检测验收合格			
3	堆石填筑	按选定的碾压参数进行施工;铺筑厚度不得超厚、超径;含泥量、洒水量符合规范和设计要求			按设计碾压参数施工,铺筑厚度均未超厚,填筑个别超径已捡出。含泥量、洒水量符合设计要求			
4	填坝材料的纵横向接合部位	符合施工规范和设计要求;与岸坡接合处的料物不得分离、架空,对边角加强压实			接设计要求进行施工,岸坡结合部分料物无分离、架空,边角用小型机具加强压实			
项次	基本项目	质 量 标 准		检 验 记 录			质量等级	
		合格	优良				合格	优良
1	坝体填筑层铺料厚度	每一层须有大于等于 90% 的测点达到规定的铺料厚度	每一层须有大于等于 95% 的测点达到规定的铺料厚度	设计值 100(+0—10)cm,共测 25 点,实测值 92~100cm,合格率 100%				√
2	坝体压实后的厚度	每一填筑层有大于 90% 的测点达到规定的压实厚度	每一填筑层有大于 95% 的测点达到规定的压实厚度	设计值 80(+0—5)cm,共测 25 点,实测值 78~81cm,合格率 96.0%				√
3	堆石填筑层面的外观	层面基本平整,分区能基本均衡上升,大粒径料无较大面积集中现象	层面平整,分区能均衡上升,大粒径料无集中现象	层面基本平整,分区能基本均衡上升,大粒径料在局部有集中现象,严重部位处理,使之分散			√	
4	分层压实的干密度合格率	检测点的合格率大于等于 90%,不合格值不得小于设计干密度的 0.98	检测点的合格率大于等于 95%,不合格值不得小于设计干密度的 0.98	设计干密度 2.25g/cm³,共测 10 点,实测值 2.25~2.35g/cm³,合格率 100%				√

续表

项次	允许偏差项目		设计值/m	允许偏差/cm	实测值/m	合格数/点	合格率/%
断面尺寸	下游坡填筑边线距坝轴线距离	有护坡要求	183.81	±20	183.8, 183.91, 183.98, 184, 183.8, 184, 183.95, 184, 183.9, 184.05, 184.16, 183.8, 183.85, 184	12	85.7
		无护坡要求		±30			
	过度层与主堆区分界线距坝轴线距离		30.09	±30	30.4, 30.38, 30.35, 30.25, 30.09, 30.08, 30.08, 29.9, 29.99, 29.98, 29.95, 30, 30.05, 30.08	13	92.9
	垫层与过度层分界线距坝轴线距离		11.48	−10~0	11.4, 11.42, 11.45, 11.46, 11.48, 11.5, 11.45, 11.4, 11.39, 11.43, 11.45, 11.39, 11.4, 11.35, 11.38, 11.39	14	87.5
	评定意见					单元工程质量等级	
保证项目全部符合质量标准;基本项目全部符合合格质量标准,其中75%的项目符合优良标准,压实干密度质量优良;允许偏差项目各项实测点合格率为85.7%~92.9%						合格	
施工单位		××× ××年×月×日			建设(监理)单位	××× ××年×月×日	

(5) 单元工程质量标准。合格:保证项目符合相应的质量评定标准;基本项目符合相应合格质量标准;允许偏差项目每项应有大于等于70%的测组在允许偏差质量标准的范围内。优良:保证项目符合相应的质量评定标准;基本项目中的干密度必须符合优良标准;含泥量合格(或优良);允许偏差项目须有大于等于90%的测组在允许偏差质量标准范围内。

(6) 反滤工程单元工程质量评定范例见表5-42。

表5-42 反滤工程单元工程质量评定表

单位工程名称	××水库	单元工程量	反滤过渡料填筑980m³
分部工程名称	反滤过渡料填筑	施工单位	×××工程局
单元工程名称、部位	9—006 (▽1952.107)	评定日期	××年×月×日

项次	保证项目	质量标准	检验记录
1	基面(层面)处理	符合设计要求和《碾压式土石坝施工规范》(DL/T 5129—2001)的规定	层面上的树根、草皮、乱石及其他杂物清除干净,符合设计要求
2	反滤料的粒径、级配、坚硬度、抗冻性,渗透系数	符合设计要求(见附页)	控制最大粒径80mm,级配控制<5mm的粒径含量40%~25%,小于0.1mm的粒径含量小于10%。坚固度满足设计要求,渗透系数$3.18×10^{-1}$~$2.85×10^{-2}$,满足设计要求
3	结构层数、层间系数、铺筑位置和厚度	符合设计要求(见附页)	层数、层间系数、铺筑位置、厚度均符合设计要求
4	压料参数	严格控制;无漏压或欠压	压料参数严格控制;无漏压或欠压

续表

项次	保证项目	质量标准	检验记录		
5	施工顺序、接缝处的各层联结；含水量	符合《碾压式土石坝施工规范》(DL/T 5129—2001) 规定	施工顺序符合《施工规范》规定，各层间的接缝层次清楚，无层间错位、折断、混杂等现象。含水量符合设计要求		
6	工程的保护措施	符合《碾压式土石坝施工规范》(DL/T 5129—2001) 规定	对已铺好的反滤层，采取严格禁止车辆、行人通过及土料混杂、污水浸入等必要措施进行保护		

项次	基本项目	质量标准		检验记录	质量等级	
		合格	优良		合格	优良
1	干密度（干容重）设计干密度 2.17g/cm³	合格率大于等于90%，不合格样不得集中，不合格干密度值不得低于设计值的0.98	合格率大于等于95%，不合格样不得集中，不合格干密度值不得低于设计值的0.98	检测 8 组，实测值 2.12~2.19g/cm³，合格 7 组，不合格干密度值为设计值的 0.98 倍	√	
2	反滤料含泥量	含泥量不大于5%	含泥量不大于3%	检验含泥量 3%~5%	√	

项次	允许偏差项目	设计值/cm	允许偏差/cm	实测值/cm	合格数/点	合格率/%
1	每层厚度	100	不大于设计厚度的15%	110, 120, 100, 105, 115, 108, 115, 105, 108, 110, 115, 118, 115, 112	12	85.7

评定意见	单元工程质量等级
保证项目全部符合质量标准；基本项目符合合格标准，其中干密度质量合格；允许偏差项目实测点合格率为85.7%	合格

施工单位	××× ××年×月×日	建设（监理）单位	××× ××年×月×日

十二、垫层工程单元工程质量评定

(1) 单元工程划分按垫层工程的施工区、段划分，每一区、段为一个单元工程。单元工程量填写本单元工程垫层工程量（m³）。

(2) 项次 1、5 质量标准有"符合设计要求和《施工规范》"的规定，须填出规范编号，名称和设计具体要求，如内容多，可采取另附页方式，填（见附页）。基本项目项次 1 碾压后的干密度须填写设计值。

(3) 检验方法及数量。保证项目现场观察并查阅验收文件、施工记录。基本项目项次 1 碾压后的干密度水平 1 次/(500~1500m³)；斜坡 1 次/(1500~2000m³)，允许偏差项目项次 1、2 沿坡面按 20m×20m 网格布置测点；3 项每 10m×10m 不少于 4 点；项次 4、5 测点不少于 10 点。

(4) 单元工程质量标准。合格：保证项目符合相应的质量评定标准；基本项目符合相应合格质量标准；允许偏差项目每项应有大于等于 70% 的测点在允许偏差质量标准的范围内。优良：保证项目符合相应质量标准；基本项目必须达到优良质量标准；允许偏差项目每项须有大于等于90%的测点在允许偏差质量标准范围内。

（5）垫层工程单元工程质量评定范例见表5-43。

表5-43　　　　　　　　　　垫层工程单元工程质量评定表

单位工程名称		××水库		单元工程量		反滤过渡料填筑980m³		
分部工程名称		反滤过渡料填筑		施工单位		×××工程局		
单元工程名称、部位		9—006（▽1952.107）		评定日期		××年×月×日		
项次	保证项目	质量标准			检验记录			
1	填筑	前一填筑层已验收合格			对前一填筑层经检查符合设计要求，已验收合格			
2	石料级配、粒径、垫层的铺设厚度、铺筑的方法	符合设计要求和施工规范的规定；严禁采用风化石料			石料最大粒径80～100mm，小于5mm粒径含量控制在30%～42%左右，小于0.1mm含量5%。铺厚1.0m，方法符合设计			
3	碾压参数	严格控制，无漏压或欠压；坡面碾压时，上下一次为碾压一遍，上坡时振动，下坡时不振动			无漏压、欠压。坡面碾压完全按照质量标准进行			
4	护坡垫层工程	必须在坡面整修后按反滤层铺筑规定施工；接缝重叠宽度必须符合施工规范要求			坡面整修之后进行铺筑，且严格控制厚度；相邻坡面拍打平整，层次清楚，互不混杂，每层厚度偏小值不大于设计厚度的15%			
5	防护处理；原材料、配合比和施工方法	按设计进行；符合设计要求和施工规范的质量要求			防护处理的原材料、配合比及施工方法完全按设计进行，原材料进行品质检验，配合比按试验确定			
项次	基本项目	质量标准		检验记录			质量等级	
		合格	优良				合格	优良
1	碾压后的干密度	合格率大于等于80%	合格率大于等于90%	设计干密度2.25g/cm³检测5组，2.22～2.3g/cm³，4组合格，合格率80.0%			√	
2	碾压后的垫层质量	表面平整，基本无颗粒分离	表面平整，无颗粒分离	垫层碾压后，表面大致平整，基本无颗粒分离			√	
项次	允许偏差项目	设计值/cm	允许偏差/cm	实测值/cm			合格数/点	合格率/%
1	碾压砂浆层面偏离设计线	30	+5－8	25，26，29，30，32，35，31，28，29，25，24，27，29，31，33，36，35，34，30，33			19	95.0
2	喷射混凝土面偏离设计线	50	±5	46，49，51，53，52，55，57，52，48，45，43，46			10	83.3
3	铺筑厚度	80	±3	75，78，80，83，80，81，79，78，77，80，82，84			10	83.3
4	垫层与过渡分界线距坝轴线	1200	+0－10	1198，1199，1200，1199，1200，1201，1202，1200，1200，1198，1198，1197，1195，1195，1194，1196，1193，1192，1193，1195			18	90.0

续表

项次	允许偏差项目	设计值/cm	允许偏差/cm	实 测 值/cm	合格数/点	合格率/%
5	垫层外坡线距坝轴线（碾压层）	180	±5	178，179，180，180，184，185，186，187，185，183，182，175，176，176，178，178，179，180，181，182，185，186，187	19	82.6
评 定 意 见					单元工程质量等级	
保证项目全部符合质量标准；基本项目符合合格标准；允许偏差项目各项实测点合格率为 82.6%～95.0%					合格	
施工单位	××× ××年×月×日			建设（监理）单位	××× ××年×月×日	

十三、护坡工程单元工程质量评定

(1) 单元工程划分按护坡工程的施工检查验收区、段划分，每一区、段为一个单元工程。单元工程量填写本单元工程护坡工程量（m³）。

(2) 项次 2 质量标准有"符合设计要求"的规定，如内容多，采取另附页方式，填（见附页）。保证项目项次 3 列出了干砌石砌体；浆砌石砌筑等。如干砌石护坡，在"基干砌石砌体"处用"√"标明。允许偏差项目分干砌及浆砌，如为干砌，在"干砌"处用"√"标明。项次 3，应在检验记录栏先填写设计干密度值，如为 2.10g/cm³。

(3) 检验（测）方法及数量。保证项目现场观察，查阅施工记录。基本项目中贴坡排水、棱体排水和褥垫排水等按 100m² 检查 1 处，每处检查面积不大于 10m²；排水管路按每 50 延米检查 1 处，每处检查长度不少于 10m，减压井应逐个检查。排水设施的每层厚度每 100～200m² 检测一组或每 10 延米取一组试样。干密度按每 500～200m³ 检测一次，每个取样断面每层取样不得少于 4 次（应均匀分布于断面不同部位）。各层间的取样位置应彼此相对应。单元工程取样次数少于 20 次时，应以数个单元工程累计评定。允许偏差项目。表面平整度每单元工程不少于 10 点，顶标高每 50 延米测 3 点。

(4) 单元工程质量标准。合格：保证项目符合相应质量标准；基本项目符合相应的合格质量标准；允许偏差项目每项应有大于等于 70%的测次在相应允许偏差质量标准的范围内。优良：保证项目符合相应质量标准；基本项目除干密度必须符合优良标准外其余两项中任一项须符合优良标准；另一项须合格（或优良）；允许偏差项目每项须有大于等于 90%的测点在相应的允许偏差质量标准范围内。

(5) 护坡工程单元工程质量评定范例见表 5-44。

十四、排水工程单元工程质量评定

(1) 单元工程划分按排水工程的施工检查验收区、段划分，每一区、段为一个单元工程。减压（排水）井每一井为一个单元工程。单元工程量填写本单元工程排水工程量（m³）。

(2) 保证项目。项次 1、2 质量标准有"满足、符合设计要求"的规定，应填写设计要求就，内容多时，可另附页，并填写（见附页）。基本项目项次 1 分堆石体、砌石体。

表 5-44　　　　　　　　　护坡工程单元工程质量评定表

单位工程名称	××水库	单元工程量	干砌石 67.5m³
分部工程名称	上游坝面护坡	施工单位	×××工程局
单元工程名称、部位	4号单元，0+20~0+30	评定日期	××年×月×日

项次	保证项目	质 量 标 准	检 验 记 录
1	填筑（含垫层或岸坡）	必须在前一填筑层验收合格，现场清理后进行填筑	干砌石护坡是在垫层完工，现场清理完毕，验收合格后进行
2	断面尺寸，基础埋置深度及护坡石料的料质、强度、几何尺寸	符合设计要求（见附页）	护坡断面尺寸符合设计要求；基础埋深达到设计深度；护坡所用石料的料质经检验符合设计强度；几何尺寸均符合设计（见附页）
3	√干砌石砌体；浆砌石砌筑；抛石、摆石护坡与坝体填筑	必须咬扣紧密；错缝，无通缝、叠砌和浮塞；随抛（摆）随整坡，上游面护坡认真挂线，自下而上错缝竖砌，紧靠密实，垫塞稳固	砌体咬扣紧密，垫塞稳固

项次	基本项目	质 量 标 准		检 验 记 录	质量等级	
		合格	优良		合格	优良
1	护坡	砌体咬扣紧密；错缝竖砌，基本无通缝、叠砌；砂浆勾缝基本密实，坡面基本平整	砌体咬扣紧密；错缝竖砌，无通缝、叠砌；砂浆勾缝密实，坡面平整美观	砌体咬扣紧密，坡面基本平整	√	
2	坡度	基本符合设计要求	符合设计要求	设计坡度1:3，实测二个断面，坡度均为1:3		√

项次	允许偏差项目	设计值/cm	允许偏差/cm		实 测 值 /cm	合格数/点	合格率/%
			√干砌	浆砌			
1	表面平整度		不大于5	不大于3	3，4，6，7，5，4，5，3，3，2，2.5，3.5，4，5，6，5.5，4.5，4，4.5，5，5.5，4.5，3.5	19	82.6
2	厚度	25	±5	±3	26，25.2，25，24，25，24.6，25.5，24.3，25，25，23.4，23，25.6，27，29，30，31，30，29	18	94.7

评 定 意 见	单元工程质量等级
保证项目全部符合质量标准；基本项目全部符合合格质量标准，其中有1项符合优良标准；允许偏差项目各项实测点合格率分别为82.6%~94.7%	合格

施工单位	××× ××年×月×日	建设（监理）单位	××× ××年×月×日

本例为干砌，在"干砌"处用"√"标明。基本项目项次2质量标准有"符合设计坡度"字样，须填写设计坡度值。同样在允许偏差项目允许偏差值的"干砌"处用"√"标明。

（3）检验方法及数量。保证项目现场观察、施工试验报告、施工记录等。基本项目护坡检验数量以25m×25m网格布置测点。允许偏差项目表面平整度总检测点数不少于25~30点，厚度每100m³测3点。

（4）单元工程质量标准。合格：保证项目符合相应质量标准；基本项目符合相应的合格质量标准；允许偏差项目每项应有大于等于70%的测次在允许偏差质量标准的范围内。优良：保证项目符合相应质量标准；基本项目两项中必须有一项符合优良标准；另一项须合格；允许偏差项目每项须有大于等于90%的测点在相应的允许偏差质量标准范围内。

（5）排水工程单元工程质量评定范例见表5-45。

表5-45　　　　　　　　　　排水工程单元工程质量评定表

单位工程名称	××水库		单元工程量	450m³	
分部工程名称	排水		施工单位	×××工程局	
单元工程名称、部位	排Ⅰ—a		评定日期	××年×月×日	
项次	保证项目	质量标准		检验记录	
1	布置位置、断面尺寸；石料的软化系数、抗冻性、抗压强度、几何尺寸	满足设计要求（见附页）		经检查排水体位置布置。断面尺寸完全符合设计，堆石体面料试验其软化系数抗压强度符合设计值，最大粒径600mm，<5mm含量5%~10%	
2	渗透系数（或排水能力）	符合设计要求（见附页）		渗透系数7.4×10^{-1}cm/s，符合设计要求	
3	基底处理	按设计进行夯实处理，滤孔和接头部位的反滤层，减压井回填，垂直度，水平排水应按设计要求和《碾压式土石坝施工规范》（DL/T 5129—2001）施工，坝外排水管接头不漏水		基底按设计进行夯实处理	
4	减压井的钻孔	符合《碾压式土石坝施工规范》（DL/T 5129—2001）规定		—	
项次	基本项目	质量标准		检验记录	质量等级
		合格	优良		合格	优良
1	堆石或√砌石体	上下层面基本无水平通缝，靠近反滤层的石料宜内小外大，相邻两段堆石缝为逐层错缝，无垂直通缝，露于表面的砌石平砌，较平整	上下层面碾压接合良好，无水平通缝，靠近反滤层的石料为内小外大，相邻两段堆石缝为逐层错缝，无垂直通缝，露于表面的砌石为平砌，平整美观	堆石体上下层面基本无水平通缝，靠近反滤层的石料按设计基本作为内小外大，相邻两段堆石缝逐层错缝，露于外面的砌石平砌，大面平整	√	
2	每层厚度（设计2.0m）	每层厚度偏小值不大于设计厚度的15%	偏小值不大于设计厚度的15%	检查30点，实测值：1.8~2.2m，不合格4点，偏小值不大于设计厚度的15%	√	
3	干密度	合格率大于等于90%，且不合格不得集中，不合格干密度值不得低于设计值的0.98倍	合格率大于等于95%，且不合格不得集中，不合格干密度值不得低于设计值的0.98倍	设计干密度2.10g/cm³，抽测15点，实测值：2.1~2.12g/cm³，合格15点；合格率100%		√

续表

项次	允许偏差项目	设计值/m	允许偏差/cm √干砌	允许偏差/cm 浆砌	实测值/cm	合格数/点	合格率/%
1	表面平整度		±5	±3	3, 4, 4, 5, 5, 6, 6, 6.5, 5.5, 4, 5, 3, 2, 2, 5, 4, 4.5, 3.5, 3, 3.5, 4, 4.5, 5.5, 5, 5	20	80.0
2	顶标高	1523.30	±3	±2	152328, 152329, 152330, 152332, 152331, 152330, 152329, 152330	8	100

评定意见	单元工程质量等级
保证项目全部符合质量标准；基本项目全部符合合格质量标准；允许偏差项目各项实测点合格率为80.0%～100%	合格
施工单位 ××× ××年×月×日	建设（监理）单位 ××× ××年×月×日

任务五 堤防工程施工质量评定

本节主要根据《水利水电工程施工质量评定规程（试行）》(SL 176—2007)及《堤防工程施工规范》(SL 260—98)讲述有关堤防工程单元（工序）施工质量评定范例，共12个项目评定，主要为堤基处理、堤身填筑、堤身防渗、堤身防护及堤脚防护等单元工程质量评定。单元工程质量评定表中加"△"的项目为主要检查（测）项目。评定表的填写除遵循水利工程施工质量评定表一般规定外还应遵循以下规定：

（1）检验日期为终验日期，由施工单位终检责任人填写。评定日期由监理单位核定人填写。

（2）施工单位名称，填写与项目法人签订承包合同的施工单位全称。测量员指负责该单元工程测量、测试的人员。当测量员不止1人时，由1名主要测量人员签名。初验、终验负责人，分别由施工单位负责初验、终验的人员签名；监理单位名称，应填写单位全称；核定人，由监理单位负责该单元工程监理工作的监理工程师签名。

一、堤基清理单元工程质量评定

（1）单元工程划分按相应填筑单元工程划分。单工程量为堤基清理面积。检测项目项次2中应填写设计干密度指标，如$1.56t/m^3$。

（2）检测数量。检查项目：全面检查。检测项目：①堤基清理范围应根据工程级别、沿堤线长度每20～50m测量一次，每个单元工程不少于10次；②压实质量按清基面积每400～800m^2取样一次测试干密度。

（3）检测项目合格率为合格点数除以总测点数。

（4）单元工程质量标准。合格：检查项目达到质量标准，清理范围检测合格率不小于70%，压实质量合格率不小于80%。优良：检查项目达到质量标准，清理范围检测合格率不小于90%，压实质量合格率不小于90%。

（5）堤基清理单元工程质量评定范例见表5-46。

表 5-46   堤基清理单元工程质量评定表

单位工程名称	××河堤防加固		单元工程量	堤脚980m², 堤坡535m²	
分部工程名称	堤基处理		检验日期	××年×月×日	
单元工程名称、部位	2号单元, 76K+200~76K+320		评定日期	××年×月×日	
项次		项目名称	质量标准	检验结果	评定
检查项目	1	基面清理	堤基表层没有不合格土,杂物全部清除	堤脚基耕植层已推平,堤坡植物已清除并已开挖成阶梯状	达到标准
	2	一般堤基处理	堤基上的坑塘洞穴已按要求处理	堤脚基面坑塘均已填平	达到标准
	3	堤基平整压实	表面无显著凹凸,无松土,无弹簧土	清理基面无松土,表面平整,已碾压	达到标准
检测项目	1	堤基清理范围	堤基清理边界超过设计基面边线0.3m	总测点数 14 / 合格点数 14 / 合格率 100%	优良
	2	堤基表面压实	设计干密度不小于 t/m³	总测点数 12 / 合格点数 11 / 合格率 91.7%	优良
施工单位自评意见			质量等级	监理单位复核意见	核定质量等级
检查项目全部达到质量标准,清理范围检测合格率100%,压实合格率91.7%			优良	经复核,施工单位自评结果无误	优良
施工单位名称	××××工程局			监理单位名称	××监理公司 ××监理站
测量员	初检负责人	终检负责人			
××× ××年×月×日	××× ××年×月×日	××× ××年×月×日		核定人	××× ××年×月×日

二、土料碾压筑堤单元工程质量评定

(1) 单元工程划分按填筑层、段划分,每一填筑层、段为一单元工程。单元工程量为本单元填筑工程量。

(2) 检查项目项次1中应填写土块限制粒径,如10cm。检查项目检验结果栏若内容较多,可另附页。检测项目项次1中应填写设计铺料厚度,如25cm,项次3中应填写设计干密度指标,如1.56t/m³。

(3) 检测数量。检查项目:全面检查。检测项目:①铺料厚度每100~200m²测一次;②铺填边线沿堤轴线长度每20~50m测一次;③压实指标为主要检测项目,每层填筑100~150m³取样1个测干密度,每层不少于5次。对加固的狭长作业面,可按每20~30m长取样1个测干密度。

(4) 检测项目合格率为合格点数除以总测点数。

(5) 铺边线对人工、机械要求不同,如采用机械铺料,在"机械"前用"√"标明。

(6) 单元工程质量标准。合格:检查项目达到质量标准,铺料厚度和铺填边线偏差合格率不小于70%,土体压实干密度合格率符合下表规定。优良:检查项目达到质量标准,铺料厚度和铺填边线偏差合格率不小于90%。

三、土料吹填压渗平台单元工程质量评定

（1）单元工程划分按围堰仓、段划分，每一围堰、仓、段为一单元工程。单元工程量为本单元吹筑工程量。

（2）检查栏中项次1、2质量标准有"符合设计要求"的规定，应填写设计要求就，内容多时，可另附页，并填写（见附页）。检查项目项次4中应填写设计设计干密度指标，如 $1.5t/m^3$。

（3）检测数量。检查项目：全面检查。检测项目：按吹填区长度每50～100m测一横断面，每个断面测定不应少于4个。吹填区土料固结干密度按每200～400m^2取一个土样。

（4）检测项目合格率为合格点数除以总测点数。

（5）吹填平整度，对细粒土、粗料土要求不同，本单元工程为细粒土，故在"细粒土±0.5～1.2m"前面用"√"标明。

（6）单元工程质量标准。合格：检查项目达到质量标准，吹填高程、宽度、平整度合格率不小于70%，初期固结干密度合格率要求同土料碾压筑堤单元工程质量评定中土体压实干密度合格率。优良：检查项目达到质量标准，吹填高程、宽度、平整度合格率不小于90%，初期固结干密度合格率超过合格标准5%以上。

（7）土料吹填筑堤单元工程质量评定范例见表5-47。

表5-47　　　　　　　　土料吹填筑堤单元工程质量评定表

单位工程名称		××河堤防填筑		单元工程量		20000m³
分部工程名称		堤身填筑		检验日期		××年×月×日
单元工程名称、部位		1号单元，43K+100～43K+385		评定日期		××年×月×日
项次	项目名称	质量标准		检验结果		评定
检查项目	1	吹填土质	符合设计要求（见附页）	符合设计要求（见附页）		达到标准
	2	吹填区围堰	符合设计要求，无严重溃堤塌方事故	围堰质量符合设计要求，无塌方事故		达到标准
	3	泥砂颗粒分布	吹填区沿程沉积泥砂颗粒级配无显著差异	吹填区土质较均匀		达到标准
检测项目	1	吹填高程	允许偏差：0～+0.3m	总测点数	合格点数	合格率	优良
				12	11	91.6%	
	2	吹填区宽度	区宽小于50m允许偏差±0.5m 区宽大于50m允许偏差±1.0m	总测点数	合格点数	合格率	优良
				3	3	100%	
	3	吹填平整度	√细粒土±0.5～1.2m 粗粒土±0.8～1.6m	总测点数	合格点数	合格率	优良
				12	12	100%	
	4	吹填干密度	设计干密度不小于1.5t/m³	总测点数	合格点数	合格率	优良
				22	20	90.9%	

续表

施工单位自评意见	质量等级	监理单位复核意见	核定质量等级
检查项目达到质量标准；吹填高程、吹填区宽度、平整度合格率为97.2%，吹填干密度合格率90.9%	优良	经复核，施工单位自评结果无误	优良
施工单位名称	×××工程公司	监理单位名称	××监理公司××监理站
测量员	初检负责人	终检负责人	
××× ××年×月×日	××× ××年×月×日	××× ××年×月×日	核定人	××× ××年×月×日

四、土料吹填压渗平台单元工程质量评定

（1）单元工程划分按围堰仓、段划分，每一仓、段为一单元工程。单元工程量为本单元吹筑工程量。

（2）检测数量。检查项目：全面检查。检测项目：按吹填区长度每50～100m测一横断面，每个断面测定不应少于4个。

（3）检测项目1、2项质量标准为"符合设计要求"，因该栏书写不下，另写在附页中，在表中注明："（见附页）"。检验结果如书写不下，也可另写在附页中，并注明"（见附页）"。

（4）检测项目合格率为合格点数除以总测点数。

（5）吹填平整度，对细粒土、粗料土要求不同，如为细粒土，在"细粒土±0.5～1.2m"前面用"√"标明。

（6）单元工程质量标准。合格：检查项目达到质量标准，吹填高程、宽度、平整度合格率不小于70%。优良：检查项目达到质量标准，吹填高程、宽度、平整度合格率不小于90%。

（7）土料吹填压渗平台单元工程质量评定范例见表5-48。

表5-48　　　　　　　　土料吹填压渗平台单元工程质量评定表

单位工程名称	××河段堤防加固			单元工程量		7000m³
分部工程名称	压渗平台			检验日期		××年×月×日
单元工程名称、部位	3号单元，102K+50～102K+150			评定日期		××年×月×日
项次	项目名称	质量标准		检验结果		评定
检查项目	1	吹填土质	符合设计要求（见附页）	按设计取土场实施（见附页）		达到标准
	2	吹填区围堰	符合设计要求，无严重溃堤塌方事故（见附页）	符合设计要求（见附页）		达到标准
	3	泥沙颗粒分布	吹填区沿程沉积泥沙颗粒级配无显著差异	泥沙颗粒分布较均匀		达到标准
检测项目	1	吹填高程	允许偏差：0～+0.3m	总测点数 8	合格点数 8	合格率 100%	优良

续表

项次		项目名称	质量标准	检验结果			评定
检测项目	2	吹填区宽度	区宽小于50m 允许偏差±0.5m 区宽大于50m 允许偏差±1.0m	总测点数 4	合格点数 4	合格率 100%	优良
	3	吹填平整度	√细粒土±0.5~1.2m 粗粒土±0.8~1.6m	总测点数 8	合格点数 8	合格率 100%	优良
施工单位自评意见			质量等级	监理单位复核意见			核定质量等级
检查项目达到质量标准,检测项目合格率100%			优良	经复核,施工单位自评结果无误			优良
施工单位名称			×××工程公司	监理单位名称			××监理公司 ××监理站
测量员		初检负责人	终检负责人				
××× ××年×月×日		××× ××年×月×日	××× ××年×月×日	核定人			××× ××年×月×日

五、黏土防渗体填筑单元工程质量评定

(1) 单元工程划分按层、段划分,每一填筑层、段为一单元工程。单元工程量为本单元填筑工程量。

(2) 检测数量。检查项目:全面检查,在4项检查项目中"上堤土料土质、含水率"是主要检查项目,必须符合设计和碾压试验确定的要求。检测项目:铺料厚度、铺填宽度及压实密度可按堤轴线长度每20~30m取1个样,或按填筑面积100~200m²取1土样。

(3) 检测项目合格率为合格点数除以总测点数。

(4) 单元工程质量标准。合格:检查项目达到质量标准,铺料厚度、铺填宽度合格率不小于70%,土体压实干密度合格率不小于下表规定。优良:检查项目达到质量标准,铺料厚度、铺填宽度合格率不小于90%,土体干密度合格率超过表5-49所示数值5%以上。如为2级堤防,干密度合格率90.0%,只能评为合格。

表5-49 黏土防渗体土料干密度合格率

工程名称	干密度合格下限/%	
	1、2级土堤	3级土堤
黏土防渗体	90	85

注 不合格样干密度值不得低于设计值的96%;不合格样不得集中在局部范围内。

(5) 黏土防渗体填筑单元工程质量评定范例见表5-50。本例为2级堤防,故干密度合格率90.0%,只能评为合格。

六、砂质土堤堤坡堤顶填筑单元工程质量评定

(1) 单元工程划分按层、段划分,每一填筑层、段为一单元工程。单元工程量为本单元填筑工程量。

(2) 检测数量。检查项目:全面检查,在4项检查项目中"上堤土料土质、含水率"是主要检查项目,迎水坡和堤顶应选择黏性土,背水坡包边土质应符合设计要求。检测项

目：铺料厚度、宽度及压实干密度检测数量：包边沿堤每 20～30m 各测 1 次；堤顶每 200～400m² 各测 1 次。

表 5-50 黏土防渗体填筑单元工程质量评定表

单位工程名称		××护岸工程		单元工程量		1200m³	
分部工程名称		堤身防护		检验日期		××年×月×日	
单元工程名称、部位		38 号单元，王家渡河段		评定日期		××年×月×日	
项次	项目名称	质量标准		检验结果			评定
检查项目	1	△上堤土料土质、含水率	无不合格土，含水率适中	上堤土料符合设计要求			达到标准
	2	土块粒径	根据压实机具，土块限制在 10cm 以内	土料块径在 10cm 以内，个别大块土已敲碎			达到标准
	3	作业段划分、搭接	机械作业不少于 100m，人工作业不少于 50m，搭接无界沟	机械作业长度 100m 搭接无明显界沟			达到标准
	4	碾压作业程序	碾压机械行走平行于堤轴线，碾迹及搭接碾压符合要求	符合施工要求			达到标准
检测项目	1	铺料厚度	允许偏差：0～-5cm	总测点数	合格点数	合格率	优良
				29	28	96.6%	
	2	铺料边线	允许偏差：0～-10cm	总测点数	合格点数	合格率	优良
				30	30	100%	
	3	△压实指标	设计干密度不小于 1.56t/m³	总测点数	合格点数	合格率	合格
				30	27	90.0%	
施工单位自评意见		质量等级		监理单位复核意见		核定质量等级	
检查项目达到质量标准；铺料厚度和铺料边线合格率为 98.3%，压实干密度合格率 90.0%		合格		经复核，施工单位自评结果无误		合格	
施工单位名称		×××工程公司		监理单位名称		××监理公司	
测量员	初检负责人		终检负责人			××监理站	
××× ××年×月×日	××× ××年×月×日		××× ××年×月×日	核定人		××× ××年×月×日	

（3）检查项目 2，按施工方法不同，质量标准各异，采取哪种施工方法，就在该方法上"√"标明，如采用人工运土，机械碾压筑堤，在该处用"√"标明。

（4）检测项目合格率为合格点数除以总测点数。

（5）单元工程质量标准。合格：检查项目达到质量标准，铺料厚度、宽度合格率不小于 70%，土体压实干密度合格率要求同土料碾压筑堤单元工程质量评定中土体压实干密度合格率。优良：检查项目达到质量标准，铺料厚度、宽度合格率不小于 90%，压实干密度合格率超过合格率 5% 以上。

（6）砂质土堤堤坡堤顶填筑单元工程质量评定范例见表 5-51。本例为 2 级堤防，新堤，筑堤材料为少黏性土，故干密度合格率 90.0%，只能评为合格。

表 5-51　　　　　　　砂质土堤堤坡堤顶填筑单元工程质量评定

单位工程名称		××河堤加固		单元工程量		1800m³
分部工程名称		吹填体包淤		检验日期		××年×月×日
单元工程名称、部位		4号单元，102K+50～102K+160		评定日期		××年×月×日
项次	项目名称	质量标准		检验结果		评定
检查项目 1	△上堤土料土质、含水率	无不合格土，含水率适中		土料符合设计要求（见附页）		达到标准
检查项目 2	土块粒径	根据压实机具，土块限制在10cm以内		无大体积土块		达到标准
检查项目 3	作业段划分、搭接	机械作业不少于100m，人工作业不少于50m，搭接无界沟		机械作业长度110m搭接无明显界沟		达到标准
检查项目 4	碾压作业程序	碾压机械行走平行于堤轴线，碾迹及搭接碾压符合要求		符合施工规范要求		达到标准
检测项目 1	铺料厚度	允许偏差：0～−5cm	总测点数 10	合格点数 9	合格率 90.0%	优良
检测项目 2	砂质土堤堤坡堤顶宽度或厚度	人工、机械运土碾压筑堤允许偏差：−3cm；吹填筑堤允许偏差：−5cm	总测点数 10	合格点数 10	合格率 100%	优良
检测项目 3	△压实指标	设计干密度不小于1.56t/m³	总测点数 10	合格点数 9	合格率 90.0%	合格
施工单位自评意见		质量等级		监理单位复核意见		核定质量等级
检查项目达到质量标准；铺料厚度、堤顶宽度合格率为95.0%，压实指标合格率90.0%		合格		经复核，施工单位自评结果无误		合格
施工单位名称		×××工程公司		监理单位名称		××监理公司
测量员	初检负责人	终检负责人				××监理站
××× ××年×月×日	××× ××年×月×日	××× ××年×月×日		核定人		××× ××年×月×日

七、护坡垫层单元工程质量评定

(1) 单元工程划分按施工段划分。单元工程量为本单元填筑工程量。

(2) 检查项目。项次1、3质量标准栏中按填表说明"一般规定"要求，应注明所采用的规范名称及编号。如采用《堤防工程施工规范》（SL 260—2014），在相应质量标准栏中注明了规范名称及编号。检查项目项次2质量标准栏空间有限，可另写在附页中，并注明"（见附页）"。

(3) 检验数量。检查项目：全面检查。检测项目：垫层厚度每20m²测1次。

(4) 检测项目合格率为合格点数除以总测点数。

(5) 单元工程质量标准。合格：检查项目达到质量标准，检测项目合格率不小于70%。优良：检查项目达到质量标准，检测项目合格率不小于90%。

八、毛石粗排护坡单元工程质量评定

(1) 单元工程划分按施工检查验收的区、段划分，以每一区、段为一个单元工程。单元工程量为本单元砌筑工程量。

（2）验数量。厚度及平整度沿堤轴线长每20m应不少于一个测点。

（3）检测项目。砌体设计厚度按施工图填写，合格率为合格点数除以总测点数。

（4）单元工程质量标准。合格：检查项目达到质量标准，检测项目合格率不小于70%。优良：检查项目达到质量标准，检测项目合格率不小于90%。

九、干砌石护坡单元工程质量评定

（1）单元工程划分按施工检查验收的区、段划分，以每一区、段为一个单元工程。单元工程量为本单元砌筑工程量。

（2）检验数量。厚度及平整度沿堤轴线长每10～20m应不少于一个测点。

（3）检测项目。砌体设计厚度按施工图填写，合格率为合格点数除以总测点数。

（4）单元工程质量标准。合格：检查项目达到质量标准，检测项目合格率不小于70%。优良：检查项目达到质量标准，检测项目合格率不小于90%。

（5）干砌石护坡单元工程质量评定范例见表5-52。

表5-52　　　　　　　　干砌石护坡单元工程质量评定表

单位工程名称	××河险工改建工程		单元工程量		900m³	
分部工程名称	险工护岸		检验日期		××年×月×日	
单元工程名称、部位	25护岸护坡，张家坝河段		评定日期		××年×月×日	
项次	项目名称	质量标准	检验结果			评定
检查项目 1	面石用料	质地坚硬无风化，单块质量大于等于25kg，最小边长大于等于20cm	石料符合设计要求。抗压强度55.0MPa，软化系数0.78，单块质量、尺寸均符合要求			达到标准
检查项目 2	腹石砌筑	排紧填严，无淤泥杂质	腹石填充紧密			达到标准
检查项目 3	面石砌筑	禁止使用小块石，不得有通缝、对缝、浮石、空洞	面石无小块石、通缝、对缝、浮石、空洞			达到标准
检查项目 4	缝宽	无宽度在1.5cm以上，长度在0.5m的连续缝				
检测项目 1	砌石厚度（设计50cm）	允许偏差为设计厚度的±10%	总测点数 12	合格点数 12	合格率 100%	优良
检测项目 2	坡面平整度	2m靠尺检测凹凸不超过5cm	总测点数 12	合格点数 11	合格率 91.7%	优良
施工单位自评意见		质量等级	监理单位复核意见		核定质量等级	
检查项目达到质量标准；检测项目合格率95.8%		优良	经复核，施工单位自评结果无误		优良	
施工单位名称	×××工程局		监理单位名称		××监理公司 ××监理站	
测量员	初检负责人	终检负责人				
××× ××年×月×日	××× ××年×月×日	××× ××年×月×日	核定人		××× ××年×月×日	

十、浆砌石护坡单元工程质量评定

（1）单元工程划分按施工检查验收的区、段划分，以每一区、段为一个单元工程。单元工程量为本单元砌筑工程量。

（2）检验数量。厚度及平整度沿堤轴线长每10～20m应不少于一个测点。

（3）检测项目。砌体设计厚度按施工图填写，合格率为合格点数除以总测点数。

（4）单元工程质量标准。合格：检查项目达到质量标准，检测项目合格率不小于70%。优良：检查项目达到质量标准，检测项目合格率不小于90%。

（5）干浆砌石护坡单元工程质量评定范例见表5－53。

表5－53　　　　　　　　　　浆砌石护坡单元工程质量评定表

单位工程名称		××河险工改建工程		单元工程量		1800m³	
分部工程名称		险工护岸		检验日期		××年×月×日	
单元工程名称、部位		7号单元，11～13垛		评定日期		××年×月×日	
项次		项目名称	质量标准	检验结果			评定
检查项目	1	石料、水泥、砂	符合《堤防工程施工规范》（SL 260—2014）要求	进厂材料检验合格			达到标准
	2	砂浆配合比	符合设计要求（见附页）	按试验配合比搅拌			达到标准
	3	浆砌	空隙用小石填塞，不得用砂浆充填，坐浆饱满，无空隙	填充密实、无空隙			达到标准
	4	勾缝	无裂缝、脱皮现象	无裂缝、无脱皮现象			达到标准
检测项目	1	砌石厚度（设计40cm）	允许偏差为设计厚度的±10%	总测点数	合格点数	合格率	优良
				18	17	94.4%	
	2	坡表平整度	2m靠尺检测凹凸不超过5cm	总测点数	合格点数	合格率	优良
				18	18	100%	
施工单位自评意见		质量等级		监理单位复核意见		核定质量等级	
检查项目达到质量标准，检测项目合格率97.2%		优良		经复核，施工单位自评结果无误		优良	
施工单位名称		×××工程局		监理单位名称		××监理公司××监理站	
测量员	初检负责人		终检负责人				
×××××年×月×日	×××××年×月×日		×××××年×月×日	核定人		×××××年×月×日	

十一、混凝土预制块护坡单元工程质量评定

（1）单元工程划分按段、块（或变形缝）划分，以每一段、块（或相邻两变形缝间）砌体为一个单元工程。单元工程量为本单元砌筑工程量。

（2）检验数量。坡面平整度沿堤线或每10～20m应不少于1点。

（3）检测项目合格率为合格点数除以总测点数。

（4）单元工程质量标准。合格：检查项目达到质量标准，坡面平整度合格率不小于70%。优良：检查项目达到质量标准，坡面平整度合格率不小于90%。

（5）混凝土预制块护坡单元工程质量评定范例见表5－54。

表 5-54　　　　　　　　　　混凝土预制块护坡单元工程质量评定

单位工程名称		××河堤护坡工程		单元工程量		4200m³	
分部工程名称		堤防护坡		检验日期		××年×月×日	
单元工程名称、部位		12号单元、24K+300～24K+800		评定日期		××年×月×日	
项次		项目名称	质量标准	检验结果			评定
检查项目	1	预制块外观	尺寸准确、整齐统一、清洁平整	尺寸准确、表面平整			达到标准
	2	预制块铺砌	平整、稳定、缝线规则	铺砌平整、稳定、缝线规则			达到标准
检测项目	1	坡面平整度	2m靠尺检测凹凸不超过1cm	总测点数	合格点数	合格率	优良
				34	32	94.1%	
施工单位自评意见			质量等级	监理单位复核意见			核定质量等级
检查项目达到质量标准，检测项目合格率94.1%			优良	经复核、施工单位自评结果无误			优良
施工单位名称		×××工程局		监理单位名称		××监理公司	
测量员	初检负责人		终检负责人			××监理站	
××× ××年×月×日	××× ××年×月×日		××× ××年×月×日	核定人			××× ××年×月×日

十二、堤脚防护（水下抛石）单元工程质量评定

（1）单元工程划分按施工段划分，以同一施工段为一个单元工程。单元工程量为本单元防护工程量。

（2）检测项目。①"各种抗冲体工程量"，系指在本单元工程内，按照设计要求实际抛入各个网格中的块石（或柳石枕、铅丝笼、混凝土异形体），数量不得小于该网格的设计工程量。但允许适当多抛，多抛的数量允许偏差值为0～+10%。因此，应将本单元工程内每个网格中，船只定位后实际抛入的块石数量逐个网格进行统计，找出其合格的网格数。将每个网格当作一个检测点看待，以检查抛投数量够不够、抛投是否均匀、是否满足抛石厚度要求。②"护脚坡面相应位置高程"，系指本单元工程抛石完成后，沿堤轴线方向每隔20～50m测量一横断面，测点的水平间距为5～10m，并与设计横断面套绘以检查护脚坡面相应位置的高程差。考虑下水地形的动态变化较大，也可按抛石前每隔20～50m测得的水下横断面与抛石后测得的水下横断面对比，检查抛石分区厚度的偏差值。偏差值允许±0.30m。

（3）检查项目设计数据按施工图填写，合格率为合格点数除以总测点数。

（4）检测数量。沿堤轴线方向每20～50m测一个横断面，测点水平间距宜为5～10m。丁坝应检测纵断面，裹头部分的横断面应不少于2个。

（5）单元工程质量标准。合格：检查项目达到质量标准，检测项目合格率不小于70%。优良：检查项目达到质量标准，检测项目合格率不小于90%。

（6）堤脚防护（水下抛石）单元工程质量评定范例见表5-55。

表 5-55　　　　　　　堤脚防护（水下抛石）单元工程质量评定表

单位工程名称	××江堤加固工程		单元工程量		1665m³	
分部工程名称	水下抛石护脚		检验日期		××年×月×日	
单元工程名称、部位	18号单元，32+000～32+080		评定日期		××年×月×日	
项次		项目名称	质量标准	检验结果		评定
检查项目	1	抗冲体结构、质量、强度	符合设计要求。比重大于2.65t/m³，粒径大于25cm，单块重量大于25kg	比重：2.70t，粒径：25～40cm。单块重量大于25kg，湿抗压强度：40～71MPa		达到标准
	2	抛投程序	符合设计要求。从下游向上游，由远岸向近岸	从下游向上游，由远岸向近岸		达到标准
	3	抛投位置和数量	按单元工程内各网格位置和数量抛投	位置符合设计要求，实际抛投数量1775m³		达到标准
检测项目	1	各种抗冲体工程量	体积允许偏差+10%，但不得偏小	总测点数 16	合格点数 16	合格率 100%	优良
	2	护脚坡面相应位置高程	允许偏差±0.3	总测点数 16	合格点数 14	合格率 87.5%	合格
施工单位自评意见			质量等级	监理单位复核意见		核定质量等级
检查项目达到质量标准。检测项目合格率93.7%			优良	经复核，同意施工单位自评意见。		优良
施工单位名称	×××××水电工程公司			监理单位名称		××监理公司××监理站
测量员	初检负责人	终检负责人				
×××××年×月×日	×××××年×月×日	×××××年×月×日		核定人		×××××年×月×日

任务六　中间产品、外观质量评定

本节主要根据《水利水电基本建设工程单元工程质量等级评定标准　第1部分：土建工程》（DL/T 5113.1—2005）、《水利水电建设工程验收规程》（SL/T 223—2025）讲述有关中间产品和水利工程外观质量评定范例，共9个项目评定。其中中间产品质量评定为砂石骨料生产、水工混凝土拌和质量及混凝土预制构件制作质量评定，水利工程外观质量评定为水工建筑物外观、房屋建筑外观和堤防工程外观质量评定。

一、中间产品质量评定

（一）砂料质量评定

（1）检验日期为检验月（季）的开始及终止日期。数量填写本批检验资料所代表的砂料总量。产地填写砂料出产地。本表其他内容填写遵循水利水电工程施工质量评定表填写规则。

（2）检查数量。按月或季进行抽样检查分析，一般每生产500m³砂石料，在净料堆放场取组样，总抽检数量。按月检查分析，不少于10组；按季检查分析，不少于20组。要分规格进行质量评定。

（3）检验记录。填写抽检组数、最大值～最小值、合格组数。

（4）质量标准。综合分析抽样检查成果时，应分规格评定质量。凡抽样检查中主要检查项目全部符合标准，任一种规格的其他检查项目有90％及其以上的检查点符合质量标准的，即评为优良；有70％及其以上的抽点符合质量标准的，即评为合格。

（5）砂料质量评定范例见表5-56。

表5-56　　　　　　　　　　　砂 料 质 量 评 定 表

单位工程名称	混凝土大坝	产地	上沙河砂场
分部工程名称	溢流坝段	生产单位	×××水利水电第三工程局
单元工程名称、部位	5000m³	检验日期	××年×月×日至×月×日

项次	检查项目	质 量 标 准	检 验 记 录
1	天然砂中含泥量	小于3％，其中黏土含量小于1％	含泥量（％）：10组，实测值2.0％～3.0％全部合格，黏土量（％）：10组，实测值0.5～1.0％，全部合格
2	△天然砂中泥团含量	不允许	抽检10组，未发现有泥团
3	△人工砂中的石粉含量	6％～12％（指颗粒小于0.15mm）	—
4	坚固性	<10％	10组，实测值3％～8％，全部合格
5	△云母含量	<2％	10组，实测值0.2％～1.7％，全部合格
6	密度	>2.5t/m³	10组，实测值2.60～2.67t/m³，全部合格
7	轻物质含量	<1％	10组，实测值0.1％～0.6％，全部合格
8	硫化物及硫酸盐含量，按重量折算成SO_3	<1％	10组，实测值0.1％～0.7％，全部合格
9	△有机质含量	浅于标准色	抽检10组，有机质含量均浅于标准色

评 定 意 见	质量等级
主要检查项目全部符合质量标准，其他检查项目100％检查点符合质量标准	优良

施工单位	××× ××年×月×日	建设（监理）单位	××× ××年×月×日

（二）粗骨料质量评定

（1）检验日期为检验月（季）的开始及终止日期。数量填写本批检验资料所代表的砂料总量。产地填写砂料出产地。本表其他内容填写遵循水利水电工程施工质量评定表填写规则。

（2）检查数量。按月或季进行抽样检查分析，一般每生产500m³砂石料，在净料堆放场取组样，总抽检数量。按月检查分析，不少于10组；按季检查分析，不少于20组。要分规格进行质量评定。

（3）检验记录。填写抽检组数、最大值～最小值、合格组数。

（4）质量标准。综合分析抽样检查成果时，应分规格评定质量。凡抽样检查中主要检查项目全部符合标准，任一种规格的其他检查项目有90％及其以上的检查点符合质量标准的，即评为优良；有7％及其以上的抽点符合质量标准的，即评为合格。

（5）粗骨料质量评定范例见表5-57。

表 5-57　　　　　　　　　　　粗骨料质量评定表

单位工程名称	××大坝	单元工程量	30000m³
分部工程名称		施工单位	×××工程局
产地	邻县砂河坝	检验日期	××年×月×日

项次	保证项目	质量标准	检验记录
1	泥团	不允许	$n=60$ 组，均无泥团
2	软弱颗粒含量	小于 5%	$n=45$ 组，1.0%~5.0%，合格 45 组
3	有机质含量	浅于标准色	$n=60$ 组，均浅于标准色
4	针片状颗粒含量	小于 15%，碎石经论证可放至 25%	$n=40$ 组，8.0%~14.0%，合格 40 组
5	超径	原孔筛检验小于 5%，超逊径筛检验	$n=60$ 组，2.0%~5.0%，合格 60 组

项次	基本项目	质量标准	检验结果	质量等级 合格	质量等级 优良
1	逊径	√原孔筛检验小于 10%，超逊径筛检验小于 2%	检测 60 组，5.8%~15%，合格 56 组，合格率 93.3%	√	
2	含泥量	小于 1%	检测 60 组，0.3%~1.4%，合格 49 组，合格率 81.7%	√	
3	密度	大于 2.55t/m³	检测 40 组，2.43~2.65t/m³，合格 35 组，合格率 87.5%	√	
4	硫化物及硫酸盐含量，折合成 SO_3	小于 0.5%	检测 30 组，0.1%~0.6%，合格 28 组，合格率 93.3%	√	
5	吸水率	小于 2.5%	检测 50 组，1.8%~3.1%，合格 40 组，合格率 80.0%	√	

评定意见	质量等级
保证项目全部符合质量标准；基本项目每项有 80.0%~93.3%的测点符合质量标准	合格

施工单位	××× ××年×月×日	建设（监理）单位	××× ××年×月×日

（三）混凝土拌和（拌和物、试块）质量评定

1. 混凝土拌和质量评定

(1) 分部工程名称填写使用本批砼料的分部工程名称。

(2) 分部工程量填写本批检验资料所代表的砼总量 M3 及砼设计等级或设计标号。

(3) 项目质量等级按照混凝土拌和物、混凝土试块评定结果填写。

(4) 本表其他内容填写遵循水利工程施工质量评定表填写规则。

(5) 质量标准。在混凝土拌和物、砼试块两个项目均达到合格标准的前提下，如试块质量达到优良，则评为优良；如试块质量只达到合格，则评为合格。

(6) 混凝土拌和质量评定范例见表 5-58。

表 5-58　　　　　　　　　　　混凝土拌和质量评定表

单位工程名称	混凝土大坝	分部工程量	2800m³，C25
分部工程名称	地下连续墙	施工单位	×××水利水电第三工程局
分部工程部位	C1—C15　B1—B15	评定日期	××年×月×日

项次	项　目	项目质量等级
1	混凝土拌和物	优良
2	混凝土试块	优良

评　定　意　见		质量等级	
两项质量均达合格标准，其中混凝土试块质量优良		优良	
施工单位	×××（签名）××年×月×日	建设（监理）单位	×××（签名）××年×月×日
施工单位	×××（签名）××年×月×日		

2. 混凝土拌和物质量评定

（1）混凝土拌和物质量评定依据施工单位施工过程的检验记录和监理检查后评定。

（2）表头填写与混凝土拌和质量评定表相同。

（3）检验日期。填写本批混凝土检验月（季）的开始日期及终止日期。

（4）本表第 3、4、5、6 项要填写设计具体要求，第一项原材料称量偏差填写拌和楼（站）施工配料单规定的各种材料的称量（kg）。规定原材料称量值和设计要求值，可填在检验记录栏内。

（5）试验记录栏填：检查组数、实测最大值、最小值、合格总数。

（6）本表其他内容填写遵循水利工程施工质量评定表填写规则。

（7）质量标准。如果主要检查项目全部符合优良标准，一般检查项目符合优良或合格标准，评为优良。若主要检查项目只符合合格标准，一般检查项目基本符合合格标准，则评为合格。

（8）混凝土拌和物质量评定范例见表 5-59。

表 5-59　　　　　　　　　　　混凝土拌和物质量评定表

单位工程名称	溢洪道	分部工程量	2800m³，C25
分部工程名称	消能防冲段	施工单位	×××水利水电第三工程局
单元工程名称、部位	0+100～0+200	评定日期	××年×月×日至×月×日

项次	项　目	质量标准		检　验　记　录
		优良	合格	
1	△原材料称量偏符合设计要求的频率	≥90%	≥70%	施工配料单各种材料称量为：水 180kg，水泥 330kg，砂 600kg，碎石 1210kg。共检查 30 组，称量为：水 179～182kg，合格率 98.0%；水泥 330～335kg，合格率 93.3%；砂 600～614kg，合格率 91.0%；碎石 1200～1236kg，合格率 92.4%
2	砂子含水量小于 6% 的频率	≥90%	≥70%	检查 30 组，砂子含水量为 2.5%～4.0%，合格率 100%

续表

项次	项 目	质量标准		检 验 记 录
		优良	合格	
3	△拌和时间符合规定的频率	≥100%	≥100%	拌和时间规定为90～120S，抽查30组记录，拌和时间为97～108S，合格率100%
4	混凝土坍落度符合要求的频率	≥80%	≥70%	混凝土坍落度设计为5～7cm，检查30组记录，坍落度为5～8cm，合格27组，合格率90.0%
5	△混凝土水灰比符合设计要求的频率	≥90%	≥80%	混凝土水灰比设计为0.55，抽查30组，水灰比为0.54～0.56，合格27组，合格率90.0%
6	混凝土出机口温度符合设计要求的频率	≥80%（高1～2℃）	≥70%（高2～3℃）	设计机口混凝土温度为27℃，检查30组，T＝26～30℃，合格26组，合格率86.7%
评 定 意 见				质量等级
共检查6项××组，主要检查项目3项××组，全部符合优良标准，一般检查项目符合优良标准				优良
施工单位	××× ××年×月×日		建设（监理）单位	××× ××年×月×日

3. 混凝土试块质量评定

(1) 本表依据施工单位在机口及仓面取样成型的28天龄期砼试件试验成果及统计资料，经监理检查后评定。

(2) 表头填写与混凝土拌和质量评定表相同。

(3) 分部工程量填写本批试块所代表的混凝土量、混凝土设计等级（或标号）、试块组数。

(4) 检验日期填写本批试块质量检验的开始日期及终止日期。

(5) 检查项目第4项要标明设计标号。如设计抗渗标号W6，则将W6填写在检验记录栏内。

(6) 检验记录第1、4项要检查组数、各组试块的实测值。若实测值较多，也可填实测组数、最大值～最小值，合格组数。

(7) 试验数据统计按照《水利水电建设工程验收规程》（SL/T 223—2025）附录C规定进行。

(8) 本表其他内容填写遵循水利工程施工质量评定表填写规则。

(9) 质量标准。全部检查项目符合合格标准前提下，如主要检查项目为优良，则评为优良。若主要检查项目为合格，则评为合格。

(10) 混凝土试块质量评定范例见表5-60。

表 5-60 混凝土试块质量评定表

单位工程名称	溢洪道	分部工程量	2800m³，C25，30 组
分部工程名称	消能防冲段	施工单位	×××水利水电第三工程局
单元工程名称、部位	0+100～0+200	评定日期	××年×月×日至×月×日

项次	项目	质量标准 优良	质量标准 合格	检验记录
1	任何一组试块抗压强度最低不得低于设计标号	≥90%	≥85%	检查30组，试块抗压强度为26.7～39.6
2	△无筋（或少筋）混凝土强度保证率	≥85%	≥80%	—
3	△配筋混凝土强度保证率	≥95%	≥90%	30组试块统计，$P=97.7\%$
4	混凝土抗拉、抗渗、抗冻指标	不低于设计标号	不低于设计标号	设计抗冻标号F100，检验3组，均达到设计标号
5	混凝土强度的离差系数 <200号	<0.18	<0.22	—
5	混凝土强度的离差系数 ≥200号	<0.14	0.18	30组试块统计，$C_v=0.107$

评定意见	质量等级
全部检查项目符合合格标准，其中主要检查项目符合优良标准	优良

施工单位	××× ××年×月×日	建设（监理）单位	××× ××年×月×日

（四）混凝土预制构件制作质量评定

（1）混凝土预制构件制作质量评定的前提是预制构件的原材料的质量和品种已经过检验符合设计要求；混凝土配合比符合设计要求，混凝土拌和质量合格。构件无漏筋、无裂缝。混凝土强度达到要求。

（2）检查数量。按月或按季进行抽样检查分析，按构件各种类型的件数，各抽查10%，月检查3件，季检查不少于5件。

（3）检验日期。本批构件制作的开始及完工日期。

（4）构件尺寸包括：外型尺寸，中心线偏差，顶、底部平整度，预埋件纵、横中心线位移，起吊环、钩中心线位移。

（5）本表其他内容填写遵循水利工程施工质量评定表填写规则。

（6）质量标准。每一类型构件抽样的模板、钢筋和构件尺寸的检查点数，分别有70%及其以上符合质量标准的，即评为"合格"，凡模板、钢筋、构件尺寸检查，分别有90%及其以上符合质量标准的，即评为"优良"。

二、外观质量评定

（一）水工建筑物外观质量评定

（1）水工建筑物单位工程外观质量评定表中各项质量标准，是在主体工程开工初期由项目法人组织监理、设计、施工等单位根据本工程特点（等级及使用情况等）共同研究提出，报质量监督机构确认后执行。

（2）外观质量等级评定工作是在单位工程完工后，由项目法人组织监理、设计、施工及运行管理等单位组成外观质量评定组,现场进行工程外观质量检验评定,并将评定结论报工程质量监督机构核定。参加外观质量评定组的人员,必须具有工程师及以上技术职称或相应执业资格。评定组人数不应少于5人,大型工程不宜少于7人。

(3) 检测数量:全面检查后,抽测25%,且各项不少于10点。

(4) 评定质量等级:测点中符合质量标准的点数占总测点数的百分率为100%时,为一级。合格率为90%～99.9%时,为二级。合格率为70%～89.9%时,为三级。合格率<70%时,为四级。其下方的百分数为相应于所得标准分的百分数。每项评定得分按以下方法计算:

$$各项评定得分 = 该项标准分 \times 该项得分百分率$$

评定得分小数点后保留一位,并填写在相应级别栏内。

(5) 表中第13项混凝土表面缺陷指混凝土表面的蜂窝、麻面、挂帘、裙边、小于3cm的错台、局部凹凸及表面裂缝等。如无上述缺陷,该项得分率为100%,缺陷面积超过总面积5%者,该项得分为0。

(6) 表中带括号的标准分为工作量大时的标准分。填表时,须将不执行的分数用"/"划掉。

(7) 合计应得分是实际评定各项标准分之和,实得分是各项实际评定得分之和,得分率=(实得评定分/应得分)×100%,小数点后保留一位。

(8) 表尾由各单位参加外观质量评定的人员签名(施工单位1人,若本工程由分包单位施工,则分包单位、总包单位各派1人参加。建设、监理、设计各派1～2人,工程运行管理单位1人)。

(二) 房屋建筑安装工程观感质量评定

(1) 水利工程房屋建筑安装工程观感质量评定表中各项质量标准确定方法与水工建筑物外观质量评定表相同。

(2) 观感质量等级评定工作是在单位工程完工后,由项目法人组织监理、设计、施工及运行管理等单位组成外观质量评定组,现场进行工程观外质量检验评定,并将评定结论报工程质量监督机构核定。参加外观质量评定组的人员,必须具有工程师及以上技术职称或相应执业资格。评定组人数不应少于5人,大型工程不宜少于7人。

(3) 检测数量。室外和屋面全面检查。室内按有代表性的自然间抽查10%,且应包括附属房间及厅道等。

(4) 评定等级标准。抽查或全数检查的点(房间)均符合相应质量检验评定合格标准的,评为四级;其中:有20%～49%的点(房间)达到优良标准者,评为三级;有50%～79%的点(房间)达到优良标准者,评为二级;有80%及其以上点(房间)达到优良标准者,评为一级。有不符合标准规定的点(房间)者,评为五级,并应处理。

(5) 表中带括号的标准分,表示工作量大时的标准分。填表时,须将不执行的数据用"/"划掉,如项次11、21,划掉不执行的分数。

(6) 各项评定得分=该项标准分×该项得分百分数,计算结果小数点后保留一位,各项得分写在相应级别栏内。填写方法与水工建筑物外观质量评定表相同。

(7) 合计应得分是实际评定各项标准分之和,实得分是各项实际评定得分之和,得分率=（实得评定分/应得分）×100%，小数点后保留一位。8）表尾由各单位参加外观质量评定的人员签名（施工单位1人，若本工程由分包单位施工，则分包单位、总包单位各派1人参加。建设、监理、设计各派1~2人，工程运行管理单位1人）。

（8）房屋建筑安装工程观感质量评定范例见表5-61。如本例项次11、21中均划掉了不执行的分数。

表5-61　　　　　　　　房屋建筑安装工程观感质量评定表

单位工程名称		发电厂房工程	分部工程名称	主厂房房建工程	施工单位		中国水利水电第×工程局	
结构类型		框架、单层	建筑面积	1200m²	评定日期		××年×月×日	
项次		项　　目	标准分/分	评定得分/分				备注
				一级 100%	二级 90%	三级 80%	四级 70%	五级 0	
1	建筑工程	室外墙面	10		9.0				
2		室外大角	2		1.8				
3		外墙面横竖线角	3	3.0					
4		散水、台阶、阴沟	2			1.6			
5		滴水槽（线）	1		0.9				
6		变形缝、水落管	2		1.8				
7		屋面坡向	2				1.4		
8		屋面防水层	3				2.1		
9		屋面细部	3			2.4			
10		屋面保护层	1		0.9				
11		室内顶棚	4（5）		4.5				
12		室内墙面	10		9.0				
13		地面与楼面	10			8.0			
14		楼梯、踏步	2			1.6			
15		厕浴、阳台泛水	2	—					
16		抽气、垃圾道	2	—					
17		细木、护栏	2（4）	—					
18		门安装	4	4.0					
19		窗安装	4		3.6				
20		玻璃	2	2.0					
21		油漆	4（6）		5.4				
22		管道坡度、接口、支架、管件	3		2.7				
23		卫生器具、支架、阀门、配件	3			2.4			
24		检查口、扫除口、地漏	2				1.4		

续表

项次	项目	标准分/分	评定得分/分					备注
			一级 100%	二级 90%	三级 80%	四级 70%	五级 0	
25	管道坡度、支架、接口、弯道	3	—					
26	散热器及支架	2	—					
27	伸缩器、膨胀水箱	2	—					
28	管道坡度、接口、支架	2	—					
29	煤气管与其他管距离	1	—					
30	煤气表、阀门	2	—					
31	线路敷设	2	2.0					
32	配电箱（盘、板）	2		1.8				
33	照明器具	2	2.0					
34	开关、插座	2		1.8				
35	防雷、动力	2		1.8				
36	风管、支架	2			1.6			
37	风口、风阀、罩	2			1.6			
38	风机	1		0.9				
39	风管、支架	2		1.8				
40	风口、风阀、	2			1.6			
41	空气处理室、机组	1	1.0					
42	运行、平层、开关门	3	—					
43	层门、信号系统	1	—					
44	机房	1	—					
合计			应得 100 分，实得 87.4 分，得分率 87.4%。						

施工单位	设计单位	监理单位	项目法人（建设单位）	质量监督机构
××× ××年×月×日	××× ××年×月×日	××× ××年×月×日	××× ××年×月×日	××× ××年×月×日

本例为 1~14，18~24，31~41 等项标准分之和，其中应得 100 分，实际评定得 87.4 分，得分率＝87.4/100×100%＝87.4%。

（三）堤防工程外观质量评定

(1) 堤防工程外观质量评工作是在单位工程完工后，由项目法人组织监理、设计、施工及运行管理等单位组成外观质量评定组，现场进行工程外观质量检验评定，并将评定结论报工程质量监督机构核定。参加外观质量评定组的人员，必须具有工程师及以上技术职称或相应执业资格。评定组人数不应少于 5 人，大型工程不宜少于 7 人。

(2) 表中各项质量标准确定方法详见《水利水电工程施工质量检验与评定规程》（SL 176—2007）附录 A 水利水电工程外观质量评定办法中表 A.3.1-2 堤防工程外观质量评

定标准。其中：①外部尺寸按《堤防工程施工质量评定与验收规程》（试行）（SL 239—1999）附录C表C.0.2各项规定进行，分别对单位工程各项外部尺寸进行实地测量，逐项统计其测点数。合格点数、合格率及总合格率。合格率100%得30分，合格率90%~99.9%得27分，合格率70%~89.9%得21分，合格率70%以下得0分。②轮廓线用尺量至少3处，并进行现场检查，符合质量标准的，得10分；每处有不多于2点超过2cm的属于符合质量标准，得9分；每处有不多于4点超过2cm，得7分；发现轮廓线不符合质量标准的得0分。③表面平整度用2cm靠尺检查，预制混凝土块不平整度不大于1cm，干砌石和浆砌石不平整度不大于5cm。符合质量标准的，得10分；基本符合质量标准的，得9分；发现局部不平整，得7分；发现多处表面不平整，得0分。

（3）计应得分是实际评定各项标准分之和，实得分是各项实际评定得分之和，得分率=（实得评定分/应得分）×100%，小数点后保留一位。

（4）表尾由各单位参加外观质量评定的人员签名（施工单位1人，若本工程由分包单位施工，则分包单位、总包单位各派1人参加。建设、监理、设计各派1~2人，工程运行管理单位1人）。

（5）堤防工程外观质量评定范例见表5-62。

表5-62 堤防工程外观质量评定表

单位工程名称		××河堤防加固	施工单位		×××工程局
主要工程量		18750m³	评定日期		××年×月×日
项次	项目	标准分	评定得分	得分率/%	备注
1	外部尺寸	30	27.00		
2	轮廓线顺直	10	9.50		
3	表面平整度	10	9.00		
4	曲面、平面联接平顺	5	4.00		
5	排水	5	3.25		
6	上堤马道	3	3.00		
7	堤顶附属设施	5	4.00		
8	备料整齐程度	5	3.25		
9	草皮	8	—		
10	植树	4	—		
11	砌体排列	5	—		
12	砌缝质量	10	—		
合计		应得分73分，实得分63分，得分率86.3%			
评定人员签名					
工作单位		姓名	职称		签名
××河务局		×××	高工		×××
××工程局		×××	高工		×××
××监理公司		×××	副总监		×××
××质量监督分站		×××	站长		×××
×××水利水电勘测设计院		×××	高工		×××

项目六

水利工程竣工验收资料整编

【知识目标】 通过本章学习，了解各种竣工报告的基本格式和要求，理解工程竣工验收资料收集范围、整编要求、编制方法。

【能力目标】 掌握工程竣工验收的程序及竣工验收资料的内容及归档范围。

任务一 竣工验收申请报告及批复

一、水利工程竣工验收一般规定

（1）竣工验收应在工程建设项目全部完成并满足一定运行条件后1年内进行。不能按期进行竣工验收的，经竣工验收主持单位同意，可适当延长期限，但最长不得超过6个月。一定运行条件是指：

1）泵站工程经过一个排水或抽水期。

2）河道疏浚工程完成后。

3）其他工程经过6个月（经过一个汛期）至12个月。

（2）工程具备验收条件时，项目法人应向竣工验收主持单位提出竣工验收申请报告。竣工验收申请报告应经法人验收监督管理机关审查后报竣工验收主持单位，竣工验收主持单位应自收到申请报告后20个工作日内决定是否同意进行竣工验收。

（3）工程未能按期进行竣工验收的，项目法人应提前30个工作日向竣工验收主持单位提出延期竣工验收专题申请报告。申请报告应包括延期竣工验收的主要原因及计划延长的时间等内容。

（4）项目法人编制完成竣工财务决算后，应报送竣工验收主持单位财务部门进行审查和审计部门进行竣工审计。审计部门应出具竣工审计意见。项目法人应对审计意见中提出的问题进行整改并提交整改报告。

（5）竣工验收分为竣工技术预验收和竣工验收两个阶段。

（6）大型水利工程在竣工技术预验收前，应按照有关规定进行竣工验收技术鉴定。中型水利工程，竣工验收主持单位可以根据需要决定是否进行竣工验收技术鉴定。

二、水利工程竣工验收的程序

（1）项目法人进行竣工验收自查。

（2）满足竣工验收条件和要求后，项目法人向竣工验收主持单位报送工程竣工验收申请报告。

（3）审查合格后，竣工验收主持单位组织进行竣工验收技术鉴定（适用于大型水利工程)、竣工技术预验收、竣工验收。

(4) 通过竣工验收后,进行工程移交和备案。

三、竣工验收自查

(1) 申请竣工验收前,项目法人应组织竣工验收自查。自查工作由项目法人主持,勘测、设计、监理、施工、主要设备制造(供应)商以及运行管理等单位的代表参加。

(2) 竣工验收自查应包括以下主要内容。

1) 检查有关单位的工作报告。

2) 检查工程建设情况,评定工程项目施工质量等级。

3) 检查历次验收、专项验收的遗留问题和工程初期运行所发现问题的处理情况。

4) 确定工程尾工内容及其完成期限和责任单位。

5) 对竣工验收前应完成的工作做出安排。

6) 讨论并通过竣工验收自查工作报告。

(3) 项目法人组织工程竣工验收自查前,应提前10个工作日通知质量和安全监督机构,同时向法人验收监督管理机关报告。质量和安全监督机构应派员列席自查工作会议。

(4) 项目法人应在完成竣工验收自查工作之日起10个工作日内,将自查的工程项目质量结论和相关资料报质量监督机构核备。

(5) 参加竣工验收自查的人员应在自查工作报告上签字。项目法人应自竣工验收自查工作报告通过之日起30个工作日内,将自查报告报法人验收监督管理机关。

四、竣工技术预验收

(1) 竣工技术预验收应由竣工验收主持单位组织的专家组负责。技术预验收专家组成员应具有高级技术职称或相应执业资格,2/3以上成员应来自工程非参建单位。工程参建单位的代表应参加技术预验收,负责回答专家组提出的问题。

(2) 竣工技术预验收专家组可下设专业工作组,并在各专业工作组检查意见的基础上形成竣工技术预验收工作报告。

(3) 竣工技术预验收应包括以下主要内容。

1) 检查工程是否按批准的设计完成。

2) 检查工程是否存在质量隐患和影响工程安全运行的问题。

3) 检查历次验收、专项验收的遗留问题和工程初期运行中所发现问题的处理情况。

4) 对工程重大技术问题作出评价。

5) 检查工程尾工安排情况。

6) 鉴定工程施工质量。

7) 检查工程投资、财务情况。

8) 对验收中发现的问题提出处理意见。

(4) 竣工技术预验收应按以下程序进行。

1) 现场检查工程建设情况并查阅有关工程建设资料。

2) 听取项目法人、设计、监理、施工、质量和安全监督机构、运行管理等单位工作报告。

3) 听取竣工验收技术鉴定报告和工程质量抽样检测报告。

4）专业工作组讨论并形成各专业工作组意见。

5）讨论并通过竣工技术预验收工作报告。

6）讨论并形成竣工验收鉴定书初稿。

五、竣工验收

(1) 竣工验收委员会可设主任委员1名,副主任委员以及委员若干名,主任委员应由验收主持单位代表担任。竣工验收委员会由竣工验收主持单位、有关地方人民政府和部门、有关水行政投资方代表可参加竣工验收委员会。

(2) 项目法人、勘测、设计、监理、施工和主要设备制造(供应)商等单位应派代表参加竣工验收,负责解答验收委员会提出的问题,并作为被验收单位代表在验收鉴定书上签字。

(3) 竣工验收会议应包括以下主要内容和程序。

1）现场检查工程建设情况及查阅有关资料。

2）召开大会。①宣布验收委员会组成人员名单；②观看工程建设声像资料；③听取工程建设管理工作报告；④听取竣工技术预验收工作报告；⑤听取验收委员会确定的其他报告；⑥讨论并通过竣工验收鉴定书；⑦验收委员会和被验收单位代表在竣工验收鉴定书上签字。

(4) 工程项目质量达到合格上等级的,竣工验收的质量结论意见为合格。

(5) 数量按验收委员会组成单位、工程主要参建单位各1份以及归档所需份数确定。自鉴定书通过之日起30个工作日内,由竣工验收主持单位发送有关单位。

任务二 水利工程质量监督工作报告

建设工程质量监督报告是指监督机构在建设单位组织的工程竣工验收合格后向备案机关提交的,在监督检查(包括工程竣工验收监督)过程中形成的,评估各方责任主体和有关机构履行质量责任,执行工程建设强制性标准的情况及工程是否符合备案条件的综合文件。填写要点：

1. 工程报监,开工前的质量监督情况

(1) 办理报监手续的日期；报监资料是否齐全。

(2) 进行首次监督检查的日期；检查的内容和检查的结果。

   年   月   日,办理报监手续,报监资料齐全(或报监时缺资料、手续,经督促,已补齐或未见)。

   年   月   日,监督人员到现场进行了首次监督检查。审查了各方质量保证体系文件、各方有关人员的资格证书和岗位证书,审查了施工组织设计、监理规划和细则等文件的内容和审批手续,检查了施工现场的质量标准条件。经审查,基本符合规定要求。或发现有问题,要求整改(见××号整改单)。   年   月   日,整改完毕。

2. 工程参建各方执行有关建设工程的法律、法规、强制性标准、质量行为及质量责任制履行的情况

(1) 在什么施工阶段进行了监督检查。

(2) 监督检查的结果：建设参与各方质量保证体系是否基本达到规定要求，有关人员质量责任是否基本落实。

3. 施工过程中质量监督检查情况

(1) 施工过程中共进行了几次质量监督检查。

(2) 每次检查的形象进度、抽查部位。

(3) 每次质量检查的结果。

4. 工程施工技术管理文件、竣工技术资料抽查情况

(1) 建设参与各方是否已经分别提交了经签字盖章，内容填写齐全的工程质量《合格证明书》。

(2) 抽查的工程实物竣工质量、技术资料是否基本符合规定要求。

1) 施工过程中出现的质量问题的整改情况。

①共开出几张《整改指令单》；②是否已经收到经参与各方签证的书面整改回复；③经现场复查，质量问题是否已经进行整改。

2) 工程竣工验收监督意见。

①通过竣工验收的日期；②是否符合工程竣工的标准；③工程竣工验收的组织形成、验收程序、执行标准、验收内容是否正确；④工程实物质量与质量保证资料有无重大缺陷；⑤竣工验收人员及建设参与各方主要质量责任人签字手续是否齐全。

5. 监督部门签证

对工程遗留质量缺陷的监督意见。

工程遗留质量缺陷是否已有处理意见（论证）和处理方案；按处理意见处理后，经各方验收的结论。

任务三　水利工程决算报告

一、竣工决算报告内容

竣工决算报告是考核基本建设项目投资效益、反映建设成果的文件；是建设单位向生产、使用或管理单位移交财产的依据。建设单位从项目筹建开始，即应明确专人负责，做好有关资料的收集、整理、积累、分析工作。项目完建时，应组织工程技术、计划、财务、物资、统计等有关人员共同完成工程竣工决算报告的编制工作。

基本建设项目完建后、在竣工验收之前应当根据有关资料开列的数字预编制竣工决算报告。未预编制竣工决算报告的项目原则上不能通过竣工验收。

编制竣工决算报告应当依据以下文件、资料：

(1) 经批准的初步设计、修正概算、变更设计文件，以及批准的开工报告文件。

(2) 历年年度的基本建设投资计划。

(3) 经核复的历年年度的基本建设财务决算。

(4) 与有关部门或单位签订的施工合同、投资包干合同和竣工结算文件，与有关单位签订的终止经济合同（或协议）等有关文件。

(5) 历年有关物资、统计、财务会计核算、劳动工资、环境保护等有关资料。

(6) 工程质量鉴定、检验等有关文件，工程监理有关资料。

(7) 施工企业交工报告等有关技术经济资料。

(8) 有关建设项目的产品、简易投产、试生产、重载负荷试车等产生基本建设收入的财务资料。

(9) 其他有关的文件。

二、竣工决算报告的组成

竣工决算报告由以下四部分组成：

(1) 竣工决算报告的封面、目录。

(2) 竣工工程平面示意图。

(3) 竣工决算报告说明书。

(4) 竣工决算表格。

1. 竣工决算报告说明书是竣工报告的重要组成部分，主要内容包括：工程项目概况；工程建设过程和工程管理工作中的重大事件、经验教训；工程投资支出和财务管理工作的基本情况；以及工程遗留问题和有哪些需要解决的问题。

2. 竣工决算报告表式分两部分。第一部分为工程概况表专用表式，第二部分为通用表式。表式内容包括：

(1) 工程概况表。

(2) 通用表式。①财务决算总表；②财务决算明细表；③资金来源情况表；④应核销投资及转出投资明细表；⑤建设成本和概算执行情况表；⑥外资使用情况表；⑦交付使用财产总表；⑧交付使用财产明细表。

附 表

表1.1   土方开挖单元工程施工质量验收评定表

单位工程名称			单元工程量	
分部工程名称			施工单位	
单元工程名称、部位			施工日期	年 月 日— 年 月 日
项次		工序名称、编号		工序质量验收评定等级
主要工序	1	软基或土质岸坡开挖工序（编号 ）		
一般工序	1	表土及土质岸坡清理工序（编号 ）		
施工单位自评意见	各工序施工质量全部合格，其中优良工序占 %，且主要工序达到 等级。 单元质量等级评定为： （签字，加盖公章） 年 月 日			
监理单位复核意见	经抽查并查验相关检验报告和检验资料，各工序施工质量全部合格，其中优良工序占 %，且主要工序达到 等级。 单元工程质量等级评定为： （签字，加盖公章） 年 月 日			

注 1. 对重要隐蔽单元工程和关键部位单元工程的施工质量验收评定应有设计、建设等单位的代表签字，具体要求应满足 SL/T 223—2025 的规定。
2. 本表所填"单元工程量"不作为施工单位工程量结算计量的依据。

根据《水利水电工程单元工程施工质量验收评定标准—土石方工程》（SL 631—2012）编制

附表

表 1.1-1　　　　　表土及土质岸坡清理工序施工质量验收评定表

单位工程名称			工序编号		
分部工程名称			施工单位		
单元工程名称、部位			施工日期	年　月　日— 年　月　日	

项次		检验项目	质量标准	检查（测）记录	合格数	合格率
主控项目	1	表土清理	树木、草皮、树根、乱石、坟墓以及各种建筑物全部清除；水井、泉眼、地道、坑窖等洞穴的处理符合设计要求			
	2	不良土质的处理	淤泥、腐殖质土、泥炭土全部清除；对风化岩石、坡积物、残积物、滑坡体、粉土、细砂等处理符合设计要求			
	3	地质坑、孔处理	构筑物基础区范围内的地质探孔、竖井、试坑的处理符合设计要求；回填材料质量满足设计要求			
一般项目	1	清理范围	满足设计要求。长、宽边线允许偏差：人工施工 0～50cm，机械施工 0～100cm			
	2	土质岸边坡度	不陡于设计坡度			

施工单位自评意见	主控项目检验点100%合格，一般项目逐项检验点的合格率　　%，且不合格点不集中分布。工序质量等级评定为： （签字，加盖公章）　　　　年　月　日
监理单位复核意见	经复核，主控项目检验点100%合格，一般项目逐项检验点的合格率　　%，且不合格点不集中分布。工序质量等级评定为： （签字，加盖公章）　　　　年　月　日

根据《水利水电工程单元工程施工质量验收评定标准—土石方工程》（SL 631—2012）编制

表 1.1-2 软基或土质岸坡开挖工序施工质量验收评定表

单位工程名称				工序编号			
分部工程名称				施工单位			
单元工程名称、部位				施工日期	年 月 日— 年 月 日		
项次		检验项目	质量标准		检查（测）记录	合格数	合格率
主控项目	1	保护层开挖	保护层开挖方式应符合设计要求，在接近建基面时，宜使用小型机具或人工挖除，不应扰动建基面以下的原地基				
	2	建基面处理	构筑物软基和土质岸坡开挖面平顺。软基和土质岸坡与土质构筑物接触时，采用斜面连接，无台阶、急剧变坡及反坡				
	3	渗水处理	构筑物基础区及土质岸坡渗水（含泉眼）妥善引排或封堵，建基面清洁无积水				
一般项目	1	基坑断面尺寸及开挖面平整度	无结构要求或无配筋	长或宽不大于10m	符合设计要求，允许偏差为－10～20cm		
				长或宽大于10m	符合设计要求，允许偏差为－20～30cm		
				坑（槽）底部标高	符合设计要求，允许偏差为－10～20cm		
				垂直或斜面平整度	符合设计要求，允许偏差为20cm		
			有结构要求有配筋预埋件	长或宽不大于10m	符合设计要求，允许偏差为0～20cm		
				长或宽大于10m	符合设计要求，允许偏差为0～30cm		
				坑（槽）底部标高	符合设计要求，允许偏差为0～20cm		
				斜面平整度	符合设计要求，允许偏差为15cm		
施工单位自评意见			主控项目检验点100%合格，一般项目逐项检验点的合格率　　%，且不合格点不集中分布。工序质量等级评定为： （签字，加盖公章）　　　　　　　年　月　日				
监理单位复核意见			经复核，主控项目检验点100%合格，一般项目逐项检验点的合格率　　%，且不合格点不集中分布。 工序质量等级评定为： （签字，加盖公章）　　　　　　　年　月　日				
注		"－"表示欠挖。					

根据《水利水电工程单元工程施工质量验收评定标准—土石方工程》（SL 631—2012）编制

附表

表 1.2　　　　　　岩石岸坡开挖单元工程施工质量验收评定表

单位工程名称				单元工程量	
分部工程名称				施工单位	
单元工程名称、部位				施工日期	年 月 日— 年 月 日
项次		工序名称、编号		工序质量验收评定等级	
主要工序	1	岩石岸坡开挖工序（编号　　　　）			
一般工序	1	地质缺陷处理工序（编号　　　　）			
施工单位自评意见	各工序施工质量全部合格，其中优良工序占　%，且主要工序达到　等级。 单元质量等级评定为： （签字，加盖公章）　　　　年 月 日				
监理单位复核意见	经抽查并查验相关检验报告和检验资料，各工序施工质量全部合格，其中优良工序占　%，且主要工序达到　等级。 单元工程质量等级评定为： （签字，加盖公章）　　　　年 月 日				

注　1. 对重要隐蔽单元工程和关键部位单元工程的施工质量验收评定应有设计、建设等单位的代表签字，具体要求应满足 SL/T 223—2025 的规定。
　　2. 本表所填"单元工程量"不作为施工单位工程量结算计量的依据。

根据《水利水电工程单元工程施工质量验收评定标准—土石方工程》（SL 631—2012）编制

表 1.2-1　　　　　　　　岩石岸坡开挖工序施工质量验收评定表

单位工程名称				工序编号			
分部工程名称				施工单位			
单元工程名称、部位				施工日期	年 月 日— 年 月 日		
项次		检验项目	质量标准	检查（测）记录		合格数	合格率
主控项目	1	保护层开挖	浅孔、密孔、少药量、控制爆破				
	2	开挖坡面	稳定且无松动岩块、悬挂体和尖角				
	3	岩体的完整性	爆破未损害岩体的完整性，开挖面无明显爆破裂隙，声波降低率小于10%或满足设计要求				
一般项目	1	平均坡度	开挖坡面不陡于设计坡度，台阶（平台、马道）符合设计要求				
	2	坡角标高	±20cm				
	3	坡面局部超欠挖	允许偏差：欠挖不大于20cm，超挖不大于30cm				
	4	炮孔痕迹保存率	节理裂隙不发育的岩体	>80%			
			节理裂隙发育的岩体	>50%			
			节理裂隙极发育的岩体	>20%			
施工单位自评意见	主控项目检验点100%合格，一般项目逐项检验点的合格率　　%，且不合格点不集中分布。 工序质量等级评定为： （签字，加盖公章）　　　　　　年　月　日						
监理单位复核意见	经复核，主控项目检验点100%合格，一般项目逐项检验点的合格率　　%，且不合格点不集中分布。 工序质量等级评定为： （签字，加盖公章）　　　　　　年　月　日						

根据《水利水电工程单元工程施工质量验收评定标准—土石方工程》（SL 631—2012）编制

表 1.2-2　　　　　　　　地质缺陷处理工序施工质量验收评定表

单位工程名称		工序编号	
分部工程名称		施工单位	
单元工程名称、部位		施工日期	年　月　日—　年　月　日

项次		检验项目	质量标准	检查（测）记录	合格数	合格率
主控项目	1	地质探孔、竖井、平洞、试坑处理	符合设计要求			
	2	地质缺陷处理	节理、裂隙、断层、夹层或构造破碎带的处理符合设计要求			
	3	缺陷处理采用材料	材料质量满足设计要求			
	4	渗水处理	地基及坡岸的渗水（含泉眼）已引排或封堵，岩面整洁无积水			
一般项目	1	地质缺陷处理范围	地质缺陷处理的宽度和深度符合设计要求。地基及岸坡岩石断层、破碎带的沟槽开挖边坡稳定，无反坡，无浮石，节理、裂隙内的充填物冲洗干净			

施工单位自评意见	主控项目检验点100％合格，一般项目逐项检验点的合格率　　％，且不合格点不集中分布。 工序质量等级评定为： （签字，加盖公章）　　　　　年　月　日
监理单位复核意见	经复核，主控项目检验点100％合格，一般项目逐项检验点的合格率　　％，且不合格点不集中分布。 工序质量等级评定为： （签字，加盖公章）　　　　　年　月　日

根据《水利水电工程单元工程施工质量验收评定标准—土石方工程》（SL 631—2012）编制

表 1.3　　岩石地基开挖单元工程施工质量验收评定表

单位工程名称		单元工程量	
分部工程名称		施工单位	
单元工程名称、部位		施工日期	年 月 日— 年 月 日

项次		工序名称、编号	工序质量验收评定等级
主要工序	1	岩石地基开挖工序（编号　　　）	
一般工序	1	地质缺陷处理工序（编号　　　）	

施工单位自评意见	各工序施工质量全部合格，其中优良工序占　　%，且主要工序达到　　等级。 单元质量等级评定为： （签字，加盖公章）　　　　年　月　日
监理单位复核意见	经抽查并查验相关检验报告和检验资料，各工序施工质量全部合格，其中优良工序占　　%，且主要工序达到　　等级。 单元工程质量等级评定为： （签字，加盖公章）　　　　年　月　日

注　1. 对重要隐蔽单元工程和关键部位单元工程的施工质量验收评定应有设计、建设等单位的代表签字，具体要求应满足 SL/T 223—2025 的规定。
　　2. 本表所填"单元工程量"不作为施工单位工程量结算计量的依据。

根据《水利水电工程单元工程施工质量验收评定标准—土石方工程》（SL 631—2012）编制

表1.3-1　　　　　　　　岩石地基开挖工序施工质量验收评定表

单位工程名称				工序编号			
分部工程名称				施工单位			
单元工程名称、部位				施工日期	年 月 日— 年 月 日		

项次		检验项目	质量标准	检查（测）记录	合格数	合格率
主控项目	1	保护层开挖	浅孔、密孔、少药量、控制爆破			
	2	建基面处理	开挖后岩面应满足设计要求，建基面上无松动岩块，表面清洁、无泥垢、油污			
	3	多组切割的不稳定岩体开挖和不良地质开挖处理	满足设计处理要求			
	4	岩体的完整性	爆破未损害岩体的完整性，开挖面无明显爆破裂隙，声波降低率小于10%或满足设计要求			
一般项目	1	无结构要求或无配筋的基坑断面尺寸及开挖面平整度	长或宽不大于10m	符合设计要求，允许偏差为-10～20cm		
			长或宽大于10m	符合设计要求，允许偏差为-20～30cm		
			坑（槽）底部标高	符合设计要求，允许偏差为-10～20cm		
			垂直或斜面平整度	符合设计要求，允许偏差为20cm		
	2	有结构要求或有配筋预埋件的基坑断面尺寸及开挖面平整度	长或宽不大于10m	符合设计要求，允许偏差为0～10cm		
			长或宽大于10m	符合设计要求，允许偏差为0～20cm		
			坑（槽）底部标高	符合设计要求，允许偏差为0～20cm		
			垂直或斜面平整度	符合设计要求，允许偏差为15cm		

施工单位自评意见	主控项目检验点100%合格，一般项目逐项检验点的合格率　　%，且不合格点不集中分布。 工序质量等级评定为： 　　　　　　　　　　　　　　　　　　（签字，加盖公章）　　　　年 月 日
监理单位复核意见	经复核，主控项目检验点100%合格，一般项目逐项检验点的合格率　　%，且不合格点不集中分布。 工序质量等级评定为： 　　　　　　　　　　　　　　　　　　（签字，加盖公章）　　　　年 月 日

根据《水利水电工程单元工程施工质量验收评定标准—土石方工程》（SL 631—2012）编制

表 1.3－2　　　　　　　地质缺陷处理工序施工质量验收评定表

单位工程名称			工序编号			
分部工程名称			施工单位			
单元工程名称、部位			施工日期	年 月 日— 年 月 日		

	项次	检验项目	质量标准	检查（测）记录	合格数	合格率
主控项目	1	地质探孔、竖井、平洞、试坑处理	符合设计要求			
	2	地质缺陷处理	节理、裂隙、断层、夹层或构造破碎带的处理符合设计要求			
	3	缺陷处理采用材料	材料质量满足设计要求			
	4	渗水处理	地基及坡岸的渗水（含泉眼）已引排或封堵，岩面整洁无积水			
一般项目	1	地质缺陷处理范围	地质缺陷处理的宽度和深度符合设计要求。地基及岸坡岩石断层、破碎带的沟槽开挖边坡稳定，无反坡，无浮石，节理、裂隙内的充填物冲洗干净			

施工单位自评意见	主控项目检验点100％合格，一般项目逐项检验点的合格率 ％，且不合格点不集中分布。 工序质量等级评定为： （签字，加盖公章）　　　　　　年　月　日
监理单位复核意见	经复核，主控项目检验点100％合格，一般项目逐项检验点的合格率 ％，且不合格点不集中分布。 工序质量等级评定为： （签字，加盖公章）　　　　　　年　月　日

根据《水利水电工程单元工程施工质量验收评定标准—土石方工程》（SL 631—2012）编制

附表

表1.4 岩石洞室开挖单元工程施工质量验收评定表

共2页 第1页

单位工程名称					单元工程量			
分部工程名称					施工单位			
单元工程名称、部位					施工日期	年 月 日— 年 月 日		
项次		检验项目	质量标准			检查（测）记录或备查资料名称	合格数	合格率
主控项目	1	光面爆破和预裂爆破效果	残留炮孔痕迹分布均匀，预裂爆破后的裂缝连续贯穿。相邻两孔间的岩面平整，孔壁无明显的爆破裂隙，两茬炮之间的台阶或预裂爆破孔的最大外斜值不宜大于10cm。炮孔痕迹保存率：完整岩石在90%以上，较完整和完整性差的岩石不小于60%，较破碎和破碎岩石不宜小于20%					
	2	洞、井轴线	符合设计要求，允许偏差为-5～5cm					
	3	不良地质处理	符合设计要求					
	4	爆破控制	爆破未损害岩体的完整性，开挖面无明显爆破裂隙，声波降低率小于10%，或满足设计要求					
一般项目	1	洞室壁面清撬	洞室壁面上无残留的松动岩块和可能塌落危石碎块，岩石面干净，无岩石碎片、尘埃、爆破泥粉等					
	2	岩石壁面局部超、欠挖及平整度	无结构要求、无配筋预埋件	底部标高	符合设计要求，允许偏差为-10～20cm			
				径向尺寸	符合设计要求，允许偏差为-10～20cm			
				侧向尺寸	符合设计要求，允许偏差为-10～20cm			
				开挖面平整度	符合设计要求，允许偏差为15cm			

共 2 页　第 2 页

项次		检验项目	质量标准		检查（测）记录或备查资料名称	合格数	合格率
一般项目	3	岩石壁面局部超、欠挖及平整度	有结构要求或有配筋预埋件	底部标高	符合设计要求，允许偏差为0～15cm		
				径向尺寸	符合设计要求，允许偏差为0～15cm		
				侧向尺寸	符合设计要求，允许偏差为0～15cm		
				开挖面平整度	符合设计要求，允许偏差10cm		

施工单位自评意见	主控项目检验点100％合格，一般项目逐项检验点的合格率　　％，且不合格点不集中分布。 单元质量等级评定为： （签字，加盖公章）　　　　　　年　月　日
监理单位复核意见	经抽检并查验相关检验报告和检验资料，主控项目检验点100％合格，一般项目逐项检验点的合格率　　％，且不合格点不集中分布。 单元质量等级评定为： （签字，加盖公章）　　　　　　年　月　日

注　1. 对关键部位单元工程和重要隐蔽单元工程的施工质量验收评定应有设计、建设等单位的代表签字，具体要求应满足 SL/T 223—2025 的规定。
　　2. 本表所填"单元工程量"不作为施工单位工程量结算计量的依据。
　　3. "—"表示欠挖。

根据《水利水电工程单元工程施工质量验收评定标准—土石方工程》（SL 631—2012）编制

表 1.5　　　　　　　　　土质洞室开挖单元工程施工质量验收评定表

单位工程名称				单元工程量			
分部工程名称				施工单位			
单元工程名称、部位				施工日期		年 月 日—	年 月 日
项次		检验项目	质量标准	检查（测）记录或备查资料名称		合格数	合格率
主控项目	1	超前支护	钻孔安装位置、倾斜角度准确。注浆材料配比与凝胶时间、灌浆压力、次序等符合设计要求				
	2	初期支护	安装位置准确。初喷、喷射混凝土、回填注浆材料配比与凝胶时间、灌浆压力、次序以及喷射混凝土厚度等符合设计要求。喷射混凝土密实、表面平整，平整度应满足±5cm				
	3	洞、井轴线	符合设计要求，允许偏差为−5～5cm				
一般项目	1	洞面清理	洞壁围岩无松土、尘埃				
	2	底部标高	符合设计要求，允许偏差为0～10cm				
	3	径向尺寸	符合设计要求，允许偏差为0～10cm				
	4	侧向尺寸	符合设计要求，允许偏差为0～10cm				
	5	开挖面平整度	符合设计要求，允许偏差为10cm				
	6	洞室变形监测	土质洞室的地面、洞室壁面变形监测点埋设符合设计或有关规范要求				
施工单位自评意见	主控项目检验点100%合格，一般项目逐项检验点的合格率　　%，且不合格点不集中分布。 单元质量等级评定为： （签字，加盖公章）　　　　　　　　年　月　日						
监理单位复核评定意见	经抽检并查验相关检验报告和检验资料，主控项目检验点100%合格，一般项目逐项检验点的合格率　　%，且不合格点不集中分布。 单元质量等级评定为： （签字，加盖公章）　　　　　　　　年　月　日						

注　1. 对关键部位单元工程和重要隐蔽单元工程的施工质量验收评定应有设计、建设等单位的代表签字，具体要求应满足 SL/T 223—2025 的规定。
　　2. 本表所填"单元工程量"不作为施工单位工程量结算计量的依据。

根据《水利水电工程单元工程施工质量验收评定标准—土石方工程》（SL 631—2012）编制

附表

表1.6　　　　　　　　　　土料填筑单元工程施工质量验收评定表

单位工程名称			单元工程量	
分部工程名称			施工单位	
单元工程名称、部位			施工日期	年 月 日— 年 月 日

项次		工序名称、编号	工序质量验收评定等级
主要工序	1	土料压实工序（编号　　　　）	
一般工序	1	结合面处理工序（编号　　　　）	
	2	卸料及铺填工序（编号　　　　）	
	3	接缝处理工序（编号　　　　）	

施工单位自评意见	各工序施工质量全部合格，其中优良工序占　　%，且主要工序达到　　等级。 单元工程质量等级评定为： （签字，加盖公章）　　　年　月　日
监理单位复核意见	经抽查并查验相关检验报告和检验资料，各工序施工质量全部合格，其中优良工序占　　%，且主要工序达到　　等级。 单元工程质量等级评定为： （签字，加盖公章）　　　年　月　日

注　1. 对重要隐蔽单元工程和关键部位单元工程的施工质量验收评定应有设计、建设等单位的代表签字，具体要求应满足 SL/T 223—2025 的规定。
　　2. 本表所填"单元工程量"不作为施工单位工程量结算计量的依据。

根据《水利水电工程单元工程施工质量验收评定标准—土石方工程》(SL 631—2012) 编制

225

附表

表 1.6-1 工科　　　　　　结合面处理工序施工质量验收评定表

单位工程名称			工序编号		
分部工程名称			施工单位		
单元工程名称、部位			施工日期	年 月 日— 年 月 日	

项次		检验项目	质量标准	检查（测）记录	合格数	合格率
主控项目	1	建基面地基压实	黏性土、砾质土地基土层的压实度等指标符合设计要求。无黏性土地基土层的相对密实度符合设计要求			
	2	土质建基面刨毛	土质地基表面刨毛 3～5cm，层面刨毛均匀细致，无团块、空白			
	3	无黏性土建基面的处理	反滤过渡层材料的铺设应满足设计要求			
	4	岩面和混凝土面处理	与土质防渗体接合的岩面或混凝土面，无浮渣、污物杂物，无乳皮粉尘、油垢，无局部积水等。铺填前涂刷浓泥浆或黏土水泥砂浆，涂刷均匀，无空白，混凝土面涂刷厚度为 3～5mm；裂隙岩面涂刷厚度为 5～10mm；且回填及时，无风干现象。铺浆厚度允许偏差 0～2mm			
一般项目	1	层间结合面	上下层铺土的结合层面无砂砾、无杂物，表面松土、湿润均匀、无积水			
	2	涂刷浆液质量	浆液稠度适宜、均匀无团块，材料配比误差不大于 10%			

施工单位自评意见	主控项目检验点 100%合格，一般项目逐项检验点的合格率　　%，且不合格点不集中分布。 工序质量等级评定为： （签字，加盖公章）　　　　年　月　日
监理单位复核意见	经复核，主控项目检验点 100%合格，一般项目逐项检验点的合格率　　%，且不合格点不集中分布。 工序质量等级评定为： （签字，加盖公章）　　　　年　月　日

根据《水利水电工程单元工程施工质量验收评定标准—土石方工程》（SL 631—2012）编制

表1.6-2工科　　　　　卸料及铺填工序施工质量验收评定表

单位工程名称						
分部工程名称			施工单位			
单元工程名称、部位			施工日期	年　月　日—　年　月　日		
项次	检验项目	质量标准		检查（测）记录	合格数	合格率
主控项目	1	卸料	卸料、平料符合设计要求，均衡上升。施工面平整、土料分区清晰，上下层分段位置错开			
	2	铺填	上下游坝坡铺填应有富裕量，防渗铺盖在坝体以内部分应与心墙或斜墙同时铺填。铺料表面应保持湿润，符合施工含水量			
一般项目	1	结合部土料铺填	防渗体与地基（包括齿槽）、岸坡、溢洪道边墙、坝下埋管及混凝土齿墙等结合部位的土料铺填，无架空现象。土料厚度均匀，表面平整，无团块、无粗粒集中，边线整齐			
	2	铺土厚度	铺土厚度均匀，符合设计要求，允许偏差为0～－5cm			
	3	铺填边线	铺填边线应有一定宽裕度，压实削坡后坝体铺填边线满足0～10cm（人工施工），0～30cm（机械施工）要求			

施工单位自评意见	主控项目检验点100%合格，一般项目逐项检验点的合格率　　%，且不合格点不集中分布。 工序质量等级评定为： （签字，加盖公章）　　　　　　年　月　日
监理单位复核意见	经复核，主控项目检验点100%合格，一般项目逐项检验点的合格率　　%，且不合格点不集中分布。 工序质量等级评定为： （签字，加盖公章）　　　　　　年　月　日

根据《水利水电工程单元工程施工质量验收评定标准—土石方工程》（SL 631—2012）编制

表 1.6-3 工科　　　　　　　　土料压实工序施工质量验收评定表

单位工程名称						
分部工程名称			施工单位			
单元工程名称、部位			施工日期	年 月 日— 年 月 日		
项次	检验项目	质量标准	检查（测）记录		合格数	合格率

	项次	检验项目	质量标准	检查（测）记录	合格数	合格率
主控项目	1	碾压参数	压实机具的型号、规格，碾压遍数、碾压速度、碾压振动频率、振幅和加水量应符合碾压试验确定的参数值			
	2	压实质量	压实度和最优含水率符合设计要求。1级、2级和高坝的压实度不低于98%；3级中低坝及3级以下中坝的压实度不低于96%；土料的含水量应控制在最优量的-2%~3%之间。取样合格率不小于90%。不合格试样不应集中，且不低于压实度设计值的98%			
	3	压实土料的渗透参数	符合设计要求			
一般项目	1	碾压搭接带宽度	分段碾压时，相邻两段交接带碾压迹应彼此搭接，垂直碾压方向搭接带宽度应不小于0.3~0.5m；顺碾压方向搭接带宽度应为1.0~1.5m			
	2	碾压面处理	碾压表面平整，无漏压，个别有弹簧、起皮、脱空、剪力破坏部位的处理符合设计要求			

施工单位自评意见	主控项目检验点100%合格，一般项目逐项检验点的合格率　　%，且不合格点不集中分布。 工序质量等级评定为： （签字，加盖公章）　　　　年　月　日
监理单位复核意见	经复核，主控项目检验点100%合格，一般项目逐项检验点的合格率　　%，且不合格点不集中分布。 工序质量等级评定为： （签字，加盖公章）　　　　年　月　日

根据《水利水电工程单元工程施工质量验收评定标准—土石方工程》（SL 631—2012）编制

表1.6-4工科　　　　　　　接缝处理工序施工质量验收评定表

单位工程名称				工序编号			
分部工程名称				施工单位			
单元工程名称、部位				施工日期	年 月 日— 年 月 日		
项次		检验项目	质量标准	检查（测）记录		合格数	合格率
主控项目	1	接合坡面	斜墙和心墙内不应留有纵向接缝。防渗体及均质坝的横向接坡不应陡于1:3，其高差应符合设计要求，与岸坡接合坡度应符合设计要求。均质坝纵向接缝斜坡坡度和平台宽度应满足稳定要求，平台间高差不大于15m				
	2	接合坡面碾压	接合坡面填土碾压密实，层面平整、无拉裂和起皮现象				
一般项目	1	接合坡面填土	填土质量符合设计要求，铺土均匀、表面平整，无团块、无风干				
	2	接合坡面处理	纵横接缝的坡面削坡、润湿、刨毛等处理符合设计要求				
施工单位自评意见	主控项目检验点100%合格，一般项目逐项检验点的合格率　　%，且不合格点不集中分布。 工序质量等级评定为： （签字，加盖公章）　　　　年　月　日						
监理单位复核意见	经复核，主控项目检验点100%合格，一般项目逐项检验点的合格率　　%，且不合格点不集中分布。 工序质量等级评定为： （签字，加盖公章）　　　　年　月　日						

根据《水利水电工程单元工程施工质量验收评定标准—土石方工程》（SL 631—2012）编制

附表

表1.7　　　　　　　　砂砾料填筑单元工程施工质量验收评定表

单位工程名称		单元工程量	
分部工程名称		施工单位	
单元工程名称、部位		施工日期	年 月 日— 年 月 日

项次		工序名称、编号	工序质量验收评定等级
主要工序	1	砂砾料压实工序（编号　　　）	
一般工序	1	砂砾料铺填工序（编号　　　）	

施工单位自评意见	各工序施工质量全部合格，其中优良工序占　%，且主要工序达到　等级。 单元工程质量等级评定为： （签字，加盖公章）　　　　年 月 日
监理单位复核意见	经抽查并查验相关检验报告和检验资料，各工序施工质量全部合格，其中优良工序占　%，且主要工序达到　等级。 单元工程质量等级评定为： （签字，加盖公章）　　　　年 月 日

注　1. 对重要隐蔽单元工程和关键部位单元工程的施工质量验收评定应有设计、建设等单位的代表签字，具体要求应满足 SL/T 223—2025 的规定。
　　2. 本表所填"单元工程量"不作为施工单位工程量结算计量的依据。

根据《水利水电工程单元工程施工质量验收评定标准—土石方工程》（SL 631—2012）编制

表 1.7-1　　　　　　　　　砂砾料铺填工序施工质量验收评定表

单位工程名称						
分部工程名称			施工单位			
单元工程名称、部位			施工日期	年 月 日— 年 月 日		
项次	检验项目	质量标准	检查（测）记录		合格数	合格率
主控项目 1	铺料厚度	铺料层厚度均匀，表面平整，边线整齐。允许偏差不大于铺料厚度的10%，且不应超厚				
主控项目 2	岸坡接合处铺填	纵横向接合部应符合设计要求；岸坡接合处的填料不应分离、架空；检测点允许偏差0～10cm				
一般项目 1	铺填层面外观	砂砾料铺填力求均衡上升，无团块、无粗粒集中				
一般项目 2	富裕铺填宽度	富裕铺填宽度满足削坡后压实质量要求。检验点允许偏差0～10cm				
施工单位自评意见	主控项目检验点100%合格，一般项目逐项检验点的合格率　　%，且不合格点不集中分布。 工序质量等级评定为： （签字，加盖公章）　　　　　　年　月　日					
监理单位复核意见	经复核，主控项目检验点100%合格，一般项目逐项检验点的合格率　　%，且不合格点不集中分布。 工序质量等级评定为： （签字，加盖公章）　　　　　　年　月　日					

根据《水利水电工程单元工程施工质量验收评定标准—土石方工程》（SL 631—2012）编制

表 1.7-2 砂砾料压实工序施工质量验收评定表

单位工程名称				工序编号			
分部工程名称				施工单位			
单元工程名称、部位				施工日期	年 月 日— 年 月 日		
项次		检验项目	质量标准	检查（测）记录		合格数	合格率
主控项目	1	碾压参数	压实机具的型号、规格，碾压遍数、碾压速度、碾压振动频率、振幅和加水量应符合碾压试验确定的参数值				
	2	压实质量	相对密度不低于设计要求				
一般项目	1	压层表面质量	表面平整，无漏压、欠压				
	2	断面尺寸	压实削坡后上、下游设计边坡超填值允许偏差±20cm，坝轴线与相邻坝料接合面距离的允许偏差±30cm				
施工单位自评意见	主控项目检验点100％合格，一般项目逐项检验点的合格率 ％，且不合格点不集中分布。 工序质量等级评定为： （签字，加盖公章） 年 月 日						
监理单位复核意见	经复核，主控项目检验点100％合格，一般项目逐项检验点的合格率 ％，且不合格点不集中分布。 工序质量等级评定为： （签字，加盖公章） 年 月 日						

根据《水利水电工程单元工程施工质量验收评定标准—土石方工程》（SL 631—2012）编制

表 1.8　　　　　　　　堆石料填筑单元工程施工质量验收评定表

单位工程名称			单元工程量	
分部工程名称			施工单位	
单元工程名称、部位			施工日期	年 月 日— 年 月 日
项次		工序名称、编号	工序质量验收评定等级	
主要工序	1	堆石料压实工序（编号　　　）		
一般工序	1	堆石料铺填工序（编号　　　）		
施工单位自评意见	各工序施工质量全部合格，其中优良工序占　%，且主要工序达到　等级。 单元工程质量等级评定为： （签字，加盖公章）　　　　　　　　　　　　　年　月　日			
监理单位复核意见	经抽查并查验相关检验报告和检验资料，各工序施工质量全部合格，其中优良工序占　%，且主要工序达到　等级。 单元工程质量等级评定为： （签字，加盖公章）　　　　　　　　　　　　　年　月　日			
注	1. 对重要隐蔽单元工程和关键部位单元工程的施工质量验收评定应有设计、建设等单位的代表签字，具体要求应满足 SL/T 223—2025 的规定。 2. 本表所填"单元工程量"不作为施工单位工程量结算计量的依据。			

根据《水利水电工程单元工程施工质量验收评定标准—土石方工程》（SL 631—2012）编制

附表

表 1.8-1　　　　　堆石料铺填工序施工质量验收评定表

单位工程名称		工序编号	
分部工程名称		施工单位	
单元工程名称、部位		施工日期	年 月 日— 年 月 日

	项次	检验项目	质量标准	检查（测）记录	合格数	合格率
主控项目	1	铺料厚度	铺填厚度应符合设计要求，允许偏差为铺料厚度的-10%~0，且每一层应有90%的测点达到规定的铺料厚度			
	2	接合部铺填	堆石料纵横向结合部位宜采用台阶收坡法，台阶宽度应符合设计要求，结合部位的石料无分离、架空现象			
一般项目	1	铺填层面外观	外观平整，分区均衡上升，大粒径料无集中现象			

施工单位自评意见	主控项目检验点100%合格，一般项目逐项检验点的合格率　　%，且不合格点不集中分布。 　　工序质量等级评定为： （签字，加盖公章）　　　　　　年 月 日
监理单位复核意见	经复核，主控项目检验点100%合格，一般项目逐项检验点的合格率　　%，且不合格点不集中分布。 　　工序质量等级评定为： （签字，加盖公章）　　　　　　年 月 日

根据《水利水电工程单元工程施工质量验收评定标准—土石方工程》（SL 631—2012）编制

表 1.8-2　　　　　　　　堆石料压实工序施工质量验收评定表

单位工程名称				工序编号			
分部工程名称				施工单位			
单元工程名称、部位				施工日期	年 月 日— 年 月 日		
项次	检验项目	质量标准		检查（测）记录		合格数	合格率
主控项目	1	碾压参数	压实机具的型号、规格，碾压遍数、碾压速度、碾压振动频率、振幅和加水量应符合碾压试验确定的参数值				
	2	压实质量	孔隙率不大于设计要求				
一般项目	1	压层表面质量	表面平整，无漏压、欠压				
	2	断面尺寸	下游坡铺填边线距坝轴线距离	有护坡要求	符合设计要求，允许偏差为±20cm		
				无护坡要求	符合设计要求，允许偏差为±30cm		
			过渡层与主堆石区分界线距坝轴线距离		符合设计要求，允许偏差为±30cm		
			垫层与过滤层分界线距坝轴线距离		符合设计要求，允许偏差为-10～0cm		
施工单位自评意见	主控项目检验点100%合格，一般项目逐项检验点的合格率　　%，且不合格点不集中分布。 工序质量等级评定为： （签字，加盖公章）　　　　　　　　　　年　月　日						
监理单位复核意见	经复核，主控项目检验点100%合格，一般项目逐项检验点的合格率　　%，且不合格点不集中分布。 工序质量等级评定为： （签字，加盖公章）　　　　　　　　　　年　月　日						

根据《水利水电工程单元工程施工质量验收评定标准—土石方工程》（SL 631—2012）编制

附表

表 1.9　　反滤（过渡）料填筑单元工程施工质量验收评定表

单位工程名称		单元工程量	
分部工程名称		施工单位	
单元工程名称、部位		施工日期	年 月 日— 年 月 日

项次		工序名称、编号	工序质量验收评定等级
主要工序	1	反滤（过渡）料压实工序（编号　　）	
一般工序	1	反滤（过渡）料铺填工序（编号　　）	

施工单位自评意见	各工序施工质量全部合格，其中优良工序占　％，且主要工序达到　等级。 单元工程质量等级评定为： （签字，加盖公章）　　　　年 月 日
监理单位复核意见	经抽查并查验相关检验报告和检验资料，各工序施工质量全部合格，其中优良工序占　％，且主要工序达到　等级。 单元工程质量等级评定为： （签字，加盖公章）　　　　年 月 日

注　1. 对重要隐蔽单元工程和关键部位单元工程的施工质量验收评定应有设计、建设等单位的代表签字，具体要求应满足 SL/T 223—2025 的规定。
　　2. 本表所填"单元工程量"不作为施工单位工程量结算计量的依据。

根据《水利水电工程单元工程施工质量验收评定标准—土石方工程》（SL 631—2012）编制

表1.9－1　　　　　反滤（过渡）料铺填工序施工质量验收评定表

单位工程名称				工序编号			
分部工程名称				施工单位			
单元工程名称、部位				施工日期	年　月　日—	年　月　日	

项次		检验项目	质量标准	检查（测）记录	合格数	合格率
主控项目	1	铺料厚度	铺料厚度均匀，不超厚，表面平整，边线整齐；检测点允许偏差不大于铺料厚度的10%，且不应超厚			
	2	铺填位置	铺填位置准确，摊铺边线整齐，边线偏差为±5cm			
	3	接合部	纵横向符合设计要求，岸坡接合处的填料无分离、架空			
一般项目	1	铺填层面外观	铺填力求均衡上升，无团块、无粗粒集中			
	2	层间结合面	上下层间的结合面无泥土、杂物等			

施工单位自评意见	主控项目检验点100%合格，一般项目逐项检验点的合格率　　％，且不合格点不集中分布。 工序质量等级评定为： （签字，加盖公章）　　　　　年　月　日
监理单位复核意见	经复核，主控项目检验点100%合格，一般项目逐项检验点的合格率　　％，且不合格点不集中分布。 工序质量等级评定为： （签字，加盖公章）　　　　　年　月　日

根据《水利水电工程单元工程施工质量验收评定标准—土石方工程》（SL 631—2012）编制

表1.9-2 反滤（过渡）料压实工序施工质量验收评定表

单位工程名称				工序编号			
分部工程名称				施工单位			
单元工程名称、部位				施工日期	年 月 日— 年 月 日		
项次		检验项目	质量标准	检查（测）记录		合格数	合格率
主控项目	1	碾压参数	压实机具的型号、规格，碾压遍数、碾压速度、碾压振动频率、振幅和加水量应符合碾压试验确定的参数值				
	2	压实质量	相对密实度不小于设计要求				
一般项目	1	压层表面质量	表面平整，无漏压、欠压和出现弹簧土现象				
	2	断面尺寸	压实后的反滤层、过滤层的断面尺寸偏差值不大于设计厚度的10%				
施工单位自评意见	主控项目检验点100%合格，一般项目逐项检验点的合格率　　%，且不合格点不集中分布。 工序质量等级评定为： （签字，加盖公章）　　年　月　日						
监理单位复核意见	经复核，主控项目检验点100%合格，一般项目逐项检验点的合格率　　%，且不合格点不集中分布。 工序质量等级评定为： （签字，加盖公章）　　年　月　日						

根据《水利水电工程单元工程施工质量验收评定标准—土石方工程》（SL 631—2012）编制

表1.10 垫层工程单元工程施工质量验收评定表

单位工程名称		单元工程量	
分部工程名称		施工单位	
单元工程名称、部位		施工日期	年 月 日— 年 月 日

项次		工序名称、编号	工序质量验收评定等级
主要工序	1	垫层料压实工序（编号　　　）	
一般工序	1	垫层料铺填工序（编号　　　）	
施工单位自评意见	各工序施工质量全部合格，其中优良工序占　　%，且主要工序达到　　等级。 单元工程质量等级评定为： （签字，加盖公章）　　　　年　月　日		
监理单位复核意见	经抽查并查验相关检验报告和检验资料，各工序施工质量全部合格，其中优良工序占　　%，且主要工序达到　　等级。 单元工程质量等级评定为： （签字，加盖公章）　　　　年　月　日		

注 1. 对重要隐蔽单元工程和关键部位单元工程的施工质量验收评定应有设计、建设等单位的代表签字，具体要求应满足 SL/T 223—2025 的规定。
　　2. 本表所填"单元工程量"不作为施工单位工程结算计量的依据。

根据《水利水电工程单元工程施工质量验收评定标准—土石方工程》（SL 631—2012）编制

表 1.10-1　　　　　　　　垫层料铺填工序施工质量验收评定表

单位工程名称				工序编号			
分部工程名称				施工单位			
单元工程名称、部位				施工日期		年 月 日— 年 月 日	

项次		检验项目	质量标准	检查（测）记录	合格数	合格率
主控项目	1	铺料厚度	铺料厚度均匀，不超厚。表面平整，边线整齐，检查点允许偏差为±3cm			
	2	铺填位置	垫层与过渡层分界线与坝轴线距离　符合设计要求，允许偏差为－10～0cm			
			垫层外坡线距坝轴线（碾压层）　符合设计要求，允许偏差为±5cm			
	3	接合部	垫层摊铺顺序、纵横向接合部符合设计要求。岸坡接合处的填料不应分离、架空			
一般项目	1	铺填层面外观	铺填力求均衡上升，无团块、无粗粒集中			
	2	接缝重叠宽度	接缝重叠宽度应符合设计要求，检查点允许偏差±10cm			
	3	层间结合面	上下层间的结合面无撒入泥土、杂物等			

施工单位自评意见	主控项目检验点100%合格，一般项目逐项检验点的合格率　　%，且不合格点不集中分布。 工序质量等级评定为： （签字，加盖公章）　　　　　　年　月　日
监理单位复核意见	经复核，主控项目检验点100%合格，一般项目逐项检验点的合格率　　%，且不合格点不集中分布。 工序质量等级评定为： （签字，加盖公章）　　　　　　年　月　日

根据《水利水电工程单元工程施工质量验收评定标准—土石方工程》（SL 631—2012）编制

表1.10-2　　　　　　　　垫层料压实工序施工质量验收评定表

单位工程名称				工序编号			
分部工程名称				施工单位			
单元工程名称、部位				施工日期	年 月 日— 年 月 日		
项次		检验项目	质量标准	检查（测）记录		合格数	合格率
主控项目	1	碾压参数	压实机具的型号、规格，碾压遍数、碾压速度、碾压振动频率、振幅和加水量应符合碾压试验确定的参数值				
	2	压实质量	压实度（或相对密实度）不低于设计要求				
一般项目	1	压层表面质量	表面平整，无漏压、欠压，各碾压段之间的搭接不小于1.0m				
	2	垫层坡面保护	保护形式、采用材料及其配合比应满足设计要求。坡面防护层应做到喷、摊均匀密实，无空白、鼓包，表面平整、洁净。防护层应符合表6.6.5-2的质量要求				

施工单位自评意见	主控项目检验点100%合格，一般项目逐项检验点的合格率　　%，且不合格点不集中分布。 工序质量等级评定为： （签字，加盖公章）　　　　　年　月　日
监理单位复核意见	经复核，主控项目检验点100%合格，一般项目逐项检验点的合格率　　%，且不合格点不集中分布。 工序质量等级评定为： （签字，加盖公章）　　　　　年　月　日

根据《水利水电工程单元工程施工质量验收评定标准—土石方工程》（SL 631—2012）编制

附表

表1.11　　　　　　　　　　　　排水工程施工质量验收评定表

单位工程名称				单元工程量			
分部工程名称				施工单位			
单元工程名称、部位				施工日期	年 月 日—	年 月 日	
项次		检验项目	质量标准		检查（测）记录	合格数	合格率
主控项目	1	结构型式	排水体结构型式，纵横向接头处理，排水体的纵坡及防冻保护措施等应满足设计要求				
	2	压实质量	无漏压、欠压，相对密实度或孔隙率应满足设计要求				
一般项目	1	排水设施位置	排水体位置准确，基底高程、中（边）线偏差为±3cm				
	2	结合面处理	层面接合良好，与岸坡接合处的填料无分离、架空现象，无水平通缝。靠近反滤层的石料为内小外大，堆石接缝为逐层错缝，不应垂直相接，表面的砌石为平砌，平整美观				
	3	排水材料摊铺	摊铺边线整齐，厚度均匀，表面平整，无团块、粗粒集中现象；检测点允许偏差为±3cm				
	4	排水体结构外轮廓尺寸	压实后排水体结构外轮廓尺寸应不小于设计尺寸的10%				
	5	排水体外观	表面平整度	符合设计要求。干砌：允许偏差为±5cm；浆砌：允许偏差为±3cm			
			顶标高	符合设计要求。干砌：允许偏差为±5cm；浆砌：允许偏差为±3cm			
施工单位自评意见	主控项目检验点100%合格，一般项目逐项检验点的合格率　　%，且不合格点不集中分布。 单元质量等级评定为： （签字，加盖公章）　　　　年　月　日						
监理单位复核意见	经抽检并查验相关检验报告和检验资料，主控项目检验点100%合格，一般项目逐项检验点的合格率　　%，且不合格点不集中分布。 单元质量等级评定为： （签字，加盖公章）　　　　年　月　日						

根据《水利水电工程单元工程施工质量验收评定标准—土石方工程》（SL 631—2012）编制

表 1.12　　　　　　　　干砌石单元工程施工质量验收评定表

单位工程名称						
单位工程名称			单元工程量			
分部工程名称			施工单位			
单元工程名称、部位			施工日期	年 月 日— 年 月 日		
项次		检验项目	质量标准	检查（测）记录	合格数	合格率
主控项目	1	石料表观质量	石料规格应符合设计要求			
主控项目	2	砌筑	自下而上错缝竖砌，石块紧靠密实，垫塞稳固，大块压边；采用水泥砂浆勾缝时，应预留排水孔。砌体应咬扣紧密、错缝			
一般项目	1	基面处理	基面处理方法、基础埋置深度应符合设计要求			
一般项目	2	基面碎石垫层铺填质量	碎石垫层料的颗粒级配、铺填方法、铺填厚度及压实度应满足设计要求			
一般项目	3	干砌石体的断面尺寸 表面平整度	符合设计要求，允许偏差为5cm			
一般项目	3	干砌石体的断面尺寸 厚度	符合设计要求，允许偏差为±10％			
一般项目	3	干砌石体的断面尺寸 坡度	符合设计要求，允许偏差为±2％			

施工单位自评意见	主控项目检验点100％合格，一般项目逐项检验点的合格率　　％，且不合格点不集中分布。 单元质量等级评定为： （签字，加盖公章）　　　　年 月 日
监理单位复核意见	经抽检并查验相关检验报告和检验资料，主控项目检验点100％合格，一般项目逐项检验点的合格率　　％，且不合格点不集中分布。 单元质量等级评定为： （签字，加盖公章）　　　　年 月 日

根据《水利水电工程单元工程施工质量验收评定标准—土石方工程》（SL 631—2012）编制

附表

表 1.13　　水泥砂浆砌石体单元工程施工质量验收评定表

单位工程名称		单元工程量	
分部工程名称		施工单位	
单元工程名称、部位		施工日期	年　月　日— 　年　月　日

项次		工序名称、编号	工序质量验收评定等级
主要工序	1	浆砌石体砌筑工序（编号　　　）	
一般工序	1	浆砌石体层面处理工序（编号　　　）	
	2	浆砌石体伸缩缝工序（编号　　　）	

施工单位自评意见	各工序施工质量全部合格，其中优良工序占　　%，且主要工序达到　　等级。 单元工程质量等级评定为： （签字，加盖公章）　　　　年　月　日
监理单位复核意见	经抽查并查验相关检验报告和检验资料，各工序施工质量全部合格，其中优良工序占　　%，且主要工序达到　　等级。 单元工程质量等级评定为： （签字，加盖公章）　　　　年　月　日

注　1. 对重要隐蔽单元工程和关键部位单元工程的施工质量验收评定应有设计、建设等单位的代表签字，具体要求应满足 SL/T 223—2025 的规定。
　　2. 本表所填"单元工程量"不作为施工单位工程量结算计量的依据。

根据《水利水电工程单元工程施工质量验收评定标准—土石方工程》（SL 631—2012）编制

表 1.13-1　　　　水泥砂浆砌石体层面处理工序施工质量验收评定表

单位工程名称						
分部工程名称			施工单位			
单元工程名称、部位			施工日期	年　月　日—	年　月　日	

	项次	检验项目	质量标准	检查（测）记录	合格数	合格率
主控项目	1	砌体仓面处理	仓面干净，表面湿润均匀。无浮渣，无杂物，无积水，无松动石块			
	2	表面处理	垫层混凝土表面、砌石体表面局部光滑的砂浆表面应凿毛，毛面面积应不小于95％的总面积			
一般项目	1	垫层混凝土	已浇垫层混凝土，在抗压强度未达到设计要求前，不应在其面层上进行上层砌石的准备工作			

施工单位自评意见	主控项目检验点100％合格，一般项目逐项检验点的合格率　　％，且不合格点不集中分布。 工序质量等级评定为： （签字，加盖公章）　　　　　　　　年　月　日
监理单位复核意见	经复核，主控项目检验点100％合格，一般项目逐项检验点的合格率　　％，且不合格点不集中分布。 工序质量等级评定为： （签字，加盖公章）　　　　　　　　年　月　日

根据《水利水电工程单元工程施工质量验收评定标准—土石方工程》（SL 631—2012）编制

附表

表 1.13-2　　　　水泥砂浆砌石体砌筑工序施工质量验收评定表

共 2 页　第 1 页

单位工程名称					工序编号			
分部工程名称					施工单位			
单元工程名称、部位					施工日期	年 月 日— 年 月 日		
项次		检验项目		质量标准	检查（测）记录		合格数	合格率
主控项目	1	石料表观质量		石料规格应符合设计要求，表面湿润、无泥垢、油渍等污物				
	2	普通砌石体砌筑		铺浆均匀，无裸露石块；灌浆、塞缝饱满，砌缝密实，无架空等现象				
	3	墩、墙砌石体砌筑		先砌筑角石，再砌筑镶面石，最后砌筑填腹石。镶面石的厚度应不小于30cm。临时间断处的高低差应不大于1.0m，并留有平缓台阶				
	4	墩、墙砌筑型式		内外搭砌，上下错缝；丁砌石分布均匀，面积不少于墩、墙砌体全部面积的1/5，且长度大于60cm；毛块石分层卧砌，无填心砌法；每砌筑70～120cm高度找平一次；砌缝宽度基本一致				
	5	砌石坝	砌石体质量	密度、孔隙率应符合设计要求				
一般项目	1	水泥砂浆沉入度		符合设计要求，允许偏差为±1cm				
	2	砌缝宽度	平缝	粗料石 15～20mm				
				预制块 10～15mm	允许偏差10%			
				块石 20～25mm				
			竖缝	粗料石 20～30mm				
				预制块 15～20mm	允许偏差10%			
				块石 20～40mm				
	3	浆砌石坝体的外轮廓尺寸	坝体轮廓线	平面	±40mm			
				高程	重力坝	±30mm		
					拱坝、支墩坝	±20mm		

附表

共 2 页　第 2 页

项次		检验项目	质量标准			检查（测）记录	合格数	合格率
一般项目	3	浆砌石坝体的外轮廓尺寸	浆砌石（混凝土预制块）护坡	表面平整度	≤30mm			
				厚度	±30mm			
				坡度	±2%			
	4	浆砌石墩、墙砌体尺寸、位置	轴线位置偏移		10mm			
			顶面标高		±15mm			
			厚度	设闸门位置	±10mm			
				无闸门位置	±20mm			
	5	浆砌石溢洪道溢流面砌筑结构尺寸和位置	砌缝类别	平缝宽15mm	±2mm			
				竖缝宽15～20mm	±2mm			
			平面控制	堰顶	±10mm			
				轮廓线	±20mm			
			竖向控制	堰顶	±10mm			
				其他位置	±20mm			
			表面平整度		20mm			

施工单位自评意见	主控项目检验点100%合格，一般项目逐项检验点的合格率　　%，且不合格点不集中分布。 　　工序质量等级评定为： （签字，加盖公章）　　　年　月　日
监理单位复核意见	经复核，主控项目检验点100%合格，一般项目逐项检验点的合格率　　%，且不合格点不集中分布。 　　工序质量等级评定为： （签字，加盖公章）　　　年　月　日

根据《水利水电工程单元工程施工质量验收评定标准—土石方工程》（SL 631—2012）编制

附表

表 1.13-3　　水泥砂浆砌石体伸缩缝工序施工质量验收评定表

单位工程名称				工序编号			
分部工程名称				施工单位			
单元工程名称、部位				施工日期	年 月 日— 年 月 日		
项次		检验项目	质量标准	检查（测）记录		合格数	合格率
主控项目	1	伸缩缝缝面	平整、顺直、干燥，外露铁件应割除，确保伸缩有效				
	2	材料质量	符合设计要求				
一般项目	1	涂敷沥青料	涂刷均匀平整、与混凝土粘接紧密，无气泡及隆起现象				
	2	粘贴沥青油毛毡	铺设厚度均匀平整、牢固、搭接紧密				
	3	铺设预制油毡板或其他闭缝板	铺设厚度均匀平整、牢固、相邻块安装紧密平整无缝				
施工单位自评意见	主控项目检验点100％合格，一般项目逐项检验点的合格率　　％，且不合格点不集中分布。 工序质量等级评定为： （签字，加盖公章）　　　　　　年　月　日						
监理单位复核意见	经复核，主控项目检验点100％合格，一般项目逐项检验点的合格率　　％，且不合格点不集中分布。 工序质量等级评定为： （签字，加盖公章）　　　　　　年　月　日						

根据《水利水电工程单元工程施工质量验收评定标准—土石方工程》（SL 631—2012）编制

表 1.14　　　　　　　混凝土砌石体单元工程施工质量验收评定表

单位工程名称		单元工程量	
分部工程名称		施工单位	
单元工程名称、部位		施工日期	年 月 日— 年 月 日

项次		工序名称、编号	工序质量验收评定等级
主要工序	1	砌石体砌筑工序（编号　　　）	
一般工序	1	砌石体层面处理工序（编号　　　）	
	2	砌石体伸缩缝工序（编号　　　）	

施工单位自评意见	各工序施工质量全部合格，其中优良工序占　　％，且主要工序达到　　等级。 单元工程质量等级评定为： （签字，加盖公章）　　　　年 月 日
监理单位复核意见	经抽查并查验相关检验报告和检验资料，各工序施工质量全部合格，其中优良工序占　　％，且主要工序达到　　等级。 单元工程质量等级评定为： （签字，加盖公章）　　　　年 月 日

注　1. 对重要隐蔽单元工程和关键部位单元工程的施工质量验收评定应有设计、建设等单位的代表签字，具体要求应满足 SL/T 223—2025 的规定。
　　2. 本表所填"单元工程量"不作为施工单位工程量结算计量的依据。

根据《水利水电工程单元工程施工质量验收评定标准—土石方工程》(SL 631—2012) 编制

附表

表1.14-1　　　　　　　混凝土砌石体层面处理工序施工质量验收评定表

单位工程名称				工序编号			
分部工程名称				施工单位			
单元工程名称、部位				施工日期		年　月　日—	年　月　日
项次		检验项目	质量标准	检查（测）记录		合格数	合格率
主控项目	1	砌体仓面清理	仓面干净，表面湿润均匀。无浮渣，无杂物，无积水，无松动石块				
	2	表面处理	垫层混凝土表面、砌石体表面局部光滑的砂浆表面应凿毛，毛面面积应不小于95%的总面积				
一般项目	1	垫层混凝土	已浇垫层混凝土，在抗压强度未达到设计要求前，不应在其面层上进行上层砌石的准备工作				

施工单位自评意见	主控项目检验点100%合格，一般项目逐项检验点的合格率　　%，且不合格点不集中分布。 工序质量等级评定为： （签字，加盖公章）　　　　　年　月　日
监理单位复核意见	经复核，主控项目检验点100%合格，一般项目逐项检验点的合格率　　%，且不合格点不集中分布。 工序质量等级评定为： （签字，加盖公章）　　　　　年　月　日

根据《水利水电工程单元工程施工质量验收评定标准—土石方工程》（SL 631—2012）编制

表 1.14－2　　混凝土砌石体砌筑工序施工质量验收评定表

共 2 页　第 1 页

单位工程名称					工序编号			
分部工程名称					施工单位			
单元工程名称、部位					施工日期	年 月 日— 年 月 日		
项次	检验项目		质量标准		检查（测）记录		合格数	合格率
主控项目	1	石料表观质量	石料规格应符合设计要求，表面湿润、无泥垢及油渍等污物					
	2	砌石体砌筑	混凝土铺设均匀，无裸露石块；砌石体灌注、塞缝混凝土饱满，砌缝密实，无架空现象					
	3	腹石砌筑型式	粗料石砌筑，宜一丁一顺或一丁多顺；毛石砌筑，石块之间不应出现线或面接触					
	4	砌石体质量	抗渗性、密度、孔隙率应符合设计要求					
一般项目	1	混凝土维勃稠度或坍落度	拌和物均匀，维勃稠度或坍落度偏离设计中值不大于 2cm					
	2	表面砌缝宽度	平缝	粗料石 25～30mm	允许偏差 10%			
				预制块 20～25mm				
				块 石 30～35mm				
			竖缝	粗料石 30～40mm	允许偏差 10%			
				预制块 25～30mm				
				块 石 30～50mm				
	3	混凝土砌石坝体的外轮廓尺寸	坝体轮廓线	平面	±40mm			
				重力坝	±30mm			
				拱坝、支墩坝	±20mm			

附表

共 2 页　第 2 页

项次	检验项目	质量标准		检查（测）记录	合格数	合格率
一般项目	3 混凝土砌石坝体的外轮廓尺寸	混凝土砌石（混凝土预制块）护坡	表面平整度 ≤30mm			
			厚度 ±30mm			
			坡度 ±2%			
	4 混凝土砌石墩、墙砌体尺寸、位置	轴线位置偏移	10mm			
		顶面标高	±15mm			
		厚度	设闸门位置 ±10mm			
			无闸门位置 ±20mm			
	5 混凝土砌石溢洪道溢流面砌筑结构尺寸和位置	砌缝类别	平缝宽 15mm ±2mm			
			竖缝宽 15～20mm ±2mm			
		平面控制	堰顶 ±10mm			
			轮廓线 ±20mm			
		竖向控制	堰顶 ±10mm			
			其他位置 ±20mm			
		表面平整度	20mm			

施工单位自评意见	主控项目检验点100%合格，一般项目逐项检验点的合格率　　%，且不合格点不集中分布。 工序质量等级评定为： （签字，加盖公章）　　　　年　月　日
监理单位复核意见	经复核，主控项目检验点100%合格，一般项目逐项检验点的合格率　　%，且不合格点不集中分布。 工序质量等级评定为： （签字，加盖公章）　　　　年　月　日

根据《水利水电工程单元工程施工质量验收评定标准—土石方工程》（SL 631—2012）编制

表 1.14-3　　　　　　　混凝土砌石体伸缩缝工序施工质量验收评定表

单位工程名称				工序编号			
分部工程名称				施工单位			
单元工程名称、部位				施工日期	年 月 日— 年 月 日		
项次		检验项目	质量标准	检查（测）记录		合格数	合格率
主控项目	1	伸缩缝缝面	平整、顺直、干燥，外露铁件应割除，确保伸缩有效				
	2	材料质量	符合设计要求				
一般项目	1	涂敷沥青料	涂刷均匀平整、与混凝土粘接紧密，无气泡及隆起现象				
	2	粘贴沥青油毛毡	铺设厚度均匀平整、牢固、搭接紧密				
	3	铺设预制油毡板或其他闭缝板	铺设厚度均匀平整、牢固、相邻块安装紧密平整无缝				
施工单位自评意见	主控项目检验点100%合格，一般项目逐项检验点的合格率　　%，且不合格点不集中分布。 工序质量等级评定为： （签字，加盖公章）　　　　年　月　日						
监理单位复核意见	经复核，主控项目检验点100%合格，一般项目逐项检验点的合格率　　%，且不合格点不集中分布。 工序质量等级评定为： （签字，加盖公章）　　　　年　月　日						

根据《水利水电工程单元工程施工质量验收评定标准—土石方工程》（SL 631—2012）编制

表 1.15　　　　　　　　水泥砂浆勾缝单元工程施工质量验收评定表

单位工程名称				单元工程量			
分部工程名称				施工单位			
单元工程名称、部位				施工日期	年 月 日— 年 月 日		
项次	检验项目		质量标准	检查（测）记录或备查资料名称		合格数	合格率
主控项目	1	清缝	清缝宽度不小于砌缝宽度，水平缝清缝深度不小于4cm，竖缝清缝深度不小于5cm；缝槽清洗干净，缝面湿润，无残留灰渣和积水				
	2	勾缝	勾缝型式符合设计要求，分次向缝内填充、压实，密实度达到要求，砂浆初凝后不应扰动				
	3	养护	有效及时，一般砌体养护28d；对有防渗要求的砌体养护时间应满足设计要求。养护期内表面保持湿润，无时干时湿现象				
一般项目	1	水泥砂浆沉入度	符合设计要求，允许偏差为±1cm				

施工单位自评意见	主控项目检验点100％合格，一般项目逐项检验点的合格率　　％，且不合格点不集中分布。 单元质量等级评定为： （签字，加盖公章）　　　　　年　月　日
监理单位复核意见	经抽检并查验相关检验报告和检验资料，主控项目检验点100％合格，一般项目逐项检验点的合格率　　％，且不合格点不集中分布。 单元质量等级评定为： （签字，加盖公章）　　　　　年　月　日

注　1. 对关键部位单元工程和重要隐蔽单元工程的施工质量验收评定应有设计、建设等单位的代表签字，具体要求应满足SL/T 223—2025的规定。
　　2. 本表所填"单元工程量"不作为施工单位工程量结算计量的依据。

根据《水利水电工程单元工程施工质量验收评定标准—土石方工程》（SL 631—2012）编制

附表

表 1.16　　　　　　　　土工织物滤层与排水单元工程施工质量验收评定表

单位工程名称		单元工程量	
分部工程名称		施工单位	
单元工程名称、部位		施工日期	年 月 日— 年 月 日

项次		工序名称、编号	工序质量验收评定等级
主要工序	1	土工织物铺设工序（编号　　　　）	
一般工序	1	场地清理与垫层料铺设工序（编号　　　　）	
	2	织物备料工序（编号　　　　）	
	3	回填和表面防护工序（编号　　　　）	
施工单位自评意见	各工序施工质量全部合格，其中优良工序占　　%，且主要工序达到　　等级。 单元工程质量等级评定为： （签字，加盖公章）　　　　　年　月　日		
监理单位复核意见	经抽查并查验相关检验报告和检验资料，各工序施工质量全部合格，其中优良工序占　　%，且主要工序达到　　等级。 单元工程质量等级评定为： （签字，加盖公章）　　　　　年　月　日		

注　1. 对重要隐蔽单元工程和关键部位单元工程的施工质量验收评定应有设计、建设等单位的代表签字，具体要求应满足 SL/T 223—2025 的规定。
　　2. 本表所填"单元工程量"不作为施工单位工程量结算计量的依据。

根据《水利水电工程单元工程施工质量验收评定标准—土石方工程》（SL 631—2012）编制

255

附表

表 1.16-1　　　　　　　场地清理与垫层料铺设工序施工质量验收评定表

单位工程名称				工序编号			
分部工程名称				施工单位			
单元工程名称、部位				施工日期	年 月 日— 年 月 日		
项次		检验项目	质量标准	检查（测）记录		合格数	合格率
主控项目	1	场地清理	地面无尖棱硬物，无凹坑，基面平整				
	2	垫层料的铺填	铺摊厚度均匀，碾压密实度符合设计要求				
一般项目	1	场地清理、平整及铺设范围	场地清理平整与垫层料铺设的范围符合设计的要求				
施工单位自评意见	主控项目检验点100％合格，一般项目逐项检验点的合格率　　％，且不合格点不集中分布。 工序质量等级评定为： （签字，加盖公章）　　　　　　　　　年　月　日						
监理单位复核意见	经复核，主控项目检验点100％合格，一般项目逐项检验点的合格率　　％，且不合格点不集中分布。 工序质量等级评定为： （签字，加盖公章）　　　　　　　　　年　月　日						

根据《水利水电工程单元工程施工质量验收评定标准—土石方工程》（SL 631—2012）编制

表 1.16-2　　　　　　　　　织物备料工序施工质量验收评定表

单位工程名称			工序编号			
分部工程名称			施工单位			
单元工程名称、部位			施工日期	年 月 日— 年 月 日		
项次	检验项目	质量标准	检查（测）记录		合格数	合格率
主控项目 1	土工织物的性能指标	土工织物的物理性能指标、力学性能指标、水力学指标，以及耐久性指标均应符合设计要求				
一般项目 1	土工织物的外观质量	无疵点、破洞等				
施工单位自评意见	主控项目检验点100%合格，一般项目逐项检验点的合格率　　%，且不合格点不集中分布。 工序质量等级评定为： （签字，加盖公章）　　　　　年 月 日					
监理单位复核意见	经复核，主控项目检验点100%合格，一般项目逐项检验点的合格率　　%，且不合格点不集中分布。 工序质量等级评定为： （签字，加盖公章）　　　　　年 月 日					

根据《水利水电工程单元工程施工质量验收评定标准—土石方工程》（SL 631—2012）编制

表 1.16-3　　　　　　　　土工织物铺设工序施工质量验收评定表

单位工程名称		工序编号	
分部工程名称		施工单位	
单元工程名称、部位		施工日期	年　月　日—　年　月　日

项次		检验项目	质量标准	检查（测）记录	合格数	合格率
主控项目	1	铺设	土工织物铺设工艺符合要求，平顺、松紧适度、无皱褶，与土面密贴；场地洁净，无污物污染，施工人员佩戴满足现场操作要求			
	2	拼接	搭接或缝接符合设计要求，缝接宽度不小于10cm；平地搭接宽度不小于30cm；不平整场地或极软土搭接宽度不小于50cm；水下及受水流冲击部位应采用缝接，缝接宽度不小于25cm，且缝成两道缝			
一般项目	1	周边锚固	锚固型式以及坡面防滑钉的设置符合设计要求。水平铺设时其周边宜将土工织物延长回折，做成压枕的型式			

施工单位自评意见	主控项目检验点100％合格，一般项目逐项检验点的合格率　　％，且不合格点不集中分布。 工序质量等级评定为： （签字，加盖公章）　　　　　　　年　月　日
监理单位复核意见	经复核，主控项目检验点100％合格，一般项目逐项检验点的合格率　　％，且不合格点不集中分布。 工序质量等级评定为： （签字，加盖公章）　　　　　　　年　月　日

根据《水利水电工程单元工程施工质量验收评定标准—土石方工程》（SL 631—2012）编制

表1.16-4　　　　　　　　回填和表面防护工序施工质量验收评定表

单位工程名称						
分部工程名称			施工单位			
单元工程名称、部位			施工日期	年 月 日— 年 月 日		

项次		检验项目	质量标准	检查（测）记录	合格数	合格率
主控项目	1	回填材料质量	回填材料性能指标应符合设计要求，且不应含有损坏织物的物质			
	2	回填时间	回填及时，覆盖时间超过48h应采取临时遮阳措施			
一般项目	1	回填保护层厚度及压实度	符合设计要求，厚度允许误差0～5cm，压实度符合设计要求			

施工单位自评意见	主控项目检验点100%合格，一般项目逐项检验点的合格率　　%，且不合格点不集中分布。 工序质量等级评定为： （签字，加盖公章）　　　　年　月　日
监理单位复核意见	经复核，主控项目检验点100%合格，一般项目逐项检验点的合格率　　%，且不合格点不集中分布。 工序质量等级评定为： （签字，加盖公章）　　　　年　月　日

根据《水利水电工程单元工程施工质量验收评定标准—土石方工程》（SL 631—2012）编制

表 1.17　　　　　　　土工膜防渗单元工程施工质量验收评定表

单位工程名称		单元工程量	
分部工程名称		施工单位	
单元工程名称、部位		施工日期	年 月 日— 年 月 日

项次		工序名称、编号	工序质量验收评定等级
主要工序	1	土工膜铺设工序（编号　　　　）	
一般工序	1	下垫层和支持层铺填工序（编号　　　　）	
	2	土工膜备料工序（编号　　　　）	
	3	土工膜与刚性建筑物或周边连接处理工序（编号　　　　）	
	4	上垫层和防护层工序（编号　　　　）	
施工单位自评意见	各工序施工质量全部合格，其中优良工序占　　%，且主要工序达到　　等级。 单元工程质量等级评定为： （签字，加盖公章）　　　　年　月　日		
监理单位复核意见	经抽查并查验相关检验报告和检验资料，各工序施工质量全部合格，其中优良工序占　　%，且主要工序达到　　等级。 单元工程质量等级评定为： （签字，加盖公章）　　　　年　月　日		

注　1. 对重要隐蔽单元工程和关键部位单元工程的施工质量验收评定应有设计、建设等单位的代表签字，具体要求应满足 SL/T 223—2025 的规定。
　　2. 本表所填"单元工程量"不作为施工单位工程量结算计量的依据。

根据《水利水电工程单元工程施工质量验收评定标准—土石方工程》（SL 631—2012）编制

表 1.17-1　　　　　下垫层和支持层铺填工序施工质量验收评定表

单位工程名称				工序编号			
分部工程名称				施工单位			
单元工程名称、部位				施工日期	年 月 日— 年 月 日		

项次		检验项目	质量标准	检查（测）记录	合格数	合格率
主控项目	1	铺料厚度	铺料厚度均匀，不超厚，表面平整，边线整齐；检测点允许偏差不大于铺料厚度的10%，且不应超厚			
	2	铺填位置	铺填位置准确，摊铺边线整齐，边线偏差为±5cm			
	3	接合部	纵横向符合设计要求，岸坡接合处的填料无分离、架空			
一般项目	1	铺填层面外观	铺填力求均衡上升，无团块、无粗粒集中			
	2	层间结合面	上下层间的结合面无泥土、杂物等			

施工单位自评意见	主控项目检验点100%合格，一般项目逐项检验点的合格率　　%，且不合格点不集中分布。 工序质量等级评定为： （签字，加盖公章）　　　　　年　月　日
监理单位复核意见	经复核，主控项目检验点100%合格，一般项目逐项检验点的合格率　　%，且不合格点不集中分布。 工序质量等级评定为： （签字，加盖公章）　　　　　年　月　日

根据《水利水电工程单元工程施工质量验收评定标准—土石方工程》（SL 631—2012）编制

表 1.17-2　　　　　　　　　　土工膜备料工序施工质量验收评定表

单位工程名称				工序编号			
分部工程名称				施工单位			
单元工程名称、部位				施工日期	年 月 日—	年 月 日	
项次	检验项目	质量标准		检查（测）记录		合格数	合格率
主控项目 1	土工膜的性能指标	土工膜的物理性能指标、力学性能指标、水力学指标，以及耐久性指标应符合设计要求					
一般项目 1	土工膜的外观质量	无疵点、破洞等，符合国家标准					
施工单位自评意见	主控项目检验点100％合格，一般项目逐项检验点的合格率　　％，且不合格点不集中分布。 工序质量等级评定为： （签字，加盖公章）　　　　　　年　月　日						
监理单位复核意见	经复核，主控项目检验点100％合格，一般项目逐项检验点的合格率　　％，且不合格点不集中分布。 工序质量等级评定为： （签字，加盖公章）　　　　　　年　月　日						

根据《水利水电工程单元工程施工质量验收评定标准—土石方工程》（SL 631—2012）编制

表 1.17-3　　　　　　　　土工膜铺设工序施工质量验收评定表

单位工程名称				工序编号			
分部工程名称				施工单位			
单元工程名称、部位				施工日期	年 月 日— 年 月 日		
项次	检验项目	质量标准		检查（测）记录		合格数	合格率
主控项目	1	铺设	土工膜的铺设工艺应符合设计要求，平顺、松紧适度、无皱褶，留有足够的余幅，与下垫层密贴				
	2	拼接	搭接方法、搭接宽度应符合设计要求，粘接搭接宽度宜不小于15cm，焊缝搭接宽度宜不小于10cm。膜间形成的节点，应为T形，不应做成十字形。接缝处强度不低于母材的80%				
	3	排水、排气	排水、排气的结构型式符合设计要求，阀体与土工膜连接牢固，不应漏水漏气				
一般项目	1	铺设场地	铺设面应平整、无杂物、尖锐凸出物。铺设场区气候适宜，场地洁净，无污物污染，施工人员佩戴满足现场操作要求				

施工单位自评意见	主控项目检验点100%合格，一般项目逐项检验点的合格率　　　%，且不合格点不集中分布。 工序质量等级评定为： （签字，加盖公章）　　　　　　　年 月 日
监理单位复核意见	经复核，主控项目检验点100%合格，一般项目逐项检验点的合格率　　　%，且不合格点不集中分布。 工序质量等级评定为： （签字，加盖公章）　　　　　　　年 月 日

根据《水利水电工程单元工程施工质量验收评定标准—土石方工程》（SL 631—2012）编制

表 1.17-4　　土工膜与刚性建筑物或周边连接处理工序施工质量验收评定表

单位工程名称				工序编号			
分部工程名称				施工单位			
单元工程名称、部位				施工日期	年 月 日— 年 月 日		
项次		检验项目	质量标准	检查（测）记录		合格数	合格率
主控项目	1	周边封闭沟槽结构、基础条件	封闭沟槽的结构型式、基础条件应符合设计要求				
	2	封闭材料质量	封闭材料质量应满足设计要求，试样合格率不小于95%，不合格试样不应集中，且不低于设计指标的0.98倍				
一般项目	1	沟槽开挖、结构尺寸	周边封闭沟槽土石方开挖尺寸，封闭材料如黏土、混凝土结构尺寸应满足设计要求。检测点误差为±2cm				

施工单位自评意见	主控项目检验点100%合格，一般项目逐项检验点的合格率　　%，且不合格点不集中分布。 工序质量等级评定为： （签字，加盖公章）　　　　　　　年　月　日
监理单位复核意见	经复核，主控项目检验点100%合格，一般项目逐项检验点的合格率　　%，且不合格点不集中分布。 工序质量等级评定为： （签字，加盖公章）　　　　　　　年　月　日

根据《水利水电工程单元工程施工质量验收评定标准—土石方工程》（SL 631—2012）编制

表 1.17−5　　　　　　上垫层和防护层铺填工序施工质量验收评定表

单位工程名称				工序编号			
分部工程名称				施工单位			
单元工程名称、部位				施工日期	年 月 日— 年 月 日		
项次		检验项目	质量标准	检查（测）记录		合格数	合格率
主控项目	1	铺料厚度	铺料厚度均匀，不超厚，表面平整，边线整齐；检测点允许偏差不大于铺料厚度的10%，且不应超厚				
	2	铺填位置	铺填位置准确，摊铺边线整齐，边线偏差为±5cm				
	3	接合部	纵横向符合设计要求，岸坡接合处的填料无分离、架空				
一般项目	1	铺填层面外观	铺填力求均衡上升，无团块、无粗粒集中				
	2	层间结合面	上下层间的结合面无泥土、杂物等				
施工单位自评意见	主控项目检验点100%合格，一般项目逐项检验点的合格率　　%，且不合格点不集中分布。 工序质量等级评定为： （签字，加盖公章）　　　　　年　月　日						
监理单位复核意见	经复核，主控项目检验点100%合格，一般项目逐项检验点的合格率　　%，且不合格点不集中分布。 工序质量等级评定为： （签字，加盖公章）　　　　　年　月　日						

根据《水利水电工程单元工程施工质量验收评定标准—土石方工程》（SL 631—2012）编制